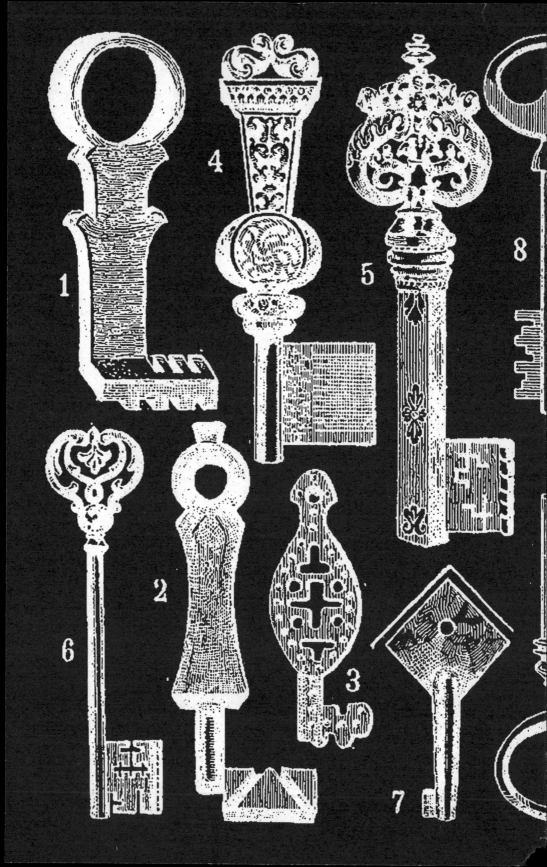

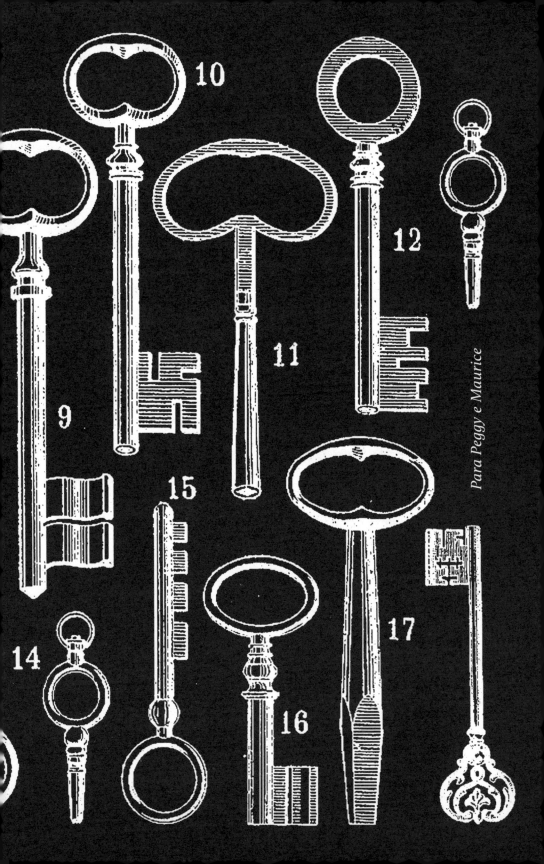

Para Peggy e Maurice

Publicado originalmente no Reino Unido em 1980 pela Souvenir Press Ltd.

Copyright © 1980, 2007 by Guy Lyon Playfair.
Todos os direitos reservados.

Copyright desta edição pela White Crow Books
© 2011 by Guy Lyon Playfair.
Todos os direitos reservados.

Título original: This House is Haunted: The Amazing Inside Story of the Enfield Poltergeist

Tradução para a língua portuguesa
© Giovanna Louise Libralon, 2017

Diretor Editorial
Christiano Menezes

Diretor Comercial
Chico de Assis

Diretor de Novos Negócios
Marcel Souto Maior

Diretor de MKT e Operações
Mike Ribera

Diretora de Estratégia Editorial
Raquel Moritz

Gerente Comercial
Fernando Madeira

Coordenadora de Supply Chain
Janaina Ferreira

Gerente de Marca
Arthur Moraes

Gerente Editorial
Marcia Heloisa

Editor
Bruno Dorigatti

Capa e Proj. Gráfico
Retina 78

Coordenador de Arte
Eldon Oliveira

Coordenador de Diagramação
Sergio Chaves

Finalização
Sandro Tagliamento

Revisão
Felipe Pontes
Marlon Magno

Impressão e Acabamento
Gráfica Geográfica

DADOS INTERNACIONAIS DE CATALOGAÇÃO NA PUBLICAÇÃO (CIP)
Andreia de Almeida CRB-8/7889

Playfair, Guy Lion
   1977 : Enfield / Guy Lion Playfair ; tradução de Giovanna Louise Libralon. — Rio de Janeiro : DarkSide Books, 2017.
   288 p. : il.

   Bibliografia
   ISBN: 978-85-9454-029-4
   Título original: This House is Haunted

   1. Demonologia - Estudo de casos 2. Parapsicologia 3. Casas mal-assombradas I. Título II. Libralon, Giovanna Louise

17-0440   CDD 133.42

Índice para catálogo sistemático:
1. Demonologia – Estudo de casos

[2017, 2023]
Todos os direitos desta edição reservados à
DarkSide® *Entretenimento LTDA.*
Rua General Roca, 935/504 — Tijuca
20521-071 — Rio de Janeiro — RJ — Brasil
www.darksidebooks.com

Tradução • Giovanna Louise Libralon

SUMÁRIO

Prefácio • 09
1 • BLITZKRIEG 15
2 • DEZ COINCIDÊNCIAS 25
3 • O EPICENTRO 32
4 • "EU A VI SE MOVER" 43
5 • AÇÃO E AVENTURA 53
6 • "AH, ESTÁ RESPONDENDO" 67
7 • UMA PARA NÃO, DUAS PARA SIM 76
8 • ALGUMAS SITUAÇÕES DE HISTERIA 89
9 • DEZ COISAS ENDIABRADAS 104
10 • "NÃO CONSIGO FAZER ESSE BARULHO" 118
11 • ATRAVÉS DA PAREDE 132
12 • VÓS QUE FALAIS DE MODO TÃO IMPERFEITO 152
13 • RITUAL NOTURNO 165
14 • INFELIZ ANO-NOVO 177
15 • UM TRECHO DE NEVOEIRO 187
16 • "ONDE ESTÁ O CONHECIMENTO?" 199
17 • ENGANAR O DIABO 215
18 • "MINHA CABECINHA" 226
19 • "UMA PRESENÇA ESTRANHA" 240
20 • A SÍNDROME DE ENFIELD 250
Apêndice 1 • REFLEXÕES, 2011 262
Apêndice 2 • SUGESTÕES DE LEITURAS 268
Apêndice 3 • O QUE FAZER COM SEU POLTERGEIST 269

PREFÁCIO

O que *você* faria se um de seus móveis de repente deslizasse pelo piso por conta própria, bem diante de seus olhos? Pense por um instante e seja honesto consigo mesmo. O que você realmente faria?

Talvez, depois de se recuperar do choque inicial, você desse de ombros, imaginando que aquilo devia ter algo a ver com ratos ou um terremoto, e simplesmente desejasse que não acontecesse outra vez.

Porém, acontece de novo. E de novo. E todo tipo de coisa ainda mais estranha também acontece. Pedras caem no piso de sua cozinha, como se tivessem atravessado o teto. Alguém — ou algo — começa a esmurrar a parede. Objetos desaparecem e reaparecem em outros lugares. Em pouco tempo, você se dá conta de que não pode ser nada relacionado a terremotos ou ratos, então deve ser outra coisa, algo inexplicável e apavorante. Você sabe que tais fenômenos não podem acontecer e, no entanto, também sabe que estão ocorrendo.

Independentemente do que você faria em seguida, ou gostaria de pensar que faria, posso lhe contar o que pessoas que se viram nesses apuros fizeram.

Muitas vezes, elas simplesmente entraram em pânico. Em 1978, uma família de Birmingham abandonou a casa em que vivera feliz por onze anos, recusando-se a pôr os pés nela outra vez. Um casal da zona sul de Londres saiu às pressas de seu novíssimo apartamento custeado pelo governo, deixando os móveis e a maioria de seus pertences para trás, e nunca mais foi visto na região.

Outras buscaram a ajuda de vizinhos, da polícia, de padres, médicos e jornais, mas em vão. Por vezes, na verdade, tais pedidos de socorro apenas pioraram a situação. Quando se espalha o rumor de que alguma coisa horripilante está acontecendo em sua casa, você de repente nota que seus amigos começam claramente a olhar para o outro lado quando você passa por eles na rua. As pessoas lançam olhares estranhos em sua direção nas lojas locais. Transeuntes param e ficam olhando para sua casa. Você recebe telefonemas maldosos e cartas ameaçadoras. Em suma, sua vida é destruída. Tudo isso já aconteceu.

Algumas pessoas têm um destino ainda pior. Elas são encaminhadas a psiquiatras e trancafiadas em hospícios e manicômios, como aconteceu a uma londrina, em 1977. Então, além de tudo isso, elas veem algum "especialista" na televisão, em regra um professor de psicologia, explicando que é tudo fruto da imaginação ou obra de crianças travessas.

Não obstante, umas poucas têm sorte. Elas encontram alguém que explica que o que está acontecendo é conhecido como atividade *poltergeist*, e se mostra disposto a ajudar. Casos desse tipo de atividade têm sido relatados, em geral com riqueza de detalhes, há pelo menos 1.500 anos. Costuma parar da mesma forma súbita e misteriosa como começa, tipicamente depois de alguns dias ou, talvez, umas duas semanas, e é raro que provoque danos sérios. É claro que existem exceções, e este livro trata de uma delas.

"Em poucas palavras, você pode explicar o que é um poltergeist?"

Eis uma pergunta que as pessoas me fazem sempre, e minha resposta é invariável: "Em poucas palavras, não. Ninguém pode". Como observou Bertrand Russell a respeito da temática da eletricidade, não se trata de uma "coisa", mas de "um modo como as coisas se comportam".

Posso, ao menos, explicar o que a palavra significa. Ela deriva do verbo alemão *poltern* — fazer uma balbúrdia — e *Geist* — espírito ou fantasma. A palavra também descreve como poltergeists se comportam. Eles parecem ocorrer em três ou quatro variedades. Podem simplesmente causar transtornos e incômodos menores, podem dar a impressão de que apenas deram uma passadinha ali por acaso, e podem ser até mesmo benevolentes — em um caso extraordinário em Gales do Sul, investigado por meu finado colega David Fontana, em 1991, uma grande soma em dinheiro, em moedas e até mesmo cédulas, foi fornecida pelo prestativo fantasma. No entanto, eles também podem ser absolutamente hostis e destrutivos, como em um caso que ajudei a investigar, no Brasil, em 1973, no qual uma família da cidade de Suzano, na região metropolitana de São Paulo, teve grande parte de sua mobília destruída por repetidas irrupções de fogo, e várias janelas e telhas estilhaçadas por pedras atiradas por mãos invisíveis.

O que poltergeists em geral fazem é bater em paredes e pisos, arremessar coisas de um lado para o outro, fazer tombar cadeiras e mesas, atear fogo em objetos e, por vezes, como veremos, dar a impressão de que são espíritos de pessoas mortas, por falta de uma descrição mais precisa.

A atividade poltergeist é, na verdade, o que os médicos chamam de uma síndrome, ou seja, um conjunto de sintomas que indicam a presença de certa doença ou de uma condição anormal. E não é apenas anormal, no sentido de não ser normal, mas também paranormal. Isso significa que não pode ser explicada em termos que a ciência oficialmente aceita, o que, por sua vez, quer dizer que cientistas ortodoxos tendem a ignorá-la e fingem que tal atividade não existe (porque não conseguem explicá-la), deixando o trabalho de investigação para pessoas como eu, que ficam intrigadas com áreas da experiência humana que cientistas geralmente não conseguem alcançar.

O poltergeist de Enfield estava na primeira página de um jornal nacional dez dias depois de seu início, em 1977. Tem sido tema de inúmeros programas de rádio e televisão, e de ainda mais numerosos artigos de jornais e revistas pelo mundo todo. O fenômeno também é o assunto de um livro — este que você tem em mãos.

O motivo de toda essa atenção é que uma enorme quantidade de atividades extremamente anômalas ocorreu ao longo de um período de cerca de quinze meses, entre 1977 e 1978, incluindo exemplos de praticamente todos os fenômenos "psíquicos" de que se tem registro. Grande parte da atividade foi gravada em fita cassete enquanto estava em curso, e alguns fenômenos foram fotografados por um profissional experiente. Parte dela foi até mesmo gravada em vídeo, e uma grande parcela de tais fenômenos foi testemunhada, em boas condições, por no mínimo trinta pessoas, inclusive por mim. Andrew Green, eminente autoridade nessas questões, descreveu o caso na publicação *New Psychologist* (edição de janeiro de 1979) como "uma promessa de ser o caso mais instigante de poltergeist até o momento". Espero que este livro ajude a cumprir tal promessa.

Contudo, antes que eu dê início a um relato impactante de toda a atividade e empolgação, é necessário fazer um alerta. Se você não está satisfeito com todos os horrores e as excitações ocultistas de livros ou filmes como *O Exorcista* e sua batelada de imitações, e ainda está ávido por emoções mais exóticas, este livro não é para você. Os leitores podem achá-lo um tanto entediante, com um enredo não muito bom e alguns diálogos horríveis.

Isso porque *1977 — Enfield*, com seu enredo, seus diálogos e tudo o mais, é um relato verdadeiro. E, embora a verdade talvez seja mais estranha que a ficção, como realmente pode ser, ela também é muito menos organizada, pode ser bastante repetitiva e até monótona. É instigante quando uma mesa ou um sofá salta no ar e vira de cabeça para baixo, mas, quando incidentes desse tipo continuam a acontecer semana após semana, isso se torna um pouco entediante.

Portanto, se você está cansado de todas as versões exageradamente dramatizadas do que foram, por vezes, acontecimentos reais, e gostaria de saber com detalhes o que de fato ocorre, do início ao fim, em um caso de poltergeist, por favor, continue a leitura, mas mantenha duas coisas em mente:

Em primeiro lugar, repetitividade e confusão geral são características reconhecidamente típicas da atividade poltergeist, e me senti obrigado a registrar tanto os episódios tediosos desse caso tão complexo quanto seus muitos episódios empolgantes.

Em segundo lugar, quer se mostre tedioso ou instigante, o poltergeist representa um desafio tremendo. Ele revela que de fato há uma ligação direta entre mente e matéria, e que existem forças e dimensões em nosso mundo com as quais nem sonham nossas filosofias estabelecidas. Para mim, a possibilidade de explorar tais dimensões e de controlar tais forças, fazendo-as atuar em nosso benefício em vez de contra nós, como já fizemos com grande sucesso, por exemplo, com a eletricidade e o magnetismo, é muito mais instigante que a mera visão de uma cadeira tombando. Creio que essa possibilidade seja, hoje, bastante real.

Se esta fosse uma obra de ficção, este seria o momento em que eu deveria afirmar que "todos os personagens são fictícios e qualquer semelhança que tenham com pessoas, vivas ou já falecidas, não é intencional". No entanto, esta não é uma obra de ficção, e todos os personagens são reais. (Quero dizer, todos os personagens vivos. Não posso garantir a veracidade da identidade daqueles que afirmam estar mortos.) Alguns nomes foram alterados por solicitação dos interessados, e são indicados por um asterisco à sua primeira menção. Todos os demais nomes são verdadeiros, e todos os diálogos citados são oriundos ou de gravações em fita cassete, ou de declarações escritas assinadas, ou de minhas próprias anotações, feitas à época. Alguns diálogos foram editados apenas para a exclusão de material repetitivo e não essencial, mas não acrescentei nada a eles. E nem precisaria fazê-lo, já que as transcrições de nossas gravações em fita cassete cobrem mais de seiscentas páginas de papel A4, datilografadas em espaçamento simples. Portanto, disponho de muitas palavras dentre as quais escolher.

Devo um agradecimento especial a duas pessoas que tornaram este livro possível: meu finado colega Maurice Grosse (1919–2006) e Peggy Harper, que infelizmente também já não está entre nós.

Peggy foi uma mulher de grande coragem, força e determinação, que sobreviveu a um suplício que nenhuma mãe jamais deveria ter de enfrentar. Sua cooperação e hospitalidade foram admiráveis ao longo de todo o caso, e ela conseguiu seguir em frente quando uma alma menos resiliente talvez tivesse sofrido um colapso nervoso.

Maurice foi um pesquisador exemplar, dedicando grande parte de seu tempo livre ao caso enquanto, de alguma maneira, dava conta de gerenciar seu negócio. Ele demonstrava bastante interesse pelo bem-estar da família e grande capacidade de manter a ordem durante alguns dos períodos mais turbulentos. Na prática, ele prestou serviços sociais voluntários por mais de um ano. Foi um prazer e um privilégio trabalhar com ele.

Agradeço também a todos aqueles diretamente envolvidos no caso: o professor John Hasted, o dr. Peter Fenwick, o dr. Ian Fletcher, David Robertson, Hugh Pincott, Lawrence Berger, Elsie Dubugras, Luiz Gasparetto, Gerry Sherrick, George e Annie Shaw, Peter Liefhebber, Dono Gmelig-Meyling, Richard Grosse, George Fallows, Matthew Manning, Graham Morris, Ron Denney, Hazel Short, a policial britânica Carolyn Heeps, Vic e Peggy Nottingham, e John, Sylvie, Denise e Paul Burcombe.

Embora eu não tenha solicitado nem recebido qualquer ajuda financeira durante os dois anos que passei pesquisando e escrevendo este livro, reconheço com gratidão o auxílio que me foi prestado de outras formas pelos membros da Society for Psychical Research [Sociedade de Pesquisas Psíquicas], em especial o dr. Eric J. Dingwall, Eleanor O'Keeffe, Renée Haynes e os membros do comitê presidido por John Stiles, que realizaram um longo reexame do caso.

Quando a primeira edição deste livro foi publicada, em 1980, concordei em não mencionar os nomes reais dos membros da família "Harper", à exceção de Janet, cujo primeiro nome verdadeiro usei por motivos que vão ficar claros; tampouco revelei seu real endereço, e também não menciono tais informações nesta edição.

O que segue é o texto original (com pequenas alterações), acrescido de um novo prefácio e de apêndices, nos quais trago notícias atuais sobre o caso.

Ah, quase me esqueci — agradeço ao poltergeist, quem ou o que quer que fosse.

G.L.P.
Londres, 2011

BLITZKRIEG
capítulo 01

"Estou ouvindo barulhos!", disse Pete Harper.

"Eu também", afirmou Janet.

As duas crianças sentaram-se na cama para ouvir. Era como se algo estivesse se arrastando, e parecia vir do piso do quarto. O som era realmente muito estranho.

Pete, de dez anos de idade, e a irmã, um ano mais velha, já estavam deitados, prontos para dormir em um dos três quartos do andar de cima de sua casa no subúrbio de Enfield, zona norte de Londres. No quarto principal, que dava vista para a rua, a mãe das crianças se preparava para dormir também, junto com a filha mais velha e o filho caçula: Rose, de treze anos, e Jimmy, de sete.

Eram por volta de 21h30 da noite de 31 de agosto de 1977, e não se podia esperar que nenhum dos Harper soubesse que a família já havia tido sua última noite de sono normal em um longo período que estava por vir.

A sra. Harper saiu do quarto. "O que está acontecendo?", perguntou ela, um tanto rabugenta, pois aquela era a segunda vez seguida que Pete e Janet brincavam ruidosamente na hora de dormir. Na noite anterior, eles haviam tentado fazer a mãe acreditar que suas camas estavam sacudindo, pulando. "Está tudo esquisito", afirmara Janet. Era sempre a mesma coisa quando Pete e Janet estavam juntos: eles eram a dupla dinâmica da família. O que estariam aprontando agora?

"Tem alguma coisa se arrastando", disse Janet. "Parece que é aquela cadeira."

"Muito bem, então, vou tirá-la daqui", respondeu a mãe. Ela levou a cadeira para o andar térreo, para a sala de estar, e voltou lá para cima. Janet e Pete ainda tagarelavam, animados, então, a sra. Harper apagou a luz do quarto das crianças, na esperança de que isso os aquietasse. Em seguida, porém, ela também ouviu um som esquisito.

Ela logo acendeu a luz novamente, mas tudo parecia estar no lugar — a cômoda ao lado da porta, a outra cadeira entre as duas camas, e o punhado de livros infantis sobre o console da lareira. As crianças estavam deitadas, com as mãos debaixo das cobertas. A sra. Harper apagou a luz mais uma vez.

Imediatamente, o som de algo se arrastando recomeçou, como antes. Ela pensou que aquilo soava como alguém de chinelos andando de lá para cá pelo piso, e teve certeza de que, quem ou o que quer que estivesse fazendo o barulho, não poderia ser nenhum dos filhos.

E, então, começaram as batidas.

Os três ouviram claramente quatro batidas altas, que pareciam vir da parede que dividiam com a casa vizinha; e embora os Nottingham, que moravam na casa geminada ao lado, costumassem receber amigos à noite, não era típico deles começar a esmurrar a parede.

Ainda que não conseguisse pensar em uma explicação natural para as batidas e o som de algo se arrastando, a sra. Harper supôs que devia haver uma. Mas não poderia ter nada de natural no que aconteceu em seguida.

A pesada cômoda do quarto, que ficava perto da porta, começou a deslizar pelo chão, afastando-se da parede, seguindo em direção à porta.

Por nenhum esforço de imaginação alguma das crianças poderia ser considerada responsável por aquilo.

A sra. Harper ficou imóvel. Até mesmo as crianças ficaram em silêncio. Ela empurrou a cômoda de volta a seu lugar de costume. O móvel, estimou ela, movera-se pouco mais de quarenta e cinco centímetros.

Então, a cômoda se mexeu outra vez, como antes, sozinha, deslizando na direção da porta aberta, como que tentando bloqueá-la, e, quando a sra. Harper tentou empurrá-la de volta, o móvel não saiu do lugar. Era como se alguém a empurrasse pelo outro lado.

Como muitas pessoas provavelmente fazem quando de repente se dão conta de que estão na presença de algo absolutamente estranho, a sra. Harper começou literalmente a tremer de medo.

"Tudo bem", disse ela, após hesitar por um instante. "Lá para baixo, todo mundo." Eles pegaram lençóis e cobertores e desceram juntos para o térreo, seguidos, por fim, por Rose e Jimmy, totalmente confusos.

"O que vamos fazer?", perguntou Pete.

"Não podemos fazer nada", respondeu a mãe, que, de súbito, sentiu o impulso de sair da casa. "Vamos para a casa de John e Sylvie", decidiu ela. John Burcombe, seu irmão, morava com a esposa e os dois filhos a seis casas dali, na mesma rua, e desde o divórcio do casal Harper, em 1974, ele fizera o possível para ajudar sempre que a irmã precisava de um homem para fazer algo.

"Eles já devem estar dormindo agora", disse Janet. Ela espiou pela vidraça lateral da janela saliente da frente da casa, e acrescentou: "As luzes da Peggy-vizinha estão acesas". Eles sempre se referiam a Peggy Nottingham como Peggy-vizinha para evitar confusões com a sra. Harper, que também era sempre chamada de Peggy.

Em uma crise, ou, na verdade, em qualquer momento, ninguém poderia pedir para ter melhores vizinhos que os Nottingham. Vic, um homem robusto e alegre de quarenta e poucos anos, era construtor, especializado em telhados. Ele estava acostumado ao perigo em seu trabalho e não se assustava com facilidade. A esposa parecia excepcionalmente jovem para ser mãe de um rapaz de vinte anos, Garry, e todos os Harper gostavam muito dela, em especial Janet, que praticamente a adotara como tia.

A sra. Harper não gostava de incomodar os vizinhos, mas sabia que o irmão bem poderia estar dormindo ou trabalhando, pois, sendo funcionário sênior na remoção de pacientes do hospital, ele tinha que trabalhar em turnos longos e irregulares. Desse modo, a família Harper inteira saiu, de pijamas, e bateu à porta dos Nottingham.

Vic e Peggy ouviram a história da sra. Harper sem acreditar, a princípio, em uma única palavra.

"Você poderia dar uma olhada, Vic?", suplicou a sra. Harper. "Deve ter alguém bagunçando as coisas por lá, e não é nenhum de nós."

Vic concordou e, na companhia do filho, vasculhou a casa toda, inclusive a grande água-furtada e ambos os jardins, da frente e dos fundos. Não havia nenhum lugar em que alguém poderia estar escondido nem sinais de cães, gatos ou ratos.

Então, as batidas recomeçaram. Os três Nottingham ouviram claramente as quatro pancadas na parede. Agora pareciam vir da parede externa.

"Tem que ser alguém lá fora", disse Vic. "Vamos ver se é alguma das crianças da casa ao lado." Ele saiu correndo pela porta da frente, passando pelo beco que separava a casa dos Harper da de seus outros vizinhos. Mas tudo estava silencioso. Luzes apagadas. Ninguém à vista.

As batidas prosseguiram. Elas pareciam seguir Vic pela casa e, quando Garry colocou a mão na parede durante uma das irrupções, disse que podia senti-la vibrando. As pancadas tinham um curioso som abafado.

"É como se alguém estivesse atrás da parede, tentando entrar", comentou Peggy.

O que você faz quando, de repente, sua casa é invadida por uma força invisível? Se, como os Harper, você não tem telefone, provavelmente chama os vizinhos. Porém, quando nem eles e nem você conseguem pensar em uma explicação natural para o que acabaram de ver e ouvir, o passo lógico a ser dado em seguida é chamar a polícia, e foi isso o que Peggy Nottingham fez.

A policial Carolyn Heeps estava em um carro de patrulha com um colega quando a típica mensagem concisa foi transmitida pelo rádio do carro.

"Dirijam-se à Wood Lane, 84.* Tumulto."

Assim, eles seguiram para o local, esperando encontrar talvez uma briga do lado de fora de um bar, ou algum gatuno tentando forçar a janela nos fundos de uma casa. No entanto, ao chegarem, encontraram sete pessoas comuns na pequena sala da família Harper, todos com a expressão de quem acabara de ver um fantasma.

Eles não tinham visto um fantasma. Isso aconteceria posteriormente, junto com exemplos de quase todos os fenômenos "psíquicos" ou "paranormais" de que se tem registro, mais um grande número de outros fenômenos desconhecidos. Contudo, eles por certo pensaram que tivessem ouvido um fantasma.

A sra. Harper tentou permanecer calma. "Acho que esta casa é assombrada", declarou ela. "Aconteceram algumas coisas estranhas aqui." Ela mostrou aos dois policiais intrigados a cômoda do quarto dos fundos. "Eu a empurrei de volta, mas ela se moveu de novo", explicou a sra. Harper. "Ela estava se afastando, deslizando aos poucos em direção ao centro do vão da porta. Fiquei petrificada. Eu a empurrei outra vez porque não conseguia acreditar no que estava vendo." Os policiais ouviram sem fazer comentários.

"Vejam", disse Vic Nottingham quando todos estavam de volta à sala de estar. "Vou apagar a luz. Vamos ver se acontece alguma coisa."

Ele apagou a luz, e aconteceu. Como antes, foram ouvidas quatro batidas altas na parede. Então, depois de uns dois minutos de silêncio, outras quatro — vindas de uma parede diferente. A luminosidade do poste de iluminação da rua era suficiente para que todos ficassem plenamente visíveis uns aos outros.

Pela segunda vez naquela noite, a casa foi esquadrinhada de cima a baixo. Então, enquanto seu colega examinava o encanamento da cozinha, a policial Heeps, que estava na sala, viu quando Pete de repente apontou para uma das cadeiras ao lado do sofá, claramente visível à luz que agora vinha da porta da cozinha.

Ninguém estava tocando na cadeira, mas ela chacoalhava de um lado para o outro. Em seguida, à vista de quase todas as oito pessoas que estavam no cômodo, a cadeira fez exatamente o que a cômoda fizera mais cedo, no andar de cima. Ela deslizou pelo piso, na direção da cozinha. A policial Heeps estimou que o móvel percorrera uma distância entre noventa e cento e vinte centímetros, e, embora o examinasse de imediato, não conseguiu explicar como se havia movimentado.

A essa altura, já bem depois da meia-noite, os dois policiais explicaram que não tinha mais nada que de fato pudessem fazer. Ninguém estava infringindo a lei e, se alguma coisa invisível estivesse desrespeitando as leis da natureza, então aquilo era uma tarefa para cientistas. No entanto, eles prometeram ficar de olho na casa pelos próximos dias.

Quando a polícia foi embora, ninguém queria voltar lá para cima, de modo que a sala de estar foi transformada em um quarto improvisado. Ficou um pouco espremido, evocando à mente da sra. Harper a vida nos abrigos antiaéreos durante a guerra.

"Ah, minha nossa", suspirou ela, aninhando-se em uma poltrona. "Parece uma *blitzkrieg* outra vez." Na realidade, era pior do que os ataques aéreos alemães, pois, afinal, sabia-se quem era Hitler, e era possível ver as bombas e os foguetes, ao passo que, agora, o inimigo era invisível e totalmente incompreensível. Isso tornava a situação bem mais assustadora.

Ninguém dormiu muito naquela noite, mas, na manhã seguinte, tudo parecia tranquilo, e a vida seguiu normalmente. No entanto, os Harper mal haviam se recuperado do choque dos acontecimentos da noite anterior quando a *blitzkrieg* recomeçou.

"Janet, foi você quem jogou aquilo?"

"Não, é claro que não! Não joguei nada!"

"Se eu pegar você, está encrencada."

"Não foi ela, mãe, é sério!"

Alguém ou alguma coisa estava atirando bolinhas de gude e peças do Lego de Jimmy pela casa, ou antes disparando-as como que de uma catapulta. Elas simplesmente apareciam do nada, rasgando o ar em alta velocidade, e ricocheteavam nas paredes, ou caíam direto no chão como se tivessem atravessado o teto.

Mais uma vez, a sra. Harper recorreu aos vizinhos, pedindo ajuda, e Vic, bem como Peggy e seu pai, o sr. Richardson, foram ver o que estava acontecendo. Quando o pai de Peggy estava na cozinha, duas bolinhas de gude passaram por ele, voando a uma velocidade incrível, e bateram com força na porta do banheiro, no final do corredor. Ele as recolheu e percebeu que estavam muitíssimo quentes.

A polícia passou por ali de novo, como prometido, e o policial, um homem gentil e paternal, conversou com as crianças. Era apenas uma dessas coisas normais da vida, explicou ele, e não precisavam ter medo.

No entanto, elas estavam com medo e, mais uma vez, os Harper passaram uma noite desconfortável em sua sala de estar. No dia seguinte, o bombardeio de bolinhas de gude e peças de Lego continuou, e também no dia posterior. No início da noite de domingo, 4 de setembro de 1977, a sra. Harper estava completamente desnorteada.

"O que vamos fazer?", perguntou ela a Vic e Peggy, em tom de súplica.

"Olha só", disse Vic, "vou levar todos vocês à delegacia em meu furgão e lá a gente vê se eles podem arranjar um lugar para vocês passarem a noite até resolverem tudo isso."

"Não", interrompeu Peggy, "não vão ainda. Vou ligar para o *Daily Mirror* e ver se eles têm alguma ideia de quem podemos contatar." E assim ela fez, pelo simples desejo de ajudar seus vizinhos. Eles já tinham tentado a polícia. Haveria mais alguém?

Se conhecesse alguns dos segredos do jornalismo britânico, Peggy teria telefonado para qualquer outro jornal, menos para o *Mirror*, pois era tradição naquele jornal que "histórias de fantasmas" constituíam tabu. Essa tradição vigorava já há muitos anos, desde a época do controverso pesquisador de fenômenos psíquicos Harry Price. Rico empresário que dedicava grande parte de sua vida à caça de fantasmas e de publicidade, Price foi contratado pelo *Mirror*, com salário e tudo, para farejar espíritos e, na opinião de algumas pessoas que o conheciam bem, ele costumava encontrá-los sempre que requisitado, quer existissem ou não.

Contudo, Peggy teve sorte. O editor suplente do período noturno que estava de plantão no fim de semana era um novato que não conhecia a tradição. Pressentindo que seria uma boa história, ele enviou o repórter Douglas Bence e o fotógrafo Graham Morris para Enfield.

Depois de apenas algum tempo na casa, Bence e Morris ficaram convencidos de que algo muito estranho estava acontecendo, mas, embora tivessem passado todo o início da noite de domingo com os Harper, nada ocorreu em sua presença. Por volta de 2h30 da madrugada de segunda-feira, 5 de setembro, eles decidiram ir embora. "Não há mais nada que possamos fazer agora", disseram eles para a sra. Harper, "mas voltaremos." Eles se despediram e saíram em direção a seu carro.

Assim que deixaram a residência, o ataque de Lego recomeçou. Os Nottingham ainda estavam na casa da família Harper, e o pai de Peggy correu para a rua a fim de chamar os homens do *Mirror* de volta.

Morris agarrou uma de suas câmeras Nikon e correu de volta para a casa. Ele estivera recentemente fazendo a cobertura de uma série de violentas manifestações de rua, e não se perturbaria com as estranhas peças voadoras, fossem grandes ou pequenas. Bence foi logo atrás do colega.

De pé ao lado da sra. Harper, no vão da porta da cozinha, e com o dedo sobre o botão da máquina fotográfica, Morris viu algo em sua visão periférica, com o canto do olho esquerdo. A sra. Harper abaixou-se depressa e, um microssegundo depois, algo acertou Morris em cheio, logo acima do olho direito. (Quando o conheci, uma semana mais tarde, ele ainda tinha um grande hematoma na testa). Foi por um triz que seu olho não foi atingido, nem sua lente conseguiu captá-lo, pois o objeto, que em seguida se descobriu ser uma peça de Lego de arestas pontudas, não apareceu no negativo. Ao tirar a fotografia, o objeto devia estar em algum ponto nos 10% da sala que não eram cobertos pela lente grande angular de sua câmera.

Havia, contudo, dois aspectos interessantes na primeira das centenas de fotografias que Morris viria a tirar em Enfield. Um deles era um furo minúsculo no negativo, como que feito por uma agulha hipodérmica. O próprio Morris revelou as fotografias, e não conseguiu explicar o furo. O outro, ainda mais interessante e revelador, foi o fato de que ficara bastante óbvio que ninguém no cômodo arremessara o Lego. As únicas duas pessoas diante da câmera quando a peça atravessou a sala voando eram Bence, que estava com as mãos nos bolsos, e Peggy Nottingham, cujos braços estavam cruzados.

De volta à sede do jornal, o repórter sênior George Fallows ficou impressionado com o relato que os colegas fizeram de sua visita a Enfield. Embora conhecesse muito bem a tradição acerca de histórias de fantasmas, ele teve a sensação de que essa valia a pena ser acompanhada, de modo que, na segunda-feira de manhã, decidiu ir ao local para ver tudo por si mesmo, e levou consigo o fotógrafo David Thorpe.

Fallows é o exato oposto da imagem estereotipada do repórter cínico e impiedoso da imprensa britânica. Cristão praticante, ele é cortês e atencioso com as pessoas envolvidas nas histórias que cobre, e ainda assim conseguiu se tornar um grande repórter.

Quando Fallows e Thorpe chegaram à casa de número 84 na Wood Lane, encontraram-na vazia, e, ao localizarem a família Harper na casa dos Burcombe, no número 72, se depararam com uma atmosfera às raias da histeria coletiva. Àquela altura, a sra. Harper estava assustada demais para pôr os pés na própria casa, mesmo durante o dia. Nem ela, nem as crianças, à exceção de Jimmy (que, nesse estágio inicial, estava totalmente impassível diante da *blitzkrieg*) dormiam direito já há seis noites, e o esgotamento começava a se fazer sentir.

A sra. Harper não conseguia sequer permanecer sentada. Ela contou sua história a Fallows como se estivesse em juízo, de pé diante dele, as mãos na cintura.

Fallows ouviu pacientemente. "Acredito no que está dizendo", disse quando ela terminou de contar tudo, inclusive os acontecimentos mais recentes. "Não sou um especialista, mas já li muito sobre esse tipo de coisa. Acho que o que vocês têm em sua casa é um poltergeist."

"Um o quê?", perguntou a sra. Harper.

"*Polka dice?*", interpôs Janet, com uma risadinha nervosa.

"Não", respondeu Fallows, "*pol-ter-geist*. Ninguém sabe o que eles realmente são. Tudo que sabemos é que se trata de um tipo de força que arremessa coisas de lá para cá. Podem ser um transtorno, mas não é preciso ter medo. Na verdade, sabe, eles são bem comuns, e parece que se prendem a meninas que estejam mais ou menos na puberdade."

Fallows havia notado de pronto que Rose Harper era fisicamente adulta para a idade, e também parecia mais afetada pela *blitzkrieg* que os demais. De fato, ela andava tensa e nervosa desde que tudo começou, caindo no choro com frequência.

A sra. Harper pareceu não compreender, por isso Fallows a puxou de lado, para que as crianças não ouvissem, e explicou o que queria dizer com puberdade.

"Ah, isso", disse ela. "Sim, Rose teve a primeira em março."

Em seguida, Fallows fez casualmente uma pergunta capciosa. "A senhora mora em uma casa custeada pelo governo, não é? Gostaria de se mudar?" Ele conhecia casos de moradores de casas custeadas pelo governo que inventaram fantasmas a fim de entrar na lista de prioridade para serem realocados.

"Não!", respondeu a sra. Harper, prontamente e com firmeza. "Aquela é minha casa. Aqui estão minha família e meus amigos. De jeito nenhum!" Ela já vivia ali há doze anos, e era o único lar que todos os seus quatro filhos conheciam. Ela não estava blefando.

Agora Fallows tinha certeza de que o caso era genuíno. Como todos aqueles que viriam a conhecer a sra. Harper ao longo dos meses subsequentes, inclusive repórteres e pesquisadores do mundo inteiro, o jornalista percebeu que ela era uma mulher absolutamente franca e sincera. Ele queria fazer a matéria sobre a história, mas também se sentia na obrigação de fazer o possível para reconfortá-la.

"Acredito no que está dizendo", repetiu, "e gostaria de ajudar. Mas, como falei, não sou especialista nisso. Gostaria de chamar a Sociedade de Pesquisa Psíquica para avaliar a situação."

A sra. Harper desmaiou.

Ela estava de pé, de frente para Fallows enquanto ele falava, e, à menção das palavras *pesquisa psíquica*, ela de repente desabou no chão, inconsciente.

Fallows e Peggy Nottingham se apressaram para socorrê-la. Eles a colocaram em uma cadeira e ela logo recobrou a consciência. Após fazer algumas perguntas com delicadeza, Fallows ficou pasmo ao descobrir o motivo pelo qual a sra. Harper havia desmaiado.

Ela compreendera mal o que ele acabara de dizer. Pensou que ele chamaria um *psiquiatra*.

E a sra. Harper tinha alguns motivos para desconfiar de membros dessa profissão, pois o psiquiatra local de assistência ao menor fora aparentemente responsável pelo envio de Pete Harper ao que a mãe sempre se referia como um "internato", mas que era, na realidade, uma escola para crianças problemáticas. No entanto, nem o psiquiatra, nem qualquer outra pessoa, jamais havia lhe explicado qual era o problema de Pete. Tudo que sabia sobre psiquiatras era que um deles havia tirado seu filho mais velho de casa. E isso era tudo quanto ela queria saber.

"Vejam", disse Fallows, "vocês todos precisam de um bom descanso. Por que não vão para casa e se deitam por umas horas? Estarei por perto, vocês não precisam ter medo de nada."

Mais calma diante do óbvio desejo de ajudar demonstrado por Fallows, a sra. Harper enfim concordou, e eles foram todos para casa. As crianças logo caíram no sono, mas a sra. Harper estava demasiadamente tensa para relaxar. Cerca de meia hora depois de a família retornar, as batidas recomeçaram. Fallows as ouviu com clareza.

"É isso!", disse a sra. Harper. "Exatamente como aconteceu antes."

Janet parecia dormir profundamente, as mãos debaixo das cobertas. Fallows teve certeza de que ela não havia produzido as batidas, e ninguém mais estava perto o suficiente de alguma parede.

"Vou chamar os especialistas agora mesmo", disse Fallows. "A senhora não deve se preocupar, sra. Harper. Eles saberão o que fazer."

O jornalista subiu a rua até o telefone público, discou o número da Sociedade de Pesquisas Psíquicas e falou com a secretária, Eleanor O'Keeffe. Será que ela poderia enviar alguém imediatamente para investigar um poltergeist em Enfield?

A Sociedade de Pesquisas Psíquicas, ou SPR [Society for Psychical Research], remonta ao ano de 1882, quando um grupo de amigos de Cambridge e alguns proeminentes espiritualistas se reuniram para investigar "certos fenômenos obscuros, inclusive aqueles normalmente conhecidos como psíquicos, espiritualistas ou de mesmerismo", e publicar os resultados de suas pesquisas. Poltergeists, os misteriosos "fantasmas barulhentos", certamente entravam nessa categoria.

A SPR era e é uma sociedade científica respeitabilíssima. Seus primeiros membros incluíam membros da Royal Society, juízes de paz, parlamentares (até mesmo o primeiro-ministro Arthur Balfour) e cientistas notáveis como sir William Crookes, sir Oliver Lodge, e os prêmios Nobel lorde Rayleigh, Marie Curie e Charles Richet.

Posteriormente, seus membros ilustres incluíam os escritores J.B. Priestley, Arthur Koestler e Colin Wilson, o prêmio Nobel Brian Josephson, e acadêmicos de mentalidade aberta, como os professores J.B. Hasted, Archie Roy e Arthur Ellison. Outros membros, por volta de mil, incluem homens e mulheres de todas as profissões e lugares do mundo.

Contudo, embora já tivesse quase cem anos de existência, a SPR havia perdido seu entusiasmo inicial de exploração, de modo que, em 1977, apenas pouquíssimos de seus membros estavam dispostos a largar tudo e sair à caça de fantasmas. Isso começava a preocupar alguns membros, que sentiam que a SPR estava degenerando em uma sociedade de debates acadêmicos, e quando George Fallows telefonou, a secretária Eleanor O'Keeffe tinha acabado de preparar uma lista dos membros dispostos a assumir investigações.

Para fornecer-lhe o contato de que precisava, ela não teve sequer que pegar seu arquivo. Um novo membro em particular vinha pedindo há um tempo à secretária para informar-lhe de algum caso próximo a sua residência, na zona norte de Londres. Na verdade, ele estava ficando cada vez mais insistente, como se tivesse razões pessoais urgentes para sair depressa em seu primeiro trabalho de investigação de alguns daqueles "fenômenos obscuros" que deixavam a ciência de 1977 tão perplexa quanto em 1882.

Ele de fato tinha suas razões.

DEZ COINCIDÊNCIAS
capítulo 02

Nas primeiras horas do dia 5 de agosto de 1976, uma motocicleta dirigida por um estudante de medicina de 22 anos de idade chamado Adam Speller sofreu um acidente no centro de Cardiff. Nenhum outro veículo estava envolvido, e a causa do acidente nunca foi estabelecida. Speller morreu na hora, enquanto a passageira em sua garupa, uma jornalista da mesma idade, de nome Janet Grosse, foi levada às pressas ao hospital, ainda viva, apesar de gravemente ferida.

No dia 4 de agosto, os pais de Janet tomavam sol em uma praia em Jersey, onde passavam férias. De repente, Betty Grosse se sentiu mal, de uma maneira que jamais se sentira antes. A sensação desagradável passou meia hora depois e nunca mais se repetiu.

Naquela noite, Maurice Grosse participou de uma celebração em uma sinagoga de Jersey. Era uma data especial, em observância ao Dia do Jejum, o dia nove do mês Av [Tishá BeAv], e lhe pediram especificamente que compusesse o quórum de dez homens, exigido para esse serviço religioso, no único Dia Sagrado do ano judaico em que a congregação de fato se senta em luto.

Assim, apenas poucas horas antes do acidente com a filha, ele estava sentado, em lamentações de luto.

Janet Grosse morreu por volta das 16h20 do dia 5 de agosto. Os pais chegaram ao hospital a tempo de vê-la, mas ela não recobrou a consciência em momento algum. A cabeça da jovem estava envolta em bandagens. Embora ela estivesse usando um capacete de proteção, a causa da morte foi dada como ferimentos na cabeça.

O dia do acidente era também o aniversário do irmão de Janet, Richard, e, naquela manhã, ele recebeu um cartão de aniversário dela, postado no dia anterior. A capa do cartão bem-humorado mostrava uma garota toda desarrumada com a cabeça envolta em bandagens. A legenda dizia: "Eu ia mandar um vidro de *eau de toilette* pelo seu aniversário (era o auge da grande seca de 1976).

Dentro do cartão, a legenda impressa terminava a frase:

... mas a tampa do vaso caiu na minha cabeça!! Feliz aniversário!!"

Embaixo disso, Janet havia escrito à mão:

"E em breve também não sobrará muito dela! Com muito amor, Jan (correspondente galesa)." À época, ela estava trabalhando na publicação semanal galesa *Cardiff Leader*.

Cerca de meia hora antes do acidente, a cunhada de Maurice Grosse, Miriam, teve um pesadelo atipicamente vívido, não com Janet, mas com o netinho, que se afogava. Miriam soube da morte de Janet às 17h30, mais ou menos uma hora depois de acontecer. Duas horas mais tarde, ela saiu para visitar o irmão e a irmã mais velha de Janet.

Pouco antes de sair de casa, ela notou que seu relógio de pêndulo de torção estava funcionando. Ele não funcionava há mais de um ano. Ela comentou isso com o marido, mas não contou nada aos Grosse na ocasião, apenas alguns meses depois.

Quando Miriam e o marido voltaram para casa, por volta das 23h30, o relógio ainda estava funcionando. Na manhã seguinte, eles se levantaram e notaram que o relógio tinha parado durante a noite. Os ponteiros indicavam 4h20. Esse era aproximadamente o horário em que Janet morrera, doze horas antes.

Os Grosse tinham um relógio idêntico em sua casa, mas o mecanismo se comportou normalmente.

O funeral de Janet foi marcado para o dia 7 de agosto. Na véspera, a extrema dor de Maurice pela perda súbita da filha mesclou-se a uma estranha sensação de que coincidências demais já estavam ligadas ao evento.

O cartão de aniversário era a mais impressionante. Ele realmente parecia prever a morte, embora de uma maneira descontraída. A cabeça da jovem estava envolta em bandagens quando eles a viram em seu leito de morte, exatamente como a da garota do desenho no cartão. A "tampa do vaso", ou capacete de proteção, devia estar de alguma maneira relacionada aos ferimentos que provocaram sua morte, e após escrever "e em breve também não sobrará muito dela", Janet desenhara uma sete apontando para a palavra impressa CABEÇA.

Fig. 1. Cartão de aniversário recebido por RICHARD GROSSE no dia do acidente fatal da irmã. (Cortesia de Richard Grosse)

... BUT THE LID
FELL ON MY
HEAD!!

HAPPY
BIRTHDAY!!

And there won't be much,
of that left-soon either!

Lots y love

Jan

(Welsh correspondent)

Além disso, era estranho que Maurice tivesse participado de uma celebração religiosa fúnebre, pela primeira vez em muitos anos, apenas poucas horas antes do acidente. Havia ainda a repentina e breve indisposição de Betty, bem como o pesadelo de Miriam. Já eram quatro "coincidências". Mas outras viriam.

Grosse pegou-se imaginando se Janet, caso tivesse, de algum modo, sobrevivido à morte física, enviaria algum tipo de sinal no dia de seu funeral. Ele lera amplamente sobre o tema das pesquisas psíquicas por quarenta anos e sabia que tais coisas eram frequentemente relatadas.

Não chovia há algumas semanas, e Grosse pensou consigo mesmo que uma gota de chuva seria um sinal adequado, mas não disse nada a respeito, nem mesmo à esposa.

No dia seguinte, ele acordou às 8h15, foi ao banheiro do primeiro andar e olhou pela janela, como sempre fazia. Dali ele podia ver o telhado da cozinha, que se projetava para o jardim, diretamente debaixo da janela do quarto de Janet.

O telhado da cozinha estava encharcado.

Ele chamou Betty, para ter certeza de que não estava imaginando coisas. Ela concordou que o telhado estava de fato completamente molhado.

"Veja", acrescentou a mulher, "tudo mais que dá para ver daqui está totalmente seco."

A seca de 1976 durou até boa parte da última semana de agosto, e essa "coincidência" era ainda mais impressionante porque Grosse havia "pedido" especificamente por uma gota de chuva. E lá estava — no telhado logo abaixo do quarto de Janet, e em mais lugar nenhum.

Então, aconteceu o episódio das velas. Após um funeral judaico, é costume acender uma vela fúnebre em cada um dos sete dias de luto. As velas em castiçais de vidro são especialmente feitas para não se apagar e, em geral, queimam por bem mais de um dia. Na noite de 8 de agosto, Grosse acendeu a primeira vela para Janet.

No dia seguinte, ela havia se apagado, embora ainda restassem bastante pavio e cera, e não tivesse nenhuma corrente de ar. Nem Grosse, nem a filha casada, Marilyn Grant, graduada em química, puderam encontrar uma explicação para que a vela tivesse parado de queimar. Ele pegou outra vela, verificou-a com cuidado e a acendeu.

Na manhã do outro dia, essa vela também se apagara sem motivo aparente. E exatamente a mesma coisa aconteceu mais uma vez. Três dias seguidos. Pelos quatro dias remanescentes do período de luto, porém, todas as velas queimaram como deveriam, e ainda estavam acesas quando Grosse ia removê-las.

Tinha que haver um limite, pensou ele, para o número de coincidências que se poderia esperar por puro acaso. Elas já eram oito: a súbita indisposição de Betty, o inesperado serviço fúnebre, o cartão de aniversário, a chuva, o pesadelo de Miriam e as velas. (Se o episódio com o relógio fosse de seu conhecimento à época, teriam sido nove.) Grosse tinha uma sensação muito forte de que Janet não deixara de existir por completo.

Pouco tempo depois, ele escreveu um relato de todos esses acontecimentos e o enviou à Sociedade de Pesquisa Psíquica. Foi a primeira vez que fez contato com a SPR, apesar de acalentar, a vida toda, um interesse no assunto.

Maurice Grosse nasceu em Londres no ano de 1919. Estudou na Escola Politécnica Regent Street e, depois de um período de aprendizagem em arte e desenho comercial, serviu na Artilharia Real durante a Segunda Guerra Mundial, recebendo sua patente em 1941. Casou-se com Betty em 1944, e eles tiveram três filhos, dos quais Janet era a mais nova.

Passada a guerra, depois de um período trabalhando na casa de comércio varejista da família, Grosse descobriu sua verdadeira vocação de inventor de dispositivos elétricos e mecânicos. Ele deu entrada na primeira de suas muitas patentes mundiais, a de um brinquedo mecânico, em 1945, e, em 1962, abriu a própria empresa de engenharia de design e consultoria de vídeo, por meio da qual lançou com êxito, no mundo todo, muitas de suas próprias invenções, que iam de simples estantes fixas em paredes a máquinas automáticas altamente complexas de venda de objetos, trocadores de pôsteres vistos em muitos aeroportos internacionais, e um dos primeiros dispensadores de jornal totalmente automáticos do mundo.

Membro do Instituto Real e do Instituto de Inventores e Titulares de Patentes, ele também dedicava boa parte de seu tempo a trabalhos comunitários e a organizações de bem-estar animal e assistência ao menor. Além disso, era superintendente na Sinagoga Unida.

Em 1977, seu interesse em questões psíquicas era puramente filosófico. Como todo judeu praticante, ele estava atento às rigorosas proibições listadas no Quinto Livro de Moisés, ou Deuteronômio (18, 10-12):

> Que não se encontre entre vós ninguém [...] que pratique adivinhação [...] nem feiticeiro, nem bruxa, nem quem lance encantamentos ou consulte espíritos familiares, nem mago, nem necromante. Pois todos os que fazem tais coisas são uma abominação ao Senhor [...]

Isso não quer dizer que os judeus neguem a existência de todo e qualquer fenômeno psíquico, nem que estejam proibidos de ter qualquer envolvimento com eles. Muitos judeus acreditam que a alma continue rondando pelo plano terreno por mais ou menos trinta dias depois da morte física e, então, ascenda gradativamente ao destino que lhe cabe com o auxílio de orações, que cessam tão somente depois de decorridos onze meses.

Todavia, a religião judaica não é dogmática nesse assunto, e os judeus religiosos são incentivados a formar a própria opinião a esse respeito e, de fato, a respeito de qualquer outra questão. Isso foi certamente o que Grosse decidiu fazer após a morte da filha, e ele acreditava que um pouco de pesquisa prática não seria algo despropositado, desde que fosse feita em um espírito de investigação filosófica, não pela mera busca por emoção.

Foi com essa bagagem profissional e religiosa que ele solicitou seu ingresso na spr e, tão logo foi aceito, deixou claro que seria um de seus membros mais ativos. Grosse utilizava tanto quanto podia a biblioteca ímpar da spr, e era sempre o primeiro a falar nas discussões que ocorriam após as palestras mensais.

Lembro-me de ele criticar duramente um palestrante pelo uso de termos como "campo psíquico" e "percepção extrassensorial geral". "Não se explica nada com essas palavras", declarou ele. "O que você sabe, afinal?" Pude perceber, mesmo antes de conhecê-lo, que Grosse não seria muito popular com alguns de nossos membros. Ele tinha pouca paciência para o debate acadêmico: queria era dar continuidade ao trabalho que a spr foi fundada para fazer — pesquisar e publicar.

Portanto, quando George Fallows telefonou para Eleanor O'Keeffe, a secretária da spr conseguiu matar dois coelhos com uma cajadada só. Ela não apenas lhe forneceu o investigador que ele queria com urgência, mas conseguiu manter Grosse sob controle, dando-lhe o caso que o homem tanto vinha pedindo ultimamente.

Assim que recebeu o telefonema da spr, Grosse deixou o escritório no meio de uma segunda-feira muito atarefada e, uma hora depois da ligação de Fallows com seu pedido de ajuda, o Jaguar vermelho reluzente do investigador estacionava diante da casa da família Harper.

O EPICENTRO
capítulo 03

Para Grosse, foi um caso de sorte de principiante. No instante em que entrou pela porta da casa dos Harper, ele teve certeza de que o caso era genuíno. A atmosfera era de verdadeiro pavor.

"Não dá para fingir aquilo", disse-me ele, posteriormente. "E tudo o que me contaram era típico de casos de poltergeist — exatamente igual ao que se lê nos livros. Como eles nem sequer sabiam o que era um poltergeist até Fallows lhes contar a respeito, como saberiam o que dizer se estivessem inventando?"

Quando um pesquisador assume um caso desse tipo, três coisas devem ser feitas de imediato, e Grosse fez todas as três em sua primeira visita. Primeiro, ele se convenceu de que valia a pena investigar o caso. Segundo, fez o que pôde para acalmar a todos, e garantiu aos Harper que tudo pelo que estavam passando era semelhante ao que já acontecera a outras pessoas ao longo dos séculos, no mundo inteiro, e que, embora a vida pudesse ficar cansativa durante um tempo, aquilo passaria. Essas coisas costumavam durar apenas umas poucas semanas, quando muito. Em regra, simplesmente desapareciam depois de alguns dias.

Terceiro, estimulou a sra. Harper a tornar-se uma investigadora junto com ele, em vez de apenas sofrer como uma vítima passiva. Grosse pediu que ela anotasse tudo que acontecesse, relatando o momento exato das ocorrências e, tanto quanto possível, a posição das pessoas presentes. Ele se sentiu obrigado a apresentar-se como um "especialista" por razões puramente humanitárias: tinha plena consciência de que ninguém no mundo sabia ao certo o que era um poltergeist ou por que o fenômeno fazia o que fazia, mas também estava ciente de que fora chamado como especialista e deveria, portanto, tentar agir como tal, oferecendo auxílio e esperança para que a família voltasse a ter uma vida normal.

Os Harper e os Nottingham ficaram aliviados de que enfim houvesse alguém com quem pudessem conversar e que não os consideraria todos loucos.

"Desde que ele entrou no caso, tudo mudou", disse Peggy Nottingham, poucos dias depois. "Estávamos muito apavorados, mas, então, ele começou a nos explicar as coisas e parece que nos acalmou."

Por um ou dois dias, pareceu que ele também conseguira acalmar o poltergeist, pois não aconteceu absolutamente nada em 5 de setembro de 1977. Os dois dias que se seguiram também foram tranquilos, à exceção de um estranho incidente relatado por uma adolescente que era amiga das garotas Harper e que morava na mesma rua. Ela disse que dois livros haviam saltado da estante e voado para cima dela enquanto estava parada no vão da porta do quarto de Janet. Grosse anotou o incidente e concluiu que, embora não tivesse motivos para duvidar da palavra da garota, precisaria ver algo daquele tipo ocorrer para acreditar. E não precisou esperar muito tempo.

Quinta-feira, 8 de setembro, foi o dia de seu primeiro contato imediato com um poltergeist, apenas três dias após o início de seu trabalho como investigador.

A atividade começou à 1h15. Janet dormia sozinha, pois Pete havia retornado à escola. Grosse e três homens do *Mirror* estavam vigilantes do lado de fora, no pequeno patamar do andar de cima, o qual separava os três quartos. (O terceiro quarto estava repleto de móveis que não eram utilizados, e ninguém dormia nele até algumas semanas mais tarde, quando eu mesmo passei a ocupá-lo.)

Janet parecia estar em sono profundo. De repente, os quatro homens se assustaram com um estrondo. Entrando depressa pela porta aberta, viram que a cadeira ao lado da cama de Janet dera um salto a uma distância aproximada de um metro e vinte e virara de cabeça para baixo, aparentemente dando um giro de cento e oitenta graus ao mesmo tempo, na horizontal. Ninguém viu aquilo acontecer de fato, mas, uma hora depois, exatamente a mesma coisa se repetiu. Dessa vez, o fotógrafo David Thorpe viu a cadeira se mover e conseguiu fotografá-la ao cair. Janet não mostrou qualquer sinal de movimentação, embora tivesse acordado depois do primeiro incidente e começado a chorar, obviamente assustada. Grosse decidiu se certificar de que ela estivesse mesmo dormindo. Forçou com suavidade as pálpebras de um dos olhos da garota, para que se abrisse, e viu o globo ocular virado para cima. "Veja o que você acha", falou a George Fallows.

Fallows ergueu o braço de Janet. Não houve resistência e, ao soltá--lo, o braço caiu inerte. Ele empurrou de leve a cabeça da garota, e ela rolou para o lado.

"É quase como se estivesse inconsciente", disse ele.

Mais cedo, naquela noite, o próprio Fallows ouvira batidas na parede, e Douglas Bence fora atingido por uma peça voadora de Lego. Todos eles concordaram que aquela era uma história digna de ser documentada em detalhes, e o outro fotógrafo, Graham Morris, já estava passando grande parte de seu tempo livre na casa, decidido a conseguir uma fotografia de um evento paranormal que estivesse realmente acontecendo. Ele sabia que, se obtivesse êxito, como acabou tendo após várias semanas de frustração, seria provavelmente o primeiro profissional da história a tirar uma fotografia desse tipo.

Embora não tivesse visto a cadeira se mover, Grosse se convenceu, enquanto dirigia de volta para casa, às 3h30, de que o caso estava progredindo como esperado. Poltergeists quase sempre anunciavam sua presença com chuvas de pequenos objetos e batidas, passando, em seguida, a arremessar objetos maiores pelo lugar. Esse era o caso que ele queria, e decidiu que o investigaria até o fim. Se soubesse quão adiante no futuro estaria esse fim, poderia ter sido perdoado por decidir o contrário.

Naquela noite, a palestra da reunião da SPR (agendada alguns meses antes) por acaso tratava de poltergeists, e eu acabei, também por acaso, me sentando ao lado de Grosse, que mal conhecia à época. Creio que tínhamos trocado algumas palavras em apenas duas ocasiões — uma vez, quando o parabenizei por uma de suas típicas perguntas diretas após uma palestra, e de novo, quando ele me disse ter acabado de ler um de meus livros, e que havia gostado.

Nosso palestrante era o sr. D.N. Clark-Lowes, um educador aposentado que era então o bibliotecário da Sociedade. Ele nos apresentou um interessante levantamento acadêmico de estudos do fenômeno, ressaltando que o mesmo tipo de coisa vinha sendo relatada havia centenas de anos no mundo inteiro, e esboçando as duas principais teorias quanto a sua natureza. Uma delas era de que algumas pessoas, em geral adolescentes de ambos os sexos no período da puberdade, pareciam ser capazes de liberar uma espécie de força desconhecida que atuava de forma inteligente. Essa era a abordagem psicológica. A outra presumia que fantasmas, ou os espíritos dos mortos, podiam de algum modo se manifestar ao absorver energia de suas vítimas e usá-la para seus propósitos misteriosos.

A palestra foi calorosamente aplaudida pelos cerca de cem membros presentes e, como eu já esperava, Grosse foi o primeiro a ficar de pé quando começou a discussão. Ele anunciou que estava envolvido em um caso naquele exato momento e que qualquer ajuda seria bem-vinda.

Fez-se silêncio. Senti que alguns membros ficaram aborrecidos por serem lembrados de que poltergeists existiam de fato, no mundo real, hoje.

"A possibilidade de alucinação deve, é claro, ser levada em conta", comentou um membro que estava sentado na parte da frente do salão.

Quando a reunião terminou, esperei que se formasse uma fila de voluntários. No entanto, um único membro, Lawrence Berger, um cirurgião-dentista da zona sul de Londres, avançou e se ofereceu para ajudá-lo, embora sua intensa rotina profissional e a distância entre sua residência e Enfield não permitissem que ele dedicasse muito de seu tempo ao caso, disse ele.

Quanto a mim, a última coisa de que eu precisava em setembro de 1977 era de um poltergeist. Ainda na véspera, eu havia entregado a meu editor o manuscrito de meu livro *The Cycles of Heaven*, resultado de quinze meses cansativos de pesquisas, viagens e escrita. Eu sentia que fazia jus a minhas primeiras férias depois de dois anos.

Eu sabia o que Grosse poderia esperar em Enfield. Noites em claro, uma imensa dose de confusão constante e, ao final de tudo, a mesma sensação de perplexidade. Eu havia ajudado na pesquisa de diversos casos no Brasil, junto com meus colegas Hernani G. Andrade e Suzuko Hashizume, do Instituto Brasileiro de Pesquisas Psicobiofísicas (IBPP), casos que descrevi, com certo detalhamento, em dois livros. Para mim, já bastava. Eu estava mais interessado em manchas solares, que, diferentemente de poltergeists, podiam ser vistas, mensuradas e estudadas com paz e tranquilidade.

"Avise-me se você realmente não conseguir avançar no caso", eu falei a Grosse ao sairmos da sala de reuniões da Biblioteca Pública de Kensington. Eu não devo ter parecido muito sincero, mas Grosse agradeceu, pegou o carro e partiu direto para Enfield, enquanto segui para o pub bem real da esquina, na companhia de dois amigos.

Grosse chegou à casa da família Harper às 21h20 e descobriu que havia ocorrido muita atividade desde que saíra, dezoito horas antes. Bolinhas de gude zuniam, desenfreadas, pelo ar, e, enquanto a família assistia à televisão, uma das gavetas do aparador sobre o qual ficava o aparelho se abriu de repente, sozinha, à vista de todos. Isso foi suficiente para tirá-los da casa a fim de buscar refúgio nos vizinhos, com a paciente família Nottingham.

Ele já havia percebido que nada desse tipo parecia acontecer quando estava na casa, e perguntou-se se viria a ocorrer um dia. Grosse não teve que esperar muito, pois, passado um intervalo de uma hora, ele tinha testemunhado, em primeira mão, mais fenômenos paranormais do que alguns pesquisadores já vivenciaram em uma vida inteira.

Às 22h05, uma bolinha de gude passou zunindo em sua direção, aparentemente surgida do nada. Ela parecia vir por sobre a cabeça das crianças, de modo que ele teve certeza de que nenhuma delas a atirara. Um minuto depois, os sinos que formavam a campainha de súbito começaram a balançar de lá para cá, e Grosse imediatamente verificou que, mesmo quando a campainha da porta da frente era acionada, eles não se moviam.

Ele ainda escrevia rapidamente suas anotações quando, seis minutos depois, a sra. Harper o chamou na cozinha. "Tem um barulho no banheiro", disse ela.

Grosse e as três crianças Harper ficaram de pé na cozinha, ouvindo. (Pete ainda estava ausente, no internato.) Estava tudo silencioso. Não havia vento ou chuva lá fora e nem tráfego de veículos que se pudesse ouvir. Então, para seu espanto, Grosse viu a porta do lavatório abrir e fechar sozinha. Isso aconteceu três ou quatro vezes. Ao mesmo tempo, ele sentiu uma súbita brisa fria envolver suas pernas e, em seguida, sua cabeça. Ele sabia que esse era um dos fenômenos mais frequentemente relatados em casos de poltergeists.

Antes que tivesse tempo de anotar aquilo, um movimento repentino na cozinha lhe chamou a atenção. Uma camiseta tinha saltado de cima de uma pilha de roupas sobre a mesa e caído no chão. Ninguém poderia tê-la tocado sem que ele o visse.

Finda a agitação, as crianças se aprontaram para dormir. Rose seguiu em direção ao banheiro para escovar os dentes, mas parou no vão da porta da cozinha com um grito.

"Ah! Venham ver isso!"

Uma caneca com água até a metade estava pousada no centro do piso da cozinha. Grosse não conseguia imaginar como qualquer um deles poderia tê-la colocado ali sem ser notado.

Quando Janet entrou em seu quarto, uma bolinha de gude golpeou a porta a seu lado, e outras duas foram arremessadas logo em seguida. Grosse, que estava ali perto, no patamar da escada, notou um detalhe curioso: as bolinhas de gude nunca quicavam. Elas batiam no chão e permaneciam paradas, como se tivessem sido de fato colocadas ali por uma mão invisível. Mais tarde, pude testemunhar exatamente o mesmo efeito.

No dia seguinte, Grosse ficou satisfeito ao descobrir que a sra. Harper deu um bom pontapé inicial como investigadora de seu próprio caso. Ela lhe mostrou seu bloco de anotações, no qual havia escrito com esmero:

19h57 — Gaveta do armário da cozinha abre uns 15 cm.
20h05 — Sinos da campainha balançam.
20h10 — Colher de chá, na cozinha, salta no ar.

Mais cedo, uma caixa de papelão havia disparado da mesa em direção a Janet quando ela passava, e já começava a ficar claro que a garota era o principal foco dos incidentes, ou seu "epicentro", para tomar emprestada uma palavra da sismologia. Ela sempre estava por perto quando algo acontecia, o que levava inevitavelmente a acusações de que estava pregando peças, embora Grosse já estivesse totalmente convencido de que ela não poderia ser responsabilizada por *todos* os incidentes. Janet não tinha tocado nos sinos da parede nem na porta do banheiro. Ela não tinha atirado a bolinha de gude nele. E como poderia ter provocado aquela repentina brisa gelada? Contudo, ainda precisava ser observada.

Naquela tarde, o pai de Peggy Nottingham, o sr. Richardson, encontrara as crianças, que voltavam do parque, e as acompanhou até a casa. Janet subiu as escadas e imediatamente o chamou. A cadeira de seu quarto estava empoleirada em cima da porta aberta do cômodo, apoiada na parede. O sr. Richardson não se impressionou.

"Ora, pare de brincadeira!", disse ele, embora admitia não acreditar que ela tivesse tido tempo de colocar, sozinha, a cadeira lá em cima. O móvel estava equilibrado com grande precisão e, a um toque de seu dedo, caiu. Tais façanhas equilibristas viriam a tornar-se um aspecto comum do caso e, novamente, mais tarde, pude ver uma delas ocorrendo. Também tive enorme dificuldade em fazer com que a cadeira ficasse na posição em que Janet disse tê-la encontrado.

"Eu não a coloquei lá", disse a garota, indignada. Ela já estava ficando aborrecida por ser acusada de pregar peças.

Eles desceram ao térreo, e Janet colocou algumas pedras do parque no aquário, para fazer companhia aos dois peixes-dourados. A garota recolocou a tampa de vidro com cuidado e foi à cozinha. Ela ainda estava lá quando a tampa saltou voando no ar e pousou a mais ou menos um metro e vinte de distância.

Janet surgiu no vão da porta. "Bem, eu não fiz isso, fiz?", disse ela, em tom de desafio, ao espantadíssimo sr. Richardson, que estivera sentado bem ao lado do aquário.

Mais tarde, naquele dia, Grosse conversou com a sra. Harper e pediu que ela ficasse bastante atenta a Janet, o tempo todo.

"Não estou dizendo que ela está pregando peças", explicou, "mas não podemos descartar a possibilidade de que essa coisa esteja influenciando a mente dela, levando-a a fazer coisas sem saber por quê."

A sra. Harper ouviu com atenção e escolheu cuidadosamente as palavras antes de responder, como sempre fazia.

"Sabe", disse ela, "Janet não tem sido a mesma nessas últimas semanas. Ela não é a menina de antes. Está meio diferente..."

Grosse, tendo ele mesmo criado duas filhas, tentou reconfortá-la. "É uma idade difícil. Ela está apenas passando por um daqueles períodos de mudança."

A sra. Harper não pareceu de todo satisfeita. "De qualquer forma", disse ela, "com certeza vou ficar de olho em Janet de agora em diante." E, de fato, ela ficou.

No sábado, 10 de setembro de 1977, o poltergeist de Enfield foi destaque na primeira página do *Daily Mirror*, compartilhando o espaço com um relato chocante da morte de um jovem viciado em drogas, filho de um político. A manchete do lado esquerdo da página dizia: "A casa dos acontecimentos estranhos".

George Fallows contou a história tal como ele e seus colegas, a polícia e Grosse haviam testemunhado. Ele se manteve fiel aos fatos, e concluiu:

> Por causa da atmosfera carregada de emoção na casa e na vizinhança, indo da histeria ao terror e daí à empolgação e à tensão, foi difícil registrar dados satisfatórios. No entanto, estou convencido de que a impressão geral de nossa investigação seja razoavelmente acurada. Com nossos melhores esforços, eliminamos a possibilidade de uma fraude total [...]

Mike Gardiner, produtor do popular programa de telefonemas ao vivo *Night Line*, transmitido pela LBC Radio, decidiu acompanhar a história publicada pelo *Mirror*. Fallows não mencionara o verdadeiro nome da sra. Harper nem seu endereço, por isso Gardiner se dirigiu à delegacia de Enfield. Lá ele encontrou Maurice Grosse, que estava conversando com a policial Heeps a fim de conseguir dela uma declaração por escrito dos eventos de 31 de agosto, documento que ela assinou posteriormente. Como esperado, Gardiner convidou Grosse, a sra. Harper e Peggy Nottingham para participarem, como convidados, de seu programa daquela noite.

Grosse não fez tentativa alguma, nem à época, nem mais tarde, de contatar qualquer veículo da mídia. Ele e a sra. Harper também nunca cobraram cachê, embora a sra. Harper por certo pudesse fazer bom uso de um dinheiro extra, visto que tinha quatro filhos para sustentar e contava apenas com a assistência social e a pensão alimentícia do marido.

Grosse não fazia objeções à publicidade, mas desde que feita com cautela, e julgou que um passeio até a cidade seria um alívio para a sra. Harper, que lhe faria bem.

O programa se estendeu das 22h30 até à 1h de domingo, e a sra. Harper provou ser uma âncora nata. Ela descreveu seu tormento recente com calma e simplicidade, encerrando com uma lista de incidentes ocorridos naquele mesmo dia:

> Um barulho de alguma coisa chocalhando me acordou hoje de manhã, e eu não sabia direito o que era. Eu ia sair da cama e investigar quando Janet entrou e disse: "Mãe, está pulando na cama". Mas acho que ela queria dizer que a coisa estava movendo a cama.
>
> Janet chegou da escola às 15h45 e foi até a gaiola do periquito-australiano, e meio que deu um tapinha na gaiola. Quando fez isso, os sinos da campainha pendurados na parede começaram a balançar.
>
> Então, ela entrou na cozinha para pegar uma xícara de leite da geladeira. Eu a segui até lá, e parei atrás dela. Ela passou pelo gaveteiro da cozinha, perto da pia, e uma das gavetas se abriu devagar. Ela estava tomando o leite e, então, disse: "Olha, mãe, a gaveta abriu!".
>
> Em seguida ela voltou, para sair da cozinha, e tinha uma caixa de papelão na mesa, com algumas coisas dentro, e a caixa pulou de cima da mesa para o piso, no centro da cozinha. E isso eu realmente vi.

Petty Nottingham descreveu como ela e um policial, que passara por ali naquela manhã, haviam subido as escadas para ver como tudo estava e encontraram uma marca em uma das camas, como se alguém estivesse deitado ali ou tivesse acabado de se levantar, apesar de ela ter certeza de que ninguém estivera lá em cima desde que as camas foram arrumadas, duas horas antes.

"É estranho", disse ela aos ouvintes do programa, estimados em 25 mil pessoas, "porque quando fui lá para cima de novo, esta tarde, eu me deitei na cama, e então me levantei, e não ficou marca nenhuma onde eu tinha me deitado. Então, como pode ser que outra marca estivesse lá?"

Simon Reed, o entrevistador do programa, em seguida perguntou se ela acreditava em fantasmas.

"Bem", respondeu a sra. Harper, devagar. "Acredito em vida após a morte, e fantasmas, sim, creio que sim. Mas, se eu tivesse lido isso nos jornais, acho que teria pensado que era um pouco demais para engolir, toda essa atividade."

Os ouvintes foram convidados a telefonar ao programa para contar suas próprias experiências, algumas das quais pareciam bastante convincentes. Helen, de Sutton, fez um relato interessante do célebre caso de Runcorn, de 1952, descrevendo como o estojo dos óculos do marido foi atirado para o outro lado de um cômodo. Hugo, um advogado de Bloomsbury, lembrou-se de um caso que seu pai, também advogado, havia investigado, no qual uma escada de mão fora vista valsando por vontade própria. Jackie, de Islington, contou sobre as visões de homens estranhos em volta da cama que sua filhinha sempre dizia ter (coisa que as meninas Harper viriam a dizer mais tarde). E Hilda, de Wandsworth, deu um relato de como uma mulher subiu um lance de escadas, levitando, em um caso em Barnsley, Yorkshire. (Mais uma vez, exatamente a mesma coisa aconteceu depois em Enfield.) Todos os ouvintes que ligaram pareciam ser pessoas sinceras e inteligentes que diziam a verdade.

Maurice Grosse teve que falar grande parte do tempo, uma vez que os ouvintes insistiam em lhe fazer perguntas que nem ele, nem ninguém mais, poderia responder. ("Estamos lidando com seres físicos?"; "O poltergeist está ouvindo a LBC agora?"; e um ou dois comentários ainda menos razoáveis.) E, inevitavelmente, houve comparações com o romance sucesso de vendas *O Exorcista* e o primeiro dos filmes baseados nele.

Embora Grosse soubesse que dois clérigos haviam visitado os Harper e abençoado a casa, sem que isso tivesse feito qualquer diferença aparente, por prudência decidiu não mencionar o fato em público e, quando indagado diretamente sobre sua opinião a respeito do exorcismo, ele desviou de forma deliberada desse assunto que desperta tantas emoções.

"Não se pode ser dogmático quanto a quem pode curar o quê", disse ele. "Estamos apenas tocando na ponta do iceberg. Parece, de fato, haver um crescimento rápido desse tipo de fenômeno atualmente, talvez para combater essa horrível atitude materialista que temos, de que a única coisa que importa na vida... mas assim vou começar a dar uma aula, então é melhor eu parar!"

Petty Nottingham comentou, quase no final do longo programa, que tinha enfrentado algumas reações desagradáveis de vizinhos, um dos quais lhe dissera que não receberia os Harper em sua casa. "E", acrescentou ela, "você ouve comentários de certas pessoas que pensam que somos todos um pouco ingênuos."

Simon Reed logo observou: "Não acho que muitas das pessoas que estiveram nos ouvindo nas últimas duas horas vão pensar assim". E sua opinião viria a ser compartilhada por praticamente todos que acabaram por conhecer alguma das principais testemunhas dos fenômenos de Enfield. Talvez fosse difícil acreditar no que diziam; porém, era ainda mais difícil não acreditar que eram, sem exceção, pessoas honestas e sinceras.

Depois do programa, Grosse voltou para Enfield com a sra. Harper e a sra. Nottingham. Embora já fossem quase duas da madrugada quando chegaram lá, eles encontraram uma visitante à sua espera. Ela se apresentou como Rosalind Morris, uma repórter do noticiário *The World This Weekend*, da BBC Radio 4 (ela não tem parentesco algum com Graham Morris).

Rosalind passou a maior parte da noite na casa e demonstrou uma tranquilidade admirável durante o ataque, quando a atividade começou com a cadeira de Janet sendo arremessada para o outro lado do quarto e sua cama sacudindo violentamente para cima e para baixo. A repórter entrevistou a sra. Harper e Grosse logo depois de tais incidentes e, embora não tivesse voltado para casa antes do raiar do dia, conseguiu chegar ao estúdio para o programa da hora do almoço, que dedicou dez de seus quarenta minutos ao caso.

Eu por acaso ouvi o programa enquanto almoçava, naquele domingo. Foi algo dramático, e Grosse, que não tivera nem mesmo uma hora adequada de sono naquela noite, tinha a voz um tanto cansada. Eu sabia exatamente como ele se sentia, pois já tinha passado por tudo aquilo. *Antes ele do que eu*, pensei, enquanto levava meu jornal de domingo para o jardim para uma boa e sossegada leitura vespertina.

Porém alguma coisa começou a me incomodar. Pensei no que Hernani Guimarães Andrade, que me ensinara tudo o que eu sabia sobre pesquisa psíquica, costumava dizer enquanto eu trabalhava com seu grupo de pesquisas no Brasil. "Quando surgem casos espontâneos, largamos tudo e vamos investigá-los. Eles não vão esperar por nós." Ele fazia aquilo soar como uma obrigação moral.

Parei de pesquisar as páginas dos classificados em busca de anúncios de voos baratos para Portugal e entrei em casa. Ali estava um colega que obviamente precisava de ajuda, e concluí que minhas férias poderiam esperar alguns dias. O Algarve, região mais ao sul de Portugal, era tão agradável no final de setembro quanto o era no início.

Telefonei para Maurice Grosse e perguntei se precisava de ajuda. Ele disse que sim.

E então, na segunda-feira, 12 de setembro de 1977, adiei (como eu pensava) meus planos de férias e segui para a "casa dos acontecimentos estranhos".

"EU A VI SE MOVER"
capítulo 04

Não era como a maioria das pessoas provavelmente imagina que seja uma casa assombrada. A moradia de número 84 era semelhante a todas as demais casas de Wood Lane, parte de uma grande área residencial pública no estilo típico de 1920, as casas agrupadas em pares com vielas entre si e pequenos jardins na frente. A rua era larga e a escola defronte estava silenciosa no início da noite. Parecia uma boa vizinhança, amigável e tranquila.

Toquei a campainha, e a sra. Harper me convidou a entrar em outro mundo.

"Sr. Playfair? Sim, o sr. Grosse disse que você viria."

Gostei dela de imediato. Era verdadeira, amistosa e direta, com olhos azuis-claros e um sorriso afetuoso, e, embora parecesse bastante esgotada, pude sentir a firmeza *cockney*[1] em seu caráter. Tive a impressão de que poderia confiar nela.

Ela me preparou uma xícara de chá e pedi que me fizesse um apanhado dos acontecimentos dos últimos doze dias, o que ela fez, escolhendo as palavras com cuidado e acrescentando pouca coisa às descrições que já havia fornecido a Grosse. Então, ela me apresentou a sua família.

Rose, a filha mais velha, parecia ter mais que treze anos. Era alta, com cabelos longos bem penteados, e suas maneiras eram agradáveis e diretas, mas um pouco tímidas. Ela não podia ser mais diferente da irmã.

Janet era pura energia, grande para a idade, saltitando e correndo pela casa ao menor pretexto, e falando tão depressa que, a princípio,

---

[1] Característica das pessoas da região leste de Londres. [NT]

encontrei certa dificuldade para compreendê-la. Tinha um jeito traquinas, e pude compreender por que algumas pessoas que visitaram a casa nos meses seguintes suspeitariam que ela estivesse pregando peças.

O pequeno Jimmy tinha uma farta cabeleira ruiva, um largo sorriso dentuço e usava óculos grandes. Ele também tinha um problema de fala e não conseguia pronunciar consoantes, o que tornava difícil conversar com ele, embora o garoto fosse perfeitamente normal em todo o resto. O irmão mais velho, Pete, estava na escola, e se passaram algumas semanas antes que eu o conhecesse.

A sala de estar parecia um estúdio fotográfico, com câmeras, tripés, flashes fotográficos e cabos espalhados para todo lado. Graham Morris ainda estava no caso, agora trabalhando por conta própria depois de terminar sua pauta para o *Daily Mirror*. Ele me mostrou o hematoma na testa, onde a peça de Lego o acertara. Era uma marca feia, e a velocidade do pequeno bloco de brinquedo devia ter sido tremenda.

Ocorrera o que a sra. Harper chamava de "um pouco de atividade" no início daquela manhã, e, apesar de o restante do dia ter sido tranquilo até então, a atmosfera era tensa. *Quando um grande pernilongo entrou voando, vindo da cozinha, houve um pânico imoderado*, pensei. Peguei o inseto inofensivo com minhas mãos em concha e soltei-o no jardim dos fundos.

Notei que uma das portas corrediças do armário da cozinha estava aberta e, embora todos me tivessem assegurado que ela estivera fechada, decidi que seria preciso mais do que aquilo para me convencer de que um poltergeist habitava a casa. Não que eu não acreditasse no que me disseram: eu apenas precisava ver por mim mesmo.

A atividade poltergeist é, em si mesma, tão improvável que a maioria das pessoas racionais simplesmente não consegue acreditar em sua existência. E quando elas o veem e *têm* que acreditar, sentem grande dificuldade de convencer qualquer outra pessoa de que o fenômeno de fato existe. Portanto, embora eu tivesse visto muita dessa atividade no passado, e ao menos dez testemunhas externas (Grosse, os quatro rapazes do *Mirror*, a família Nottingham, Rosalind Morris e a policial) não tivessem dúvidas de que todas aquelas coisas inexplicáveis tinham de fato ocorrido, eu queria me convencer para além de qualquer dúvida razoável. Apesar de tudo, eu estava desconfiado. Talvez fosse aquele brilho travesso nos olhos de Janet.

Na hora de dormir, Graham e eu montamos guarda no patamar da escada, no piso superior. Uma câmera com flash ficava sobre um tripé dentro do quarto, e o longo cabo remoto não saía da mão de Graham.

Se qualquer coisa se movesse lá dentro, ele poderia capturá-la em filme fotográfico.

Suportamos o silêncio por meia hora. Nada se moveu. Janet parecia estar dormindo. Eu disse, em voz um tanto alta: "Tudo bem, podemos ir lá para baixo agora".

Já havíamos ensaiado esse procedimento. Graham me entregou o cabo remoto e desceu as escadas com passos bastante barulhentos, fingindo falar comigo, enquanto eu permaneci exatamente onde estava. Graham, pisando duas vezes em cada degrau, da forma que eu lhe mostrara como fazer, dava uma boa impressão de duas pessoas descendo as escadas.

Eu espiei, em silêncio, pela porta aberta do quarto de Janet. Assim que Graham fechou a porta da sala de estar lá embaixo, a cabeça da garota ergueu-se depressa do travesseiro. *Ahá*, pensei. Então você não estava dormindo. Mas eu não falei nada, tampouco ela. Ao menos havia deixado claro que, se ela podia pregar peças, eu também podia.

Estivera Janet esperando que nós saíssemos para começar a atirar bolinhas de gude pelo quarto? Expliquei para a sra. Harper o que eu tinha feito, e ela compreendeu meus motivos. "Mesmo que Janet esteja pregando peças", disse-lhe, "talvez ela não tenha culpa. Se a senhora a pegar em flagrante, diga-me, mas não fale nada a ela." A sra. Harper concordou de pronto.

Graham e eu voltamos lá para cima. Novamente, Janet parecia estar dormindo. *Com sua energia*, pensei, *tinha que acabar se cansando*.

Às 22h45, alguma coisa atingiu o piso do quarto de Janet. O som parecia ser o de uma bolinha de gude, mas ela não quicou nem rolou. O objeto fez um único som.

"Não sei como ela poderia tê-la jogado sem que saísse rolando. Você sabe?", sussurrei.

"Não", respondeu Graham. Tirei os sapatos e entrei no quarto, com o intuito de vasculhar cada centímetro dele e encontrar a bolinha de gude.

"Ai!", exclamei. Eu havia pisado na bolinha de gude, bem no centro do vão da porta. Eu a peguei e a deixei cair de uma altura de uns sessenta centímetros. Ela quicou algumas vezes e rolou no linóleo liso, fazendo bastante barulho. A fim de repetir o som que ouvimos antes, precisei deixá-la cair de uns cinco centímetros, ou então pegá-la e colocá-la no chão. Se Janet tivesse feito qualquer das duas coisas, nós a teríamos visto.

Assim, em minha primeira visita a Enfield, tive certeza de que aquele era um caso genuíno.

Na noite seguinte, Graham e eu estávamos de volta, e dessa vez ele levara consigo equipamentos fotográficos suficientes para dar início a um pequeno negócio. Ele carregou tudo para o primeiro andar e instalou três Nikons em tripés, de modo que cada centímetro do quarto de Janet fosse abrangido por ao menos uma lente. Em seguida, ele as conectou para que todas as três fotografassem juntas por controle remoto, que ficaria no corredor.

"Vou apenas tirar uma fotografia como teste", disse Graham. No andar de baixo, ele havia testado as três câmeras e os flashes a elas acoplados. Tudo funcionara perfeitamente.

Ele pressionou o botão de seu cabo remoto e três obturadores clicaram simultaneamente. No entanto, nenhum dos três flashes disparou.

Espera-se que um profissional da imprensa inglesa seja capaz de conseguir uma fotografia de qualquer coisa, em qualquer lugar, sob quaisquer condições. Todos os equipamentos de Graham eram constantemente verificados, consertados ou substituídos. Em seus sete anos de experiência, ele nunca tinha falhado em um trabalho.

"Hum", murmurou ele. "Que estranho." Graham examinou seu equipamento mais uma vez e constatou que, embora todas as câmeras estivessem em ordem, os três flashes haviam descarregado de alguma forma, todos ao mesmo tempo, logo depois de terem sido carregados.

No dia seguinte, ele recarregou os três aparelhos com o mesmo carregador e constatou que estavam todos funcionando normalmente.

Essa foi a primeira de incontáveis ocasiões em que câmeras e gravadores tiveram comportamento estranho em Enfield. Eu sabia que esse era um aspecto comum de casos de poltergeist, por isso fazia questão de sempre verificar meu próprio equipamento de gravação de maneira especialmente minuciosa.

Em 19 de setembro de 1977, decidi passar uma noite na casa, e abriu-se um espaço no pequeno quarto que servia de depósito para que eu conseguisse chegar à cama que ficava ali, sem uso. A essa altura, o caso se transformava em uma rotina monótona, com a repetição constante dos mesmos incidentes — camas sacudindo, bolinhas de gude e peças de Lego voando pela casa, gavetas se abrindo e cadeiras tombando. Um relato completo de tudo que era visto na casa preencheria umas duas mil páginas e seria uma leitura bastante tediosa.

Apesar de minha relutância inicial (e genuína) em me envolver com outro caso de poltergeist, em pouco tempo percebi que estava ficando cada vez mais vinculado aos Harper e a sua misteriosa visitação. Esse parecia ser um caso atipicamente ativo, e Maurice e eu logo decidimos que tínhamos que permanecer nele até o fim. Como em média um caso dura apenas cerca de oito semanas, convenci-me de que eu poderia dispor daquele tempo. Se soubesse que me manteria ocupado pela maior parte dos dois anos subsequentes, talvez tivesse desistido ali mesmo, naquele momento.

De minha cama, eu podia ouvir todo e qualquer som nos outros dois quartos, cujas portas foram deixadas abertas por solicitação minha. Às três da madrugada, ouvi Janet e a sra. Harper, que estava dormindo na cama de Pete, acordarem. Espiei pela porta. "O que foi?", perguntei.

"Tem um barulho de alguma coisa se arrastando", disse a sra. Harper, sonolenta, embora eu não tivesse ouvido.

"Ah, provavelmente sou eu", respondi. "Estava rondando por aqui. Não se preocupe." E voltei para a cama.

No instante em que me deitei, fez-se ouvir um único baque surdo, como se algo tivesse atingido o linóleo do piso do corredor, a alguns passos de minha cama. Logo encontrei o objeto. Era uma pequena peça de Lego, que tinha ido parar na escada. Não consegui imaginar como Janet poderia tê-la jogado. Não havia ricocheteado em uma parede, e ela definitivamente não saíra da cama.

Na noite seguinte, amarrei a cadeira que ficava ao lado da cama de Janet a um dos pés da cama, sem que ela soubesse. Assim que a menina se deitou, lá se foi a cadeira, e encontrei o arame partido de forma regular, como que cortado. Eu a amarrei outra vez, agora fazendo várias voltas com o arame. Janet, é claro, viu-me fazê-lo.

Treze minutos depois de eu ter descido ao térreo, ouvimos mais um estrondo. A sra. Harper e eu subimos depressa as escadas. Ela estacou no vão da porta do quarto.

"Nossa", disse ela. "Agora a história é outra." Dessa vez, foi a grande poltrona junto do console da lareira que tombou para a frente. "Eu já esperava por isso", disse ela. "Ainda hoje falei que é incrível que a outra cadeira não tenha se movido."

Voltei ao térreo para buscar minha trena de medição. Quando subi de novo, ouvi mais um baque. A mesma poltrona se movera mais uma vez. "Você a viu se mover?", perguntei.

"Eu a vi se mover", disse ela. "Mas ainda não aconteceu nada além disso. A outra está amarrada?"

Respondi que sim.

"É por isso que aquela se mexeu", respondeu a sra. Harper. "A próxima coisa a acontecer é a cama se mover." Parecia que ela estava desenvolvendo um dom de precognição de grau preocupante, pois mal havíamos descido as escadas outra vez quando se fez ouvir um altíssimo barulho de algo se arrastando no quarto de Janet. Não só a outra cama se movimentara, como previsto, mas a pequena cadeira saltara para a frente, partindo o arame mais uma vez.

Uma disputa de estratégia estava sendo preparada. O poltergeist exibia sua força.

"Agora, os livros vão cair", disse a sra. Harper. Havia três livros infantis escorados sobre o console da lareira, atrás da poltrona. Meu gravador estava no chão, ao lado da porta. Eu o coloquei ali para que captasse os rangidos das tábuas do piso caso Janet saísse da cama. Sem fazer isso, ela não poderia alcançar os livros.

Poucos minutos depois, quatro coisas ocorreram ao mesmo tempo, e três delas ficaram claramente audíveis em minha fita.

Novamente, a cama vazia lançou-se para longe da parede, na direção de Janet, e a cadeira pequena tombou. O móvel tinha se lançado de lá para cá tantas vezes que um de seus fortes pés de metal estava bem desalinhado. Ao mesmo tempo, um dos livros se ergueu do console da lareira e saiu voando pela porta, bateu com força na porta fechada do quarto que ficava em frente e parou de pé, aprumado e aberto, no chão de "meu" quarto. O livro se chamava *Fun and Games for Children*.

Esse incidente me deixou realmente desconcertado. Na fita, era possível ouvir o livro passar zunindo à grande velocidade sobre o gravador, atingindo primeiro a parede e, em seguida, o piso. Ele deve ter colidido com a porta em um ângulo de cerca de trinta graus e ricocheteado em ângulos retos, pois lá estava ele, dentro do outro quarto, a certa distância da porta. Isso desafia todas as poucas leis da física que conheço, mas lá estava. Acontecera.

O quarto incidente simultâneo foi ainda mais estranho. Pela primeira vez naquela noite, acredite o leitor ou não, Janet parecia ter acordado. "Olha seu travesseiro, mãe", disse ela. Nós olhamos.

"Aquele formato ali", disse eu, "parece uma..."

"Sim", interrompeu-me a sra. Harper. "Uma partezinha afundada." Era exatamente como se alguém invisível estivesse deitado na cama, como Peggy Nottingham dissera no rádio.

"Temos uma garotinha fazendo brincadeiras conosco", disse eu.

"Eu falei isso o tempo todo", comentou a sra. Harper. "Acho que é uma criança."

Ela já me contara sobre um caso trágico na vizinhança, alguns anos antes, no qual um homem matara a filha de quatro anos por sufocamento e, em seguida, cometera suicídio. A questão é que a sra. Harper conhecera o homem de passagem e, de algum modo, tinha comprado alguns dos móveis de sua casa. Ela chegara precipitadamente a uma conclusão que, em retrospecto, parece errônea, e retirou da casa todos aqueles móveis poucos dias após o início dos problemas. Embora fossem objetos de boa qualidade, ela simplesmente os descartou no jardim dos fundos e pediu que a prefeitura os retirasse. No entanto, parecia que isso não fizera diferença alguma.

Mesmo assim, não vi mal em supor que o poltergeist fosse o espírito inquieto de uma criança fazendo brincadeiras. Por que ter medo de uma garotinha de quatro anos, viva ou morta?

"Ela só está um pouco perdida e confusa", disse eu. "Provavelmente quer apenas conversar e não consegue entender por que não respondemos." Expliquei que, de acordo com crenças espíritas, as pessoas em geral não se dão conta de que estão mortas e que, em minha opinião, existiam provas suficientes, de fontes responsáveis, para indicar que alguma coisa com certeza sobrevivia depois da morte física, algo que tínhamos que chamar de "espírito" por falta de uma palavra mais precisa. Não era uma palavra de que eu gostava, como também não me agradava a bobagem sentimental e banal tão comumente associada à suposta comunicação "espiritual". No entanto, não há nada banal no desejo de saber mais a respeito da verdadeira natureza da vida, antes ou depois da morte, e a única maneira de adquirirmos tal conhecimento, pensava eu, era estudando os fatos de casos como este, nos quais as fronteiras entre o conhecido e o invisível pareciam ter sido alcançadas.

"Eu adoraria entrar em contato com a menina", disse a sra. Harper. "Ela não vai machucá-la, Janet. Está só tentando conversar com você, do jeito dela."

"Mas por que depois de seis ou sete anos?", questionou Janet.

"É diferente para eles", expliquei. "Eles não percebem o tempo como nós." Continuei conversando com Janet, dizendo-lhe que ela não precisava ter medo.

"Eu não estava com medo", respondeu ela, sonolenta. "Estou meio que me acostumando com isso. Mas estrondos, batidas, barulhos o tempo inteiro...!"

Desejei-lhe boa-noite e desci as escadas. Poucos minutos depois, pensamos que a casa tinha desabado. Rose gritou e chamou pela mãe. Corremos depressa lá para cima e descobrimos que a pesada cômoda que ficava encostada na parede tombara para a frente; as gavetas vazias deslizando para o chão quando ela bateu na poltrona grande, na qual ficou escorada e presa em um ângulo de mais ou menos quarenta e cinco graus.

"Ah, meu Deus", disse Rose. "Que força! Seja o que for, é muito forte." Aparentemente, nem Rose e nem Jimmy haviam acordado por ocasião de nenhum dos incidentes anteriores. A capacidade que aquela família tinha de não acordar ao som de certos acontecimentos nunca deixou de me surpreender.

"Está ficando cada dia mais forte", disse Janet. "Eu vi aquilo, estava olhando para lá. Eu a vi se mover, eu a vi tombar. Ouvi o piso rangendo." Seu último comentário foi interessante. Também escutei os rangidos quando analisei a fita cassete. Poderiam ter sido produzidos por ela? Eu já começava a ter minhas dúvidas de novo.

"Graham deveria estar aqui esta noite", disse Janet. Pensei em telefonar para ele, mas era tarde e estávamos todos cansados. Além disso, tive uma ideia e, na manhã seguinte, Grosse, por sugestão minha, telefonou para todos os fabricantes de equipamentos de gravação de vídeo do país, perguntando, sem rodeios, se gostariam de lhe emprestar uma câmera e um gravador para que ele pudesse tentar fotografar um poltergeist em ação.

Sua abordagem ousada deu resultados e, já naquela noite, uma equipe de ávidos caçadores de fantasmas de Cambridge chegou à casa. Eles eram nada menos que o gerente de produtos e o demonstrador-chefe da Pye Business Communications, dois colegas que logo agarraram a oportunidade de disponibilizar seus equipamentos para aquele uso incomum. E mais: eles os forneceram sem qualquer custo.

A câmera Newvicon, da Pye, tem mais ou menos o tamanho de um tijolo. Ela pode tirar uma fotografia nítida à luz de uma única vela e, se alguém se aproxima dela, a fotografia fica cada vez mais clara à medida que a radiação infravermelha emitida pelo corpo humano é gravada no filme.

Ron Denney estivera encarregado de demonstrar a câmera por três anos. Como de praxe, ele a testou minuciosamente, junto com o equipamento de mesa de gravação de vídeo e o monitor de tela de TV, antes da instalação. Tudo estava em ordem. Ele colocou a câmera sobre um tripé no quarto de Janet, deixando a unidade de gravação no andar térreo, conectada ao monitor, de modo que todos nós pudéssemos observar Janet na cama. Então, ele ligou a unidade de gravação (que não era feita pela Pye) e, pela segunda vez naquela semana, um equipamento caro deixava de funcionar nas mãos de um operador profissional experiente.

Primeiro, todas as luzes que ficavam junto dos diversos botões na unidade de gravação se acenderam ao mesmo tempo, o que Denney julgava impossível. Em seguida, a máquina se recusou a bobinar a fita, embora tivesse acabado de ser testada. Depois de alguma ponderação, a equipe da Pye precisou desmontar todo o aparelho, descobrindo que a fita deslizara para baixo da polia guia, emperrando a polia em um pino. Foi necessária uma força considerável para soltar as duas partes.

"Não é impossível que aconteça uma falha como essa", disse Denney, em uma declaração por escrito, "mas é extremamente improvável." Acrescentou, ainda, que nem ele e nem seus colegas jamais viram aquilo acontecer antes. Porém, nenhum deles nunca tentara filmar um poltergeist.

"Nosso fantasma entende de mecânica", comentou Grosse.

Por fim, o equipamento acabou funcionando, e nos revezamos para assistir a várias horas de gravação. Foi o programa de TV mais enfadonho de todos os tempos. Janet deitou-se para dormir, permaneceu adormecida e absolutamente nada aconteceu. E, apesar da cooperação da equipe da Pye, que voltou em outras duas ocasiões, as reprises foram idênticas. Nem uma única movimentação por parte de coisa alguma.

"Teríamos conseguido alguma coisa, normal ou não, se Janet não soubesse que tinha uma câmera ligada ali", disse eu. "Acho que a coisa usa as percepções sensoriais da menina. Se ela não sabe de algo, o espírito também não sabe."

"Eu não contaria com isso, Guy", tornou Maurice. "Esse poltergeist é mais esperto do que nós. Veja seu *timing* — no instante em que você sai de um cômodo, acontece alguma coisa. Você fica no quarto por horas, e nada se move. Ele sabe o que estamos fazendo."

Tive que concordar que era provável. "Porém, de vez em quando a coisa nos deixa vê-la em ação, não é? Você, pelo menos."

"É isso que me intriga", respondeu Maurice. "Aconteceu pouco antes de o pessoal da Pye chegar — não tive tempo de lhe contar. Bem, estava eu sentado na cozinha, sozinho no cômodo, veja você, quando, de repente, o bule ao lado do fogão começou a balançar para a frente e para trás por vontade própria, por uns sete segundos, fazendo uma dancinha bem diante de meus olhos. Ele estava vazio e frio. Não havia como ter feito aquilo normalmente."

Examinei o bule, que depois estaria envolvido em um incidente ainda mais extraordinário, e não consegui encontrar uma maneira de fazê-lo se movimentar como Maurice tinha se assegurado que o objeto se movera. Também não pude imaginar como seria possível que Janet estivesse envolvida, pois ela não estava por perto.

Insisti que deveríamos tentar "grampear" a casa. Talvez não fosse fácil nem totalmente ético, mas valia a pena tentar. Eu nem sequer suspeitava de que, quando enfim conseguíssemos, o resultado seria ainda mais dúvida e confusão.

"Bem", prossegui, "tem outra coisa que precisamos fazer. Temos que tentar fazer parar tudo isso."

"Concordo", tornou Grosse. "Mas como?"

Mostrei-lhe dois recortes do *Psychic News*, o jornal semanal espiritualista. Na edição de 17 de setembro, o editor Maurice Barbanell comentava a cobertura do caso pelo *Mirror*, dizendo achar estranho que ninguém tivesse pensado em procurar um médium para solucionar o mistério. "Médiuns", escrevia ele, "são os únicos verdadeiros especialistas em fenômenos psíquicos nesse âmbito."

Na semana seguinte, escrevi para o jornal, destacando que, embora médiuns tivessem sido muito úteis em diversos casos no Brasil, o problema na Inglaterra era encontrar um que estivesse preparado para fazer qualquer coisa.

Eu falava por experiência própria, e uma experiência desagradável. Em 1975, tentei ajudar a vítima de um poltergeist na zona sul de Londres, o qual estava causando um verdadeiro tormento e até mesmo ferimentos à garota envolvida, pois ela estava constantemente recebendo arranhões no corpo todo. (Vi e fotografei alguns desses arranhões enquanto ainda sangravam, na presença de um membro do conselho da SPR.) Busquei, em vão, o auxílio dos espiritualistas. Todos ou estavam ocupados demais, ou simplesmente não sabiam o que fazer. Um deles chegou a me dizer que não podia se envolver "porque a entidade talvez fique presa a mim".

Se eu ainda estivesse no Brasil, poderia ter reunido meia dúzia de médiuns, que prestariam seus serviços de graça. Um deles provavelmente teria "incorporado" o poltergeist, falando com a voz da "entidade", enquanto os demais tentariam persuadi-lo a deixar o plano terreno e passar aos reinos superiores, que eram seu lugar. Isso podia ser uma grande bobagem, mas eu tinha muitos indícios que mostravam que tal abordagem funcionava. E, se funciona, por que não usar?

Eu sabia que Grosse não estava muito satisfeito com a ideia do envolvimento de médiuns, mas não se opôs a que eu procurasse um. Desse modo, fiz uma visita a Paul Beard, diretor da Faculdade de Estudos Psíquicos, para pedir ajuda. Após um longo questionamento de meus motivos, e aparentemente convencido de que Grosse e eu queríamos de fato ajudar os Harper, ele me deu o nome da pessoa que acreditava ser a mais adequada para esse tipo de caso, insistindo que o nome verdadeiro da médium não deveria ser usado.

No entanto, ela e o marido estavam viajando de férias, e não consegui contatá-la até a primeira semana de outubro.

Nesse meio-tempo, os acontecimentos em Enfield tomaram outro rumo, ou, antes, inúmeros novos rumos, e, no tocante à família Harper, que já vinha sofrendo há um certo tempo, todas essas mudanças foram para pior.

"AÇÃO E AVENTURA"
capítulo 05

Às 17h30 de domingo, 25 de setembro de 1977, Sylvie Burcombe entrou em sua cozinha para preparar chá para sua família e para os Harper, que, mais uma vez, ficaram apavorados e saíram da casa para passar a tarde toda no número 72.

Ocorrera muita atividade para a sra. Harper anotar em seu caderno, pois o dia tinha começado mal e piorado gradativamente:

> Janet e eu acordamos e esperamos um pouco antes de nos levantar. Acreditamos ouvir passos leves. De repente, a pequena cadeira ao lado da cama deu um pulo. Então, me levantei e ela pulou outra vez. Horário: 6h45.
> Quando saí do banheiro, Janet foi para lá. A cômoda grande deu um salto e tombou de lado. Horário: 6h50.
> Descemos ao andar térreo, todos nós. Janet estava sozinha na sala de estar. A almofada salta da poltrona vermelha perto do armário envidraçado. Horário: sete da manhã. Em seguida, a mesinha de TV, no canto, com as coisas em cima, vira de cabeça para baixo no chão. Horário: 7h05.
> Janet sozinha na sala. A grande poltrona vermelha, no canto mais afastado, vira de cabeça para baixo. Janet atravessa a cozinha para ir ao banheiro. A cadeira da cozinha pula no chão. Estou na sala de estar. Horário: 8h40.

Mais tarde, naquela manhã, as coisas começaram a acontecer tão depressa que ela conseguia apenas anotar os detalhes mais importantes:

Janet na cozinha. Nós vemos cadeira, ela sai do lugar, com Janet em cima. Sofá verde salta quando Janet se levanta.

A família Harper esperava encontrar um pouco de paz e tranquilidade na casa dos Burcombe, mas não era para ser. De repente, na cozinha, Sylvie deu um grito muito alto e derrubou a chaleira que estava segurando. Levou algum tempo para que ela se acalmasse o suficiente para descrever o que aconteceu.

"Eu estava despejando a água da chaleira no bule de chá", disse ela, "quando uma coisa apareceu bem diante de meus olhos e, então, caiu no balcão do armário da cozinha e quicou uma vez." Era um bastão plástico de uns quinze centímetros de comprimento, parte de um dos conjuntos de brinquedos das crianças.

"Eu meio que olhei para baixo, abri os olhos e essa coisa estava diante de mim", contou ela a Grosse quando ele chegou, pouco depois. "Gritei, dei um berro e um pulo para trás, e, depois que fiz isso, vi a coisa pular e aparecer de novo."

Com muita cautela, Grosse indagou a sra. Burcombe sobre esse incidente, aparentemente um caso genuíno de um dos mais raros dentre todos os fenômenos psíquicos — a materialização.

O bastão plástico definitivamente não fora atirado nela, insistiu a sra. Burcombe. Ele havia "simplesmente aparecido" diante de seus olhos e caído. Todos os que estavam na casa concordaram que nenhum deles o arremessara, nem poderia tê-lo feito.

Esse foi o primeiro novo desdobramento — o poltergeist era capaz de seguir os Harper para fora da casa.

John Burcombe mostrara-se bastante cético quando a irmã lhe contou, pela primeira vez, sobre o que vinha ocorrendo em sua casa. "Minha primeira reação foi de absoluta descrença", disse ele. "Tentei acalmá-la, dizendo que o movimento dos móveis em sua casa devia estar sendo causado por vibração ou algo assim. Mas, com o passar do tempo, eu ainda não acreditava de fato, até que vi uma ou duas coisas, e que, hoje, ainda estou convencido de que não vi, mas sei que vi." E acrescentou, de forma bastante compreensível: "É um pouco difícil de explicar".

Contudo, ele já vira coisas demais, tanto na própria casa quanto na casa da irmã. O sr. Burcombe observara, boquiaberto, um abajur deslizar lentamente pela mesa e cair no chão, vibrando com violência. Vira também uma gaveta abrir-se sozinha. Sentira uma força invisível o impedindo de fechar a porta de seu quarto, que simplesmente emperrou a meio caminho, embora, em geral, ela se fechasse por conta própria.

Além disso, presenciara algo muito mais perturbador quando, certo dia, estava de pé na base da escada dos Harper.

"Vi uma luz", disse ele. "Era igual, eu diria, a uma lâmpada vertical de pouco mais de trinta centímetros. Parecia uma lâmpada fluorescente atrás de vidro fosco, e brilhava com intensidade, até que, aos poucos, desapareceu."

"Como o senhor reagiu?", perguntou Grosse.

"Fiquei completamente paralisado. Eu nunca me deparei com nada parecido, e a sensação que tive foi de medo, como se alguém estivesse de pé, bem ao meu lado, me observando. Nunca senti uma coisa assim na vida."

Seus dois filhos também foram testemunhas de muitos fenômenos: Brenda, de dezesseis anos, viu vários objetos se movimentarem em seu quarto, e também sentiu uma das súbitas correntes de ar frio, um aspecto bem comum em casos de poltergeist.

"Era como se tivesse alguma coisa ali, mas não dava para ver", disse ela. "Uma pessoa..."

Paul Burcombe, um garoto de treze anos animado e amistoso, havia não só visto muita coisa como também demonstrava ter as marcas de um bom investigador, observando pequenos detalhes com atenção.

"Ela estava sentada naquela cadeira", disse ele, "e realmente se moveu. Eu estava bem ao lado de Janet, e ela se moveu uns cinco centímetros, e então foi arremessada da cadeira."

"Janet tinha condições de empurrar a cadeira?", perguntou Grosse.

"De jeito nenhum", respondeu Paul. "Se ela tivesse mexido a cadeira, teria que ter movimentado todos os músculos das pernas — contraído os músculos." Em outra ocasião, quando Jimmy colocou um de seus carrinhos sobre a mesa, ele disparou na mesma hora e caiu no chão, mas Paul logo descobriu que podia repetir a façanha dando um pouco de corda no brinquedo. Fiquei contente ao ver que ele estava mais propenso a buscar uma explicação natural para aquilo do que supor que era obra do poltergeist.

O segundo novo desdobramento do caso foram as aparições, e, dentre todas as pessoas, quem viu a primeira foi Vic Nottingham. Ele era a última pessoa que eu imaginaria ver um dia afirmando ter topado com um fantasma. Porém, afirmou que viu, e o descreveu de seu habitual modo franco: "Poderia ter sido fruto de uma imaginação vívida", disse ele, "mas acho que não. Desci até meu barracão de ferramentas, no quintal, e, ao voltar para o jardim, parece que vi um rosto na janela, na janela dos fundos do número 84. Para mim, parecia uma idosa, uma senhora de cabelos grisalhos."

Ele mencionou o fato à esposa, e a ninguém mais na ocasião. Posteriormente, naquela tarde, encontrou a sra. Harper na rua.

"Acabei de vê-la outra vez", ela disse a ele. "Aquela senhora idosa na janela." A descrição que a sra. Harper fez da velha condizia exatamente com a de Vic, salvo pelo fato de que vira a aparição em uma das janelas da frente. Essas aparições independentes aconteceram, a propósito, no mesmo dia em que o sr. Burcombe viu a luz nas escadas.

Portanto, passado mais ou menos o primeiro mês do início do caso, tínhamos um total de quinze pessoas, além dos cinco Harper — os Nottingham, os Burcombe, a equipe do *Mirror*, a policial, Rosalind Morris da BBC, Grosse e eu —, que estavam convencidas de que o caso de Enfield era genuíno. Seria possível que tivéssemos sido enganados?

Não obstante, foi apenas em 15 de outubro, em minha décima terceira visita à casa, que fui enfim capaz de abandonar todas as dúvidas diante do que vi e, mais importante ainda, do que dizia meu gravador.

Aquele fora um dia com uma quantidade considerável de atividade, e um incidente logo após minha chegada me mostrou que a sra. Harper ainda mantinha os pés no chão, apesar de tudo. Estávamos sentados na cozinha, e ela descrevia como o bule fora encontrado em cima de uma tira de plastilina debaixo da cadeira da cozinha, cercado por uma poça d'água. De repente, ela hesitou.

"O senhor sabe o que acho que é isso?", perguntou-me ela.

"O quê?", indaguei.

"Ratos", declarou ela. "É isso que acho que é. Essa é minha opinião." Ouvi um som fraco de algo sendo arranhado lá em cima. Claramente, ela não estava propensa a ouvir fantasmas, mesmo depois de um dia bastante conturbado, sem procurar uma explicação natural.

Podia-se dizer o mesmo de Janet e Rose. Certa vez, estávamos todos na cozinha quando ouvimos algumas pancadas altas na parede.

"São aquelas crianças do vizinho", Janet logo disse, e as garotas correram para fora a fim de lhes dar uma bronca. Eram de fato as crianças da casa vizinha, e fiquei contente ao ver que Janet conseguia perceber a diferença entre aquilo e os fenômenos.

Quando a sra. Harper terminou seu relato sobre os acontecimentos do dia, decidi subir a rua para tomar uma cerveja e comer um sanduíche. Eu sempre me recusava a comer na casa da família e, além disso, queria fazer um novo experimento. Notei que alguma coisa sempre parecia acontecer assim que eu chegava ou logo depois de minha partida, por isso, naquela noite, consegui esconder meu gravador em cima de um armário na sala de estar e deixá-lo gravando. Eu tinha certeza de que ninguém sabia que ele estava ali, e essa primeira tentativa (de várias) de "grampear" a família se revelou bastante interessante.

A qualidade da fita estava longe de ser perfeita. A família assistia ao filme *A Fuga do Planeta dos Macacos* na televisão e, no dia seguinte, tive bastante dificuldade para deslindar toda a diversidade de sons gravados. Contudo, não havia dúvidas com relação ao baque alto que se fez ouvir poucos minutos depois de eu ter saído da casa.

"O que foi isso?", era possível ouvir Rose perguntando.

"Nada", respondeu a mãe.

"A senhora está me deixando apavorada", disse Rose.

"Não precisa entrar em pânico", tornou a sra. Harper.

"Na próxima noite de sábado, às 19h35, ação e aventura com...", dizia uma voz da televisão. Em seguida, houve um estrondo terrível.

"Meu Deus!", gritou Rose.

"Por pouco não me acertou", disse a sra. Harper. "Tudo bem, não fiquem nervosos." Fez-se ouvir outro estrondo.

"Eu estava para me sentar nela, e ela — pá! — virou de cabeça para baixo." Era Janet, cuja voz parecia mais aborrecida que assustada.

Então, a sra. Harper disse: "Espere um minuto. Abra aquela porta. Olha só esse monte...".

Mais um retinir alto a interrompeu, e Jimmy reclamou: "Me acertou!". Quando ele estava irritado, conseguia falar com bastante clareza.

"Depressa, sr. Playfair, onde quer que o senhor esteja", disse Janet.

"Ele não foi por aí, ele foi para o outro lado", surgiu a voz da sra. Harper. Presume-se que Janet estivesse à janela, espiando através das cortinas de renda.

Depois disso, seguiu-se uma discussão quanto ao horário exato em que eu tinha saído e quando voltaria. Ficou bastante evidente que todos eles estavam esperançosos de que eu voltasse logo.

Então, a fita acabou. Aquela devia ter sido a noite em que coloquei no gravador uma fita cassete de sessenta minutos em vez de uma de noventa, que normalmente uso. Ainda assim, convenci-me de que a prova que eu tinha era suficiente para sugerir que ninguém estava fazendo truques em minha ausência. Além disso, quando voltei do bar e perguntei se havia acontecido alguma coisa, o relato da família correspondia ao que fora gravado na fita. As anotações que fiz na ocasião dizem o seguinte:

Poltrona vermelha da sala de estar virada de cabeça para baixo. Sofá virado de cabeça para baixo. Escova de dente e caneca de Janet arrancadas de sua mão depois de ter escovado os dentes. Bule voou do lado da pia para o canto mais distante. Visto por Rose e a sra. H. Jimmy atingido na cabeça, aparentemente com força, por escovão plástico de mão. Ambas as mesas da cozinha se movimentaram, uma sem virar de cabeça para baixo, a outra (com gaveta), que não me lembro de ter se movido antes, tombou quando entrei.

Enquanto eu estava na cozinha tentando esclarecer todos esses incidentes, Janet se sentou em uma das grandes poltronas vermelhas da sala de estar, voltada para a porta aberta da cozinha, pela qual eu conseguia ver a garota claramente. Rose me contava que realmente vira o escovão atravessar o cômodo voando e atingir a cabeça de Jimmy.

"Eu o vi se erguer e — *vrum!*", disse ela. Exatamente nesse instante, vi a menina se levantar e andar em minha direção. Então, fez-se um zunido e um tremendo baque quando a cadeira em que ela estivera sentada deslizou pelo carpete, na direção da garota, e tombou para trás. Notei que o carpete estava enrugado na parte por onde a pesada poltrona deslizara.

"Nossa, isso foi engenhoso!", disse eu.

"Vi acontecer diante de meus próprios olhos", disse a sra. Harper. Ela estava diretamente de frente para Janet.

A garota entrou na cozinha para ajudar a recolher as facas e os garfos que se espalharam para fora da gaveta quando a mesa tombou. Fui e me sentei na poltrona que tombara, e tentei verificar se conseguia empurrá-la para a frente com o corpo e chutá-la de volta para trás. Era absolutamente impossível. A poltrona não só era muito pesada como sua dianteira e as laterais eram inteiriças até o chão, e ela não deslizaria para trás a menos que o encosto fosse empurrado com bastante força. E Janet estava no mínimo um passo à frente do móvel quando ele tombou. Era o incidente pelo qual eu vinha esperando. Aquilo era real.

Então, aconteceu tudo outra vez, mas de forma inversa: quando eu me levantava da poltrona e Janet, ainda em meu campo de visão, levantava-se do chão da cozinha. Com um retinir ensurdecedor, a segunda mesa da cozinha virou de cabeça para baixo, o topo batendo sobre o piso ladrilhado.

Corri para a cozinha. "Espere", falei. "Vi você de pé, ali, no instante em que a coisa virou. Você não fez aquilo!"

Era o suficiente para mim. Embora eu não tivesse realmente observado a mesa virar, tinha visto que ela não estava ao alcance de Janet nem da mãe. E, mesmo que estivesse, virá-la diretamente de cabeça para baixo com a rapidez com que se podia ouvir acontecer na fita era impossível, como Grosse e eu descobrimos quando, mais tarde, tentamos nós mesmos realizar a proeza. A mesa era muito larga e pesada demais para que uma pessoa a virasse. Aquilo também era real.

Em seguida, a sra. Harper fez um comentário bastante interessante, ao qual não dei muita atenção na ocasião, diante de todo o entusiasmo geral e de meu alívio por enfim ter visto algo acontecer.

"Antes de tudo isso acontecer", disse ela, enquanto recolhíamos os talheres, "saí daqui e pensei: 'É melhor eu passar um pano. Estou com dor de cabeça'. Na frente da cabeça — não é como uma dor de cabeça normal."

"A senhora sente essa dor durante todo o tempo em que ele está aqui ou só quando ele se manifesta?" (Por "ele" eu me referia ao poltergeist.)

"Quando ele se manifesta. Posso senti-lo", respondeu ela. "E, quando as coisas se acalmam, a dor de cabeça meio que desaparece. Estou com um pouco de dor agora, mas diminuiu muito."

Seria possível que ela tivesse um sistema de alerta antecipado embutido na cabeça? Fiquei imaginando se aquilo estava relacionado com o fato de, como a sra. Harper mesma já me contara, ela ter tido uma longa história de epilepsia na juventude, embora já fizesse dez anos que não sofria uma crise.

Depois de limparmos toda a bagunça e arrumarmos os quartos, as crianças subiram para dormir sem nenhum incidente, e tudo estava silencioso quando saí, às 22h30.

Assim que deixei a casa, as batidas começaram. "Elas continuaram por umas boas duas horas e meia", contou-me Peggy Nottingham, posteriormente. "Ficavam mais altas, depois ficavam mais baixas, daí ficavam mais altas de novo. Então, ouvimos coisas sendo atiradas em nossa parede."

Eu ainda não tinha ouvido as batidas, mas, pela descrição feita por Peggy, parecia-me que a coisa estava tentando se comunicar conosco e, portanto, o mais sensato a fazer era deixar que se comunicasse. Lembrei-me do comentário de Allan Kardec, o primeiro investigador sério de poltergeists, sobre um de seus casos, no qual ocorriam pancadas insistentes.

Descobriu-se, por fim, que se tratava apenas de um espírito amigável tentando mandar uma mensagem e, após transmiti-la por intermédio de um médium, as batidas pararam. "Quando os soldados estão em formação", observou Kardec, "já não se toca o tambor para acordá-los."

Visto que algo estava certamente acordando os Harper a toda hora, parecia sensato tentar descobrir o que essa coisa queria dizer. Contudo, logo me deparei com um problema: eu tinha acabado de contatar Annie Shaw,* a médium que Paul Beard recomendara, e um dos primeiros conselhos que ela me deu foi que eu não deveria tentar uma comunicação com o poltergeist, em hipótese alguma. Ela disse que isso apenas o instigaria.

Assim, em vez disso, tomei providências para que Annie e o marido George* viessem para Enfield. Eles prometeram fazer o possível para pôr um fim no problema, e eu acreditava que mereciam uma chance de mostrar seu trabalho.

Na noite da véspera do dia marcado para a visita do casal, houve mais um novo desdobramento, particularmente desagradável. John Burcombe estava presente quando aconteceu, e ele o descreveu da melhor maneira que pôde: "Janet estava chorando enquanto dormia. Começou como um choro baixinho e, conforme o tempo passava, foi piorando. Ela ficou histérica. Parecia estar... em transe, é a melhor maneira como posso colocar. Peguei meu rádio portátil e o coloquei para tocar bem alto, junto da orelha dela, mas isso não fez efeito nenhum". Em seu trabalho de remover pacientes, enquanto funcionário sênior do hospital, John vira médicos lançando mão do que se conhece por "terapia Rádio 1", que é colocar para tocar músicas pop da Rádio 1 BBC bem perto dos ouvidos de pacientes em coma. (Leitores que tenham interesse no assunto podem procurar a reportagem original no periódico médico *The Lancet* de 16 de novembro de 1971.)

Não gostei nem um pouco de saber desse desdobramento. Eu tinha esperanças de que aquilo não acabasse se revelando um daqueles casos que meus colegas brasileiros chamariam de possessão.

A visita do casal Shaw a Enfield foi breve e dramática. Eles eram um casal muito simpático e se recusaram terminantemente a receber qualquer pagamento ou publicidade pelo trabalho, que encaravam como um serviço a ser prestado de graça. Antes de chegarem, expliquei para a sra. Harper o que eles iriam fazer e lhe garanti que não havia motivo para ter medo, não importava o que acontecesse.

Depois que fiz as apresentações, os Shaw foram logo ao trabalho. Era fim de tarde e as pessoas voltavam para casa, vindas da estação: fragmentos de suas conversas podiam ser ouvidos pela janela. Uma vez mais lembrei quão próximos e, ao mesmo tempo, quão separados estão os mundos do comum e do extraordinário.

Annie se acomodou em uma cadeira de madeira no centro da sala de estar. "Agora", disse ela, "é bastante provável que alguma entidade se manifeste através de mim, e ela talvez seja um pouco rebelde. No entanto, não se preocupem, George sabe como lidar com elas."

George, em seguida, fez um rápida oração, pedindo a Deus que levasse paz à casa, bem como afastasse e iluminasse as entidades perturbadoras. Annie começou então a ofegar enquanto a sra. Harper e Janet observavam, cheias de expectativa. Rose e Jimmy não estavam presentes, mas Grosse, para minha surpresa, fora até lá, embora tivesse passado os últimos dias de cama, com um forte resfriado.

"Não precisam ter medo", disse George. "Ninguém vai se machucar." Então, ele se voltou para a esposa, e sua voz gentil de repente soou alta e inflexível.

"Agora!", vociferou ele. "Você pode me ver?"

Annie soltou um grito pavoroso. "Vá embora!", berrou ela. Em seguida, começou a rir, com gargalhadas grotescas como de uma das bruxas de *Macbeth*.

"Chegou a hora de parar", disse George, com firmeza. Ele retirou um pequeno espelho do bolso e o segurou diante do rosto da esposa. Annie imediatamente se virou e cuspiu nele. "Pessoas melhores que você já cuspiram em mim", disse, em voz baixa. "Agora, olhe para isto. Olhe e veja o que deu errado, e vamos lhe mostrar como consertar as coisas."

"Gozer, Gozer, me ajude", gemeu Annie. "Elvie, venha cá."

"Você está recebendo ajuda", disse George. "Você esqueceu que é um rebento de Deus. Agora, veja: é isso que você pode se tornar." Ele ergueu o espelho outra vez. "Vamos levar você embora, para um lugar onde possa ter uma vida tranquila... Vê aquela porta azul? Vamos atravessá-la juntos..."

George prosseguiu nesses termos por mais algum tempo até que Annie enfim se acalmou. "Fique longe deste lugar", concluiu ele. "Tente voltar para cá e vai se sentir queimando de novo!"

De repente, Annie voltou ao normal, olhando em redor, para nós, e sorrindo. "Ah, minha nossa!", disse ela, a voz suave em evidente contraste com a voz rouca e rascante dos vinte minutos anteriores. "Parecem estar concentrados em volta de Janet, mas são muitos."

"Esse Gozer é um miserável nojento", acrescentou George. "Uma espécie de mago negro. A outra, Elvie, é um elemental, e Gozer a está usando. Ele é o chefe. Se a tirarmos do caminho, a estratégia inteira cairá por terra." Para os espiritualistas, um elemental é um tipo inferior de fantasma usado por espíritos mais astutos para fazer o trabalho sujo.

"Temos que realizar uma cura áurica", disse Annie. "O campo áurico ao redor dos dois está escoando, e eles estão sugando energia de vocês duas." Janet parecia perplexa e um pouco nervosa.

George lhe perguntou se ela sabia o que era uma bateria. Janet assentiu com a cabeça. "Bem, nosso corpo é usado como uma bateria; se for danificado, você começa a ter um pequeno vazamento, e a energia é surrupiada por essas criaturas odiosas para arremessar coisas de lá para cá."

Então, os Shaw deram alguns "passes" terapêuticos na sra. Harper, colocando as mãos perto de sua cabeça e seus ombros, e as deslizando para baixo, acompanhando, a pouca distância, os contornos de seu corpo.

"Estamos fazendo um invólucro limpo e lacrado, como um ovo", explicou George.

Janet protestou um pouco antes de deixar que o casal a submetesse ao mesmo procedimento, e fiquei imaginando se alguma coisa ainda a induzia a resistir ao auxílio que lhe estavam oferecendo. Contudo, ela acabou concordando.

"Sabemos que existe uma fragilidade psíquica aqui", disse George, após ter "limpado" a aura de Janet, "e também uma situação familiar bastante aflitiva." A sra. Harper concordou, assentindo. "Isso se transforma em um alvo para qualquer coisa que esteja em volta, e havia algo muito ruim perambulando por aqui, algo de que vocês não conseguiram escapar porque não estavam protegidos o suficiente."

"Houve uma experiência muito dolorosa no passado", interpôs Annie, "e vocês se viram imersas em ondas de ódio, cozinhando devagar, em fogo brando. É isso, em parte." A sra. Harper concordou que costumava se sentir ressentida em relação ao ex-marido, reprimindo o sentimento já por alguns anos. Lembrei-me de que houvera uma situação muito semelhante em um de meus casos anteriores, que envolvia uma mulher divorciada, mais ou menos da idade da sra. Harper, e duas filhas.

Os Shaw convidaram a sra. Harper e Janet a sua casa para outras sessões de cura, e elas aceitaram, passando a ir até lá. "Nem sempre se consegue limpar essas coisas de uma vez só", explicou George. Eu tinha advertido a sra. Harper a não esperar milagres, e percebi que a visita do casal Shaw lhe fizera bem, dando-lhe um pouco de alento e esperança.

"Bem", disse a Maurice enquanto seguíamos pela North Circular em seu Jaguar, "aquilo tudo foi bastante dramático."

"Não foi uma encenação", respondeu ele. "Já me envolvi com atividades de amadores, e conheço os truques que as atrizes usam. Foi muito interessante; teremos apenas que ver se funciona."

E funcionou, em certa medida. O restante da semana foi muito mais tranquilo que qualquer período correspondente das semanas anteriores, e tive a impressão de que não foi por coincidência.

Três dias depois, aconteceu uma reunião especial na escola de Janet para discutir o problema dela, que começara a afetar seriamente seu desempenho escolar. Ela fora mantida acordada até tarde tantas vezes que perdeu vários dias de aula, e normalmente adormecia durante a classe, por pura exaustão.

Da reunião participaram o diretor, dois professores, duas assistentes sociais do município e o psiquiatra do programa de assistência ao menor. Todos eles pediram para que Grosse não mencionasse seus nomes em público.

O poltergeist de Enfield já era bem conhecido na vizinhança e, depois do relato longo e detalhado que Grosse fez dos principais eventos até aquele momento, todos lhe fizeram uma batelada de perguntas, à exceção do psiquiatra, que parecia bastante aborrecido e não disse absolutamente nada.

Uma professora ressaltou que Janet era nova na escola e estava tendo dificuldades para se ajustar. "Concordamos basicamente que a melhor coisa é não fazer muito alarde e tratá-la normalmente", disse ela.

Uma assistente social deu sua opinião sobre a sra. Harper, a quem ela conhecia bem. "Ela me passa a forte impressão de ser uma mulher franca e pé no chão, sem propensão à histeria", disse. "É uma família muito unida, que mantém o lugar limpo e faz o máximo que pode com parcos recursos." Era evidente que os Harper tinham uma boa reputação em sua comunidade e eram estimados por todos que os conheciam.

Perguntaram a Grosse o que ele achava que deveria ser feito, já que estava claro que ninguém mais tinha sugestões. O psiquiatra continuava em silêncio.

"Em minha opinião", disse Grosse, "a prioridade é tirar a família do local."

"Conversei com o setor de habitação", disse a assistente social, "e eles darão prioridade máxima de transferência aos Harper, se assim eles desejarem."

"Não creio que realocá-los seja a solução", disse Grosse, ciente de que a sra. Harper queria permanecer onde estava. "Umas férias, talvez." Todos concordaram e, graças às constantes sugestões de Grosse, o conselho enfim providenciou que a família toda passasse uma semana no litoral por ocasião de um feriado no meio do semestre letivo, quando Pete poderia acompanhá-los. Ao término da reunião, Grosse propôs que se ouvisse parte da fita que John Burcombe gravara durante o recente "transe" de Janet. "Já que temos o doutor aqui", disse ele, "eu passo a bola para o senhor, se me permite."

"Bem", disse o psiquiatra, abrindo a boca pela primeira vez em quase uma hora, "só estou aqui para..." Ele nunca terminou aquela única frase e, embora sua função o tornasse responsável pelo bem-estar psiquiátrico das crianças de Enfield, ele não só não tinha nada a sugerir, como nunca, de fato, chegou a ver Janet. Sua única contribuição para o caso foi propagar depois, indiretamente, que a única maneira de parar o poltergeist era fazendo com que Grosse e eu nos afastássemos totalmente dos Harper!

A família Harper precisava de umas férias, e nós também, pois a falta de sono nos vinha deixando esgotados, e tanto Grosse quanto eu estávamos com resfriados fortes. Porém, antes que a família enfim partisse para Clacton-on-Sea, em 29 de outubro de 1977, a atividade havia voltado ao normal, ou melhor, voltado ao paranormal.

Móveis eram arremessados pela casa toda, camas sacudiam, lençóis e cobertores eram puxados e até mesmo arrancados das camas, enquanto batidas e solavancos diversos perturbavam tanto os Harper quanto os Nottingham, na casa ao lado, o tempo todo, dia e noite. As coisas começaram a acontecer tão depressa que já não conseguíamos manter o registro numérico delas, perdendo a conta em algum ponto por volta do número quatrocentos.

Poças d'água apareciam de repente no piso da cozinha quando não havia ninguém no cômodo. Grosse e eu estávamos na casa, separados, quando uma dessas poças misteriosas foi encontrada. Elas contavam com cerca de sessenta centímetros, e aquela que vi tinha um contorno nítido, como que desenhada com um dedo. Além disso, era um formato estranho para uma poça, pois se parecia muito com uma pequena silhueta humana, os braços e as pernas abertos.

Após secar a poça, tentei repetir o efeito derramando água de um copo e depois torcendo um pano molhado, mas, em cada experimento, a água espirrou, formando um contorno todo recortado. Nunca conseguimos descobrir como tais poças poderiam ter surgido, e menos ainda como de fato apareceram.

Janet estava tendo mais problemas na escola. "Minha cadeira começou a pular", ela me contou certa tarde, ao chegar para o chá. "E minha lição está um horror!" Ela me mostrou seu livro de tarefas, todo escrito com capricho até aparecer um longo rabisco onde alguma coisa tinha sacudido seu braço.

"Essas coisas a deixam preocupada?", perguntou Grosse à menina.

"Elas me preocupam na escola", respondeu Janet.

"E em casa?"

"Ah, sim, às vezes."

"Você não me parece muito preocupada."

"Não, estou me acostumando. Eu odiaria ficar apavorada, de verdade." Janet nos contou que a cama em que estava deitada na sala médica começara a tremer, e ela teve a impressão de que "alguém" estava fazendo aquilo. Grosse lhe perguntou quem poderia ser aquele alguém.

"Poderia ser o *polka dice*", respondeu ela, depois de pensar um pouco.

Janet certamente parecia apavorada uma noite, quando se queixou de que estava sendo asfixiada — alguém estava tapando seu nariz e sua boca para impedi-la de respirar. Eu me sentei na cama dela e tivemos uma longa conversa, e repeti mais ou menos o que os Shaw tinham dito sobre ela aprender a controlar sua energia. Quando saí, ela pediu que eu deixasse a luz do quarto acesa.

Eu não havia nem chegado ao piso térreo quando se fez ouvir um estrondo familiar. A cadeira saíra voando novamente.

"Tinha um velho sentado naquela cadeira", disse Janet, "colocando as mãos em meu rosto. Eu não conseguia respirar." Sua angústia me parecia bastante verdadeira. Em outra ocasião, ela contou à mãe que vira um idoso sentado em sua cama, muito parecido com o falecido pai de Vic Nottingham, que sempre fora bastante bondoso com ela quando vivo. Pode ser que ele estivesse tentando ajudá-la agora, conjecturei.

Talvez eu não tivesse dado muita atenção às aparições relatadas por Janet se não fosse pelo fato da sra. Harper, de Rose, Vic Nottingham, e John e Brenda Burcombe também terem relatado fenômenos semelhantes. John testemunhou a aparição mais espetacular de todas, que vou descrever em um capítulo posterior.

Cerca de duas semanas após a visita do casal Shaw, quando a atividade voltou a seu nível anterior, Grosse e eu concluímos que precisávamos de mais ajuda. Eu sentia que não podia pedir aos Shaw que continuassem indo à casa, e que deveríamos dar à ciência convencional uma chance de tentar solucionar o caso. Em nossa opinião, precisávamos de um físico para estudar a natureza das forças que pareciam atuar ali, e de um psiquiatra para avaliar o estado mental e emocional da família, o cenário em que todas essas coisas extraordinárias estavam ocorrendo.

Não tivemos problema para encontrar um físico. O professor John B. Hasted, chefe do departamento de física da faculdade Birkbeck College, concordou em nos ajudar assim que o pedimos. Físico empirista reconhecido por suas pesquisas do fenômeno de entortar metais por psicocinese, ele tinha recentemente passado a integrar a SPR e logo designou um de seus próprios estudantes para o caso.

"Vocês devem tomar as rédeas dos fenômenos", aconselhou-nos o professor Hasted. "Façam contato de todas as formas. Desafiem-no a realizar coisas difíceis, tais como escrever ou falar, ou talvez até materializar-se." Nós havíamos lhe contado sobre as batidas e aparições.

Eu tinha muitas dúvidas com relação a tentar contatar a assombração, pois os Shaw, por quem eu tinha grande respeito, nos disseram que isso não deveria ser feito. No entanto, o que fazer quando você recebe conselhos opostos de duas pessoas que respeita?

O que fiz foi descer ao litoral sul, em uma viagem de um dia, para visitar o dr. Eric J. Dingwall, o mais antigo membro ainda vivo da SPR e provavelmente a maior autoridade mundial em fenômenos psíquicos, que ele começara a estudar em 1905. Apesar de sua reputação de ferocidade em desmascarar não só falsos médiuns como também falsos pesquisadores, sempre o achei muito gentil, um homem de mente aberta que estava sempre pronto a dar conselhos práticos. Ele ouviu com atenção enquanto eu fazia um relato completo do caso, mas riu quando sugeri que um psiquiatra ou um psicólogo talvez pudesse ajudar. O conselho que ele me deu foi tipicamente direto: "O que essa gente sabe sobre essas coisas? Absolutamente nada. Ele começou a produzir batidas, você diz? Bem, então, responda com batidas!".

E foi o que fizemos.

"AH, ESTÁ RESPONDENDO"
capítulo 06

Na primeira vez em que as ouvi de fato, as batidas vinham do piso do quarto principal, enquanto eu estava na sala de estar, abaixo. Naturalmente, subi as escadas para ver se elas continuariam caso eu estivesse no quarto, no qual agora dormia a família inteira: Rose, a sra. Harper e Janet espremidas na cama de casal, e Jimmy, na cama dobrável de lona, ao lado delas.

Contudo, sempre que eu abria a porta do quarto, as batidas paravam. Fingi não me interessar muito por elas na ocasião, pois eu bem sabia que, se Grosse e eu parecêssemos demasiadamente empolgados demais com tudo o que acontecesse na casa, seria inevitável que as crianças se sentissem instigadas a somar alguns de seus próprios truques à atividade, quer de forma deliberada, quer de forma inconsciente.

Nós dois esperávamos que as crianças fizessem isso e, embora a existência de truques fosse o único aspecto de todo o caso pelo qual alguns de nossos colegas da SPR mostravam interesse, isso não nos preocupava muito. Cada um de nós já tinha visto, por si mesmo, incidentes que elas não poderiam ter provocado de forma deliberada. Além disso, a essa altura, já era absolutamente óbvio que, se qualquer uma das crianças estivesse dando pancadas no piso, a mãe por certo a teria visto, e suspeitar que a família inteira estivesse conspirando para nos enganar parecia absurdo. Por que fariam isso?

Ainda assim, embora não parecesse impressionado com as batidas, eu estava bastante intrigado com o modo como elas pareciam vir de todas as partes do piso ao mesmo tempo, como se vários batedores diferentes estivessem em ação. Algumas eram altas, outras suaves, e algumas sequências aumentavam e diminuíam de intensidade, como um sinal fraco de rádio. Percebi outro detalhe desconcertante: o piso do quarto estava praticamente recoberto, por inteiro, por um carpete grosso e, apesar disso, as pancadas que eu ouvira quando estava lá embaixo definitivamente não eram abafadas. Parecia que vinham de dentro das tábuas do piso.

Minha primeira tentativa de controlar o poltergeist, seguindo a sugestão do professor Hasted, foi um tremendo fracasso, com consequências quase desastrosas.

Chinelos, bonecas e almofadas eram arremessados de lá para cá no quarto com tanta frequência que decidi verificar o que aconteceria se eu removesse tudo, deixando no quarto nada além dos ocupantes e de suas camas, bem como a velha lareira a gás embutida na parede, que não era mais usada. Nunca me ocorreu tentar removê-la dali.

Naquela noite, saí às onze da noite, quando então tudo parecia tranquilo. No entanto, assim que cheguei em casa, por volta de meia-noite, Maurice me telefonou.

"Você sabe o que ele fez, Guy?"

"Ele não fez nada. Eu fiquei lá esta noite — acabei de chegar. Houve algumas batidas, mas eu as ignorei, e tirei tudo do quarto, então, não tinha nada para atirar."

"Bem, escute", tornou Maurice. "Estou na casa de Peggy Nottingham. Ela me telefonou logo depois que você saiu e perguntou se eu poderia vir imediatamente, pois os Harper estavam em pânico de novo. A parte de baixo daquela lareira, a grade de ferro, saiu voando pelo quarto e pousou sobre o travesseiro de Jimmy: por pouco não o acertou. Poderia tê-lo matado."

Dava para compreender o motivo do pânico. A sra. Harper com certeza não incomodaria os Nottingham àquela hora sem uma razão, e sugerir que alguém tivesse deliberadamente atirado a pesada grade de arestas cortantes em Jimmy, a quem todos adoravam, era ridículo.

"Já combinei com John Burcombe para que ele venha amanhã e desmonte a coisa", acrescentou Maurice. "Então, suponho que ele vai ter que arrancar o papel de parede." (Ele tinha razão, pois aconteceu.)

Na noite seguinte, Rosalind Morris, da BBC, foi à casa a fim de reunir mais material para um documentário de longa-metragem que a produtora Sally Thompson concordara em fazer, tendo ela por narradora. Como estava claro que pretendia fazer um trabalho minucioso e apresentar o caso com bastante imparcialidade e objetividade, todos concordamos em cooperar sem reservas.

Já eram 22h35 quando conseguimos fazer com que a família se acalmasse de sua agitação e, no instante em que saímos do quarto, começou um bombardeio furioso de batidas. Ao mesmo tempo, todos os brinquedos e chinelos, que eu julgara sensato deixar ali daquela vez, foram arremessados pelo cômodo inteiro, e um deles atingiu em cheio o rosto da sra. Harper. John Burcombe subiu para contar que as batidas vinham de todo o piso, exatamente como eu ouvira na noite anterior.

Puxei Rosalind de lado e combinei com ela o mesmo artifício que fiz com Graham Morris em minha primeira visita. Desci as escadas fazendo bastante barulho, pisando duas vezes no mesmo degrau, e fechei a porta da frente. Rosalind permaneceu no patamar das escadas, o gravador em mãos.

No instante em que fechei a porta, as pancadas recomeçaram. Rosalind empurrou a porta devagar, abrindo-a alguns centímetros (conseguimos deixar a porta cuidadosamente sem o trinco), e as batidas pararam na hora. Então, ela fechou a porta por completo, e as pancadas recomeçaram. "Foi mesmo surpreendente", contou-me ela. "Havia uma conexão. Alguma coisa acontecia no momento em que a porta se fechava."

"Esse 'seja lá o que for' é muito inteligente", disse a sra. Harper quando entramos no quarto. "Ele sabe quando tem alguém no cômodo. Pode até mesmo me ouvir falando agora."

"Não diga que ele é inteligente", falei, consciente dos conselhos que o casal Shaw nos dera. "Acho que é um completo idiota com esse comportamento horrível. Tem um bom senso de sincronia, mas..."

As batidas imediatamente recomeçaram, comigo no quarto. Tive condições de ver, sem sombra de dúvida, que ninguém as estava produzindo de propósito.

"Ele deve ter me ouvido", disse eu. "Não importa." Continuei fingindo que não estava muito interessado e, depois de mais algumas irrupções, algumas das quais Rosalind conseguiu gravar com muita clareza, tudo parou. Então, ela partiu para tomar o último trem de volta a Clapham, onde morava, e eu permaneci na casa, que, aliás, sempre considerei muito menos assustadora que o metrô de Londres tarde da noite.

Fiquei no quarto até que as garotas dormissem, tendo sucesso em minha primeira tentativa de acalmá-las com hipnose. Eu tinha um motivo especial para isso: estava ansioso para conseguir ao menos hipnotizar Janet adequadamente a fim de descobrir mais sobre o que se passava na mente dela, e queria ver como a menina responderia. Para meu alívio, ela e Rose caíram no sono uns dois minutos depois que terminei de aplicar-lhes a técnica, que realizei apenas depois de pedir permissão para a sra. Harper.

Ela também adormeceu depressa, e o resto da noite foi tranquilo. No entanto, na manhã seguinte, um baque familiar me acordou às 8h15. Imediatamente liguei meu gravador, que estava conectado a um microfone no quarto da frente. (Deixe-me repetir aqui: todos os diálogos transcritos neste livro, com pouquíssimas exceções, são exatamente fiéis às gravações. Tive que apagar uma grande quantidade de repetições ou material irrelevante, mas não acrescentei nem mesmo uma única palavra ao que os Harper disseram.)

"Não consigo dormir, Rose", disse a sra. Harper. Ouviu-se mais um baque. "Ele me acertou na barriga!", era um dos bichinhos de pelúcia.

A isso se seguiu um dos incidentes mais incríveis e preocupantes do caso como um todo.

Fez-se um barulho súbito de algo sacudindo com violência e, em seguida, pânico absoluto.

"Ah, meu Deus!", gritou a sra. Harper. "Já chega. É muito forte! Vou sair daqui."

De onde eu estava, na cama do quarto que servia de depósito, conseguia ver diretamente pela porta aberta do quarto da frente, do outro lado do patamar da escada. Ao olhar nessa direção, vi alguma coisa vermelha, de pelúcia, passar por cima da porta, da direita para a esquerda.

"Onde está o sr. Playfair?", gritou uma das garotas. Às vezes, era difícil distinguir a voz de Rose da de Janet.

Pois ele já tinha saído da cama e estava de pé no vão da porta do quarto da frente, perguntando-se se estava vendo coisas. A estrutura de ferro da lareira a gás fora arrancada inteiramente da parede e estava de pé, formando um ângulo com o chão, ainda presa ao cano de latão de mais ou menos um centímetro e meio de diâmetro que a conectava à rede elétrica. O cano fora entortado em um ângulo de trinta e dois graus. Isso era um tremendo trabalho de demolição, pois a coisa era cimentada dentro da parede de tijolos, e estava fora de cogitação sugerir que uma das crianças pudesse tê-la arrancado dali. Quando finalmente desmontamos o equipamento todo, constatamos que era bastante trabalhoso até mesmo movê-lo. Devia pesar, no mínimo, uns vinte e poucos quilos.

Estranhamente, na ocasião, minha reação foi de alívio. Havíamos descoberto algo que o poltergeist aparentemente não conseguia fazer. No entanto, os Harper não encararam a situação dessa forma — todos correram ao quarto dos fundos para buscar suas roupas e roupões; todos, menos Rose. Ela sempre era a última a sair da cama, e ainda estava lá quando entrei para procurar o objeto vermelho, que devia ser um dos chinelos de quarto de Janet. Em meio a toda aquela agitação, eu me esquecera da coisa que vira passar por cima da porta.

Olhei pelo quarto. Havia um único lugar onde o chinelo poderia ter caído — no vão da porta, à esquerda. Porém, ele não estava lá.

Eu não disse nada a respeito do chinelo, que ninguém mais tinha mencionado até então. Contudo, onde diabos estaria? Fiquei observando a área da porta desde o instante em que o vi passar. Se alguém o tivesse pegado, eu teria visto. Mas ninguém o pegou, e certamente Rose não estava com ele. Ela ainda estava sentada na cama, a quase um metro dali.

Concluí que eu precisava encontrar aquele chinelo antes que qualquer outra pessoa o fizesse. "Vocês podem esperar um minuto?", perguntei, em voz alta, para a família no quarto dos fundos. "Vou descer com vocês, caso esta seja uma daquelas manhãs."

"Vou esperar", disse a sra. Harper. Calcei meus sapatos, que, a propósito, haviam sido usados para deixar aberta a porta do quarto da frente, e preparava-me para conduzir a família ao andar térreo. Rose estava logo atrás de mim.

"Ah, olhe", disse ela. "Lá está um daqueles chinelos que foram arremessados, um daqueles fofinhos."

No meio do tapete da porta da frente, na base das escadas, estava realmente um dos chinelos vermelhos, como se tivesse acabado de chegar pelo correio. Todos nós paramos e o fitamos.

"Espere um pouco", falei. "É o chinelo que eu vi. Como foi parar lá? Como fez a curva? Ele não atravessou a porta. Eu estava lá!"

"Mas ele não pode ter simplesmente descido até aqui", disse Rose com um risinho nervoso, "porque..."

"Bem", respondi, "está ali, não é?" Ou ele saíra andando do quarto, feito duas curvas e descido as escadas por vontade própria, ou havia atravessado o piso. Em vista dos eventos mais recentes, qualquer uma das hipóteses parecia possível.

"Vi uns lápis de cera, peças de Lego e aquele chinelo caindo do teto", comentou a sra. Harper casualmente, como se matéria sólida atravessando matéria sólida fosse a coisa mais normal do mundo. "As coisas ficam aparecendo do nada quando Janet está no quarto, então..."

Eu me esqueci completamente do outro chinelo vermelho, que mais tarde uma das garotas disse ter encontrado lá embaixo, na sala, praticamente no local equivalente ao ponto em que deveria estar no quarto, ao lado da cama. Talvez ele tenha de fato atravessado o piso. Quem pode saber? Nada em relação ao caso de Enfield me surpreenderia.

Enquanto os Harper preparavam o café da manhã, voltei ao andar de cima para arrumar minha mala, deixando o gravador no chão da cozinha. Eu ainda estava subindo as escadas quando um estrondo veio de lá: a tigela de cereal de Janet tinha disparado pelo cômodo e arrebentado no chão. "Você viu isso?", perguntou a sra. Harper.

"Sim", disse Janet. "Ela pulou." Agarrei minha mala e corri de volta à cozinha, no térreo. Todos falavam ao mesmo tempo.

"De repente, ela saltou e..."

"Eu estava bem aqui e..."

"Aquela tigela bateu na porta e no chão..."

Janet reclamava. "Era meu cereal também!"

"Se quiser mais", disse eu, "vou me sentar aqui com você. Espere um pouco, vou só dar um pulinho ali." Entrei no banheiro e, quase que no mesmo instante, Rose deu um grito agudo. Voltei à cozinha o mais depressa que pude, dadas as circunstâncias. Parecia, como disse a menina, que alguém vomitara pelo cômodo inteiro. Exatamente a mesma coisa acontecera outra vez.

"Bem, eu falei para esperar", disse eu. "Se você não acreditou em mim..."

A bagunça fora ainda maior que a anterior, e a tigela deve ter atravessado a cozinha a uma velocidade tremenda. Recolhi os pedaços de porcelana e os coloquei em um saco plástico, para integrar minha coleção de suvenires.

"Temos que tirar Janet da casa", falei, e ela me acompanhou até a estação, onde peguei o metrô das 9h10 para a Liverpool Street. A estação estava apinhada de homens barbeados que iam ao trabalho, e o camarada de barba por fazer e olhos vermelhos que não parava de apertar uma mala cheia de cacos de porcelana fez com que algumas sobrancelhas se erguessem sobre exemplares do *Financial Times*. Porém, eu, como eles, estava indo para o trabalho: tinha mais um dia de transcrição de fitas, tomadas de notas e telefonemas para Grosse a fim de mantê-lo informado dos acontecimentos mais recentes e para discutirmos o que fazer em seguida.

Sua voz ao telefone ainda tinha um chiado. "Fique em casa e se livre desse resfriado", disse eu. "Eles estão partindo para Clacton amanhã e vamos poder tirar uma semana de folga, graças a Deus. Só que vou voltar para lá hoje à noite para conversar com aquela maldita coisa. Se não for, ela provavelmente vai começar a pôr a casa abaixo, tijolo por tijolo." Na ocasião, eu achava aquilo bastante possível.

Cheguei mais tarde que o de costume naquela noite, após um longo e cansativo dia de transcrição de fitas, o que é muito trabalhoso, apesar de necessário. Expliquei à sra. Harper por que eu julgava fundamental tentar travar um diálogo com a coisa, apesar do que o casal Shaw nos dissera. Não havia tempo para encontrar outro médium. Precisávamos fazer algo imediatamente. Ela ouviu a meus argumentos com atenção, como sempre, e concordou com minha sugestão.

"Certo", disse eu, quando todos já estavam deitados. "Não poderei vir para cá por uns vinte minutos, mais ou menos. Se vocês realmente precisarem de mim, não batam. É melhor abrir a porta e gritar." Deixei o gravador no chão do quarto e desci as escadas. Como eu possuía apenas um gravador na ocasião, o que vem a seguir foi parcialmente extraído de minhas anotações, embora a atividade no andar de cima seja descrita exatamente como foi gravada.

Tendo John Burcombe como testemunha, subi em uma cadeira, de modo que eu conseguisse bater no teto da sala de estar.

"Agora, escute, seja você quem for", falei. "Quero conversar com você. Uma batida significa sim, e duas significam não. Está entendendo?" A fim de dizer "olá", eu planejara dar três batidas no teto, mas, antes que eu tivesse tempo para isso, houve um único baque acima de minha cabeça.

"Aqui vamos nós. Estamos sem contato", disse a sra. Harper. "Isso foi um chinelo." (Nem ela, nem eu podíamos ouvir a voz um do outro na ocasião.) "Proteja a cabeça, Jimmy. Ah, meu Deus!" Outro objeto foi atirado.

"O sr. Playfair está batendo. Vamos ver se a coisa responde", disse Janet quando comecei a bater no andar de baixo.

Imediatamente, fizeram-se ouvir duas sequências de três pancadas, que soavam bem diferentes das minhas. Na gravação, elas soam muito próximas ao gravador. (Como descrevo no Apêndice 1, minhas batidas e as batidas da coisa revelam assinaturas acústicas completamente diferentes.)

"Ah, está respondendo, mãe!", disse Rose. "Está aqui em cima!"

"Certo", disse eu. "Pare de jogar coisas pelo quarto e vamos bater um papo. Quero saber quem você é, por que está aqui e o que quer. Você está encrencado e precisa de ajuda. Já se deu conta disso? Você não deveria estar aqui."

Seguiram-se quatro golpes nítidos, depois um grupo de sete e então uma pausa, seguida de outros quatro golpes.

"Não, espere um instante", disse eu. "Veja, é uma para sim, duas para não. Entendeu?"

Houve, a seguir, uma saraivada de golpes aparentemente irritados. Mais tarde, ouvindo a fita, contei trinta. Uma vez mais, as pancadas às vezes enfraqueciam e voltavam a ficar fortes, como um programa de rádio de uma estação distante. Perdi a paciência.

"Você não percebeu que ESTÁ MORTO?", perguntei, com aspereza.

Não houve nenhuma pancada em resposta, mas na mesma hora começou um verdadeiro pandemônio no andar de cima.

"Ele vai ficar aborrecido agora, vejam só", disse a sra. Harper quando uma almofada disparou pelo quarto.

"Poderia ser bem pior", comentou Rose. "Ai", exclamou a garota logo em seguida, "acertou minha cabeça." Eu havia pedido que eles tentassem descrever o que estivesse acontecendo, se possível, por causa da gravação.

"Você está bem, Jim?", perguntou a sra. Harper. Jimmy parecia estar dormindo, o roupão enrolado na cabeça, como sempre ("igual a uma tempestade de neve", como Janet colocou, certa vez), inconsciente da furiosa guerra aérea que acontecia acima dele.

"Mãe, a senhora está bem?", perguntou Rose.

"Sim, estou", respondeu ela. Naquele momento, ouviu-se um assobio, um baque e um grito alto de Rose. A sra. Harper, de repente, começou a rir.

"Não ria!", choramingou Rose. "Ai! Acertou meu olho!" Um chinelo ou uma almofada — a essa altura ninguém podia ter certeza do que estava indo onde — havia golpeado a garota em cheio. "Ai", gemeu ela outra vez.

Então, ouviu-se um golpe alto bem ao lado de meu gravador. "Ah, meu Deus, ah, droga!", exclamou a sra. Harper. "Ai, foi no olho!" Rose também fora atingida, pela terceira vez, por um objeto voador. Em regra, poltergeists não atingem diretamente as pessoas com as coisas que arremessam. Bem, lá se vai essa teoria. Eles podem fazer isso quando querem.

A essa altura, eu tinha perdido toda a esperança de conseguir uma comunicação inteligente. "Mãe!", gritou Janet, enquanto eu subia depressa as escadas. "Olhe para a cama, subindo e descendo! Olhe para aquele canto!"

Abri a porta. "Tudo bem", disse, "sou eu. Minha nossa!" Parecia que os Harper sobreviveram a um ciclone.

"Depois que você começou a bater, ele começou a atirar coisas", disse a sra. Harper, com calma. Eu podia ver o que ela queria dizer. O quarto estava uma desordem de chinelos, ursinhos de pelúcia, bonecas, almofadas e travesseiros. Até mesmo alguns dos cobertores estavam no chão.

Tentei descobrir o que tinha sido jogado em quem, mas desisti. No primeiro minuto depois de cessadas as batidas, aconteceram ao menos doze incidentes diferentes. Em condições ideais, pesquisadores devem elaborar gráficos para acompanhar seus relatórios, gráficos que mostrem distâncias, trajetórias, temperatura do ar e sabe-se lá o que mais. O folheto da SPR para investigadores de casos de fenômenos espontâneos sugere inclusive que as tábuas do assoalho sejam arrancadas sempre que possível. Nunca tivemos oportunidade de fazer isso em Enfield, e não sei o que esperaríamos encontrar, além de poeira, caso o tivéssemos feito.

John Burcombe colocou a cabeça pela porta. "Você foi lá para baixo?", perguntou-me. Respondi que não.

"Bem", prosseguiu ele, "alguém acabou de descer as escadas."

"Ah", respondi. "Peça a ele que volte para cá. Quero falar com ele." John o fez, mas não houve resposta para minhas batidas de "olá" no piso, e assim terminou minha tentativa de comunicação. Decidi que, se tivesse que fazer contato, precisaria ser feito por Maurice.

Em 29 de outubro de 1977, toda a família Harper conseguiu enfim partir para suas férias no litoral. Pete viera do internato para se reunir aos demais familiares.

Quando o trem atravessava a ponte sobre o rio Lea, junto das charnecas de Walthamstow, parou de súbito, vibrando, como se alguém tivesse puxado o cordão para emergências. "Ah, não", pensou a sra. Harper, "ele não vai nos impedir de tirar nossas férias, vai?"

Porém, o poltergeist não os impediu, e a família passou uma semana descontraída em um ameno clima de outono. Eles me mandaram um cartão-postal com uma foto dizendo que estava tudo bem e, enquanto ficaram fora, passei uma noite, sozinho, na casa da família. Finalmente, tudo estava bem ali também.

Algumas semanas mais tarde, soubemos que apenas um pequeno incidente ocorrera durante aquelas curtas férias. As crianças estavam dormindo em beliches, todas no mesmo quarto, e, certa noite, ouviram um barulho estranho, como o de alguém imitando o latido de um cão. Janet pensou que fosse Pete, e ele pensou que fosse a irmã. A mãe entrou no quarto e pediu que todos ficassem quietos, mas não se deu maior atenção ao episódio até que, à luz de desdobramentos posteriores, ele ganhou considerável importância.

Fui para casa depois da primeira noite de sono tranquilo desde o início do caso, e imaginei se ele teria enfim terminado. Eu sinceramente esperava que sim.

UMA PARA NÃO, DUAS PARA SIM
capítulo 07

Quando o trem que trazia a família entrou na estação, a sra. Harper começou a chorar, algo que, como me contou, ela raramente fazia. Sua semana de tranquilidade chegara ao fim, e ela estava voltando ao ambiente que não podia deixar de associar com medo e tensão.

A família não foi diretamente para casa, passando a tarde de 5 de novembro de 1977 com os Burcombe. Grosse e eu nos unimos a eles no início daquela noite: queríamos ver que efeito a viagem tivera, tanto sobre a família quanto sobre o poltergeist.

Ao menos, o descanso lhes fizera bem. Eles se divertiram, especialmente Janet, que deu a cada um de nós uma lasca de rocha local e contou sobre como fora divertido tirar fotos na praia, comer peixe com batatas fritas e sair para longas caminhadas à brisa revigorante do mar.

Conheci Pete Harper nessa ocasião e logo me perguntei por que o garoto foi enviado para uma escola especial. Eu não conseguia ver nada de errado com ele. Achei-o um jovem simpático e dinâmico, que parecia se dar bem com todo mundo.

Era a noite de Guy Fawkes,[1] aquela ocasião peculiar da cultura inglesa em que o homem que tentou explodir o Parlamento é lembrado com fogos de artifício e fogueiras, mas as crianças não fizeram referên-

---

[1] Na noite de 5 de novembro de 1605, Guy Fawkes, um soldado católico, tentou explodir o Parlamento inglês e, assim, matar o então rei protestante Jaime I da Inglaterra. Nessa ocasião, celebra-se a sobrevivência do rei diante dessa tentativa frustrada. [NT]

cia a isso. Também não houve muita celebração na vizinhança imediata, à exceção de fogos ocasionais a alguma distância.

Porém, tão logo os Harper estavam de volta à casa e já recolhidos a suas camas (salvo Pete, que ficou com os Burcombe), fogos de outro tipo começaram imediatamente a explodir. O poltergeist prosseguia com sua atividade a partir do ponto em que parara, oito dias antes. As batidas começaram antes mesmo de todos se deitarem, e Grosse explicou para a sra. Harper que ele pretendia estabelecer contato. Ela não fez objeções.

"Só quero saber o que ele quer", disse ela, cansada. "Só isso. Vá em frente e faça o que tiver que fazer."

Diferente de mim, Grosse parecia não exercer qualquer efeito inibidor sobre o batedor invisível, e ele logo se convenceu de que nenhuma das crianças estava fazendo aquilo. As batidas vinham de diversas partes do assoalho, rodapés e até mesmo paredes, e ele podia ver as mãos de todas as crianças.

Deixei Grosse no quarto e me deitei no patamar das escadas, a orelha pregada ao piso de linóleo a fim de ouvir as pancadas com mais clareza. A porta do quarto ficou levemente aberta.

Grosse começou sua inquirição. "Você pode dizer quanto dá cinco mais cinco?", perguntou ele. Na mesma hora, todos nós ouvimos dez batidas claras. Então, a coisa sabia somar e, portanto, tinha inteligência. Eu começava a ficar espantado.

Como preparação para perguntas mais importantes, Grosse pediu-lhe que fizesse outra adição simples, mas, em resposta, recebeu apenas um sinal sem sentido, assim: *rat tat-a-tat tat... tat tat.* Levantei-me e entrei no quarto depois de ele ter repetido a pergunta algumas vezes. Não houve resposta.

"Não adianta, Maurice", disse eu. "Ele não gosta de mim. Vou ter que sair." Voltei ao patamar da escada, deixando Grosse no quarto com os Harper. John Burcombe e Peggy Nottingham também estavam presentes, pois tinham ido até lá para dar boa-noite.

Depois de fazer mais algumas perguntas e não obter resposta, Grosse disse que, em sua opinião, era melhor que John e Peggy o deixassem sozinho e, enquanto eles se dirigiam para a porta, um chinelo saltou do chão e disparou na direção de Rose. Ao mesmo tempo, ouvimos um assobio, que presumimos ser um rojão distante.

"Ele acabou de atirar um chinelo, quando estávamos nós todos no quarto", disse Grosse. "O chinelo não estava ao alcance das crianças:

estava no chão, perto do pé da cama." Exatamente nesse instante, foram ouvidas duas pancadas nítidas no chão.

Grosse repetiu suas instruções — uma pancada para não, duas para sim. (Meu código havia sido o oposto, mas o poltergeist pareceu não se importar.)

Por fim, Grosse começou a obter respostas. "Você morreu nesta casa?" *Toc, toc* — sim. "Agora você vai embora?" *Tum* — não. "Faz quantos anos desde que você morou aqui? Dez?" Não. "Mais de dez?" Sim. "Mais de vinte?" Sim. "Mais de trinta?" Sim.

"Você pode me mostrar com batidas há quantos anos você se mudou daqui?", perguntou ele. Então, seguiu-se a sequência mais longa de pancadas até o momento. Com o ouvido e o microfone de meu gravador pregados ao piso do patamar da escada, ouvi uma sequência regular de batidas muito suaves, revelando novamente aquele curioso efeito de diminuição do som. Contei pelo menos cinquenta delas.

"Isso quis dizer 53?", perguntou Grosse. *Toc, toc.* Sim!

"E você morreu nesse ano?" Duas batidas responderam de pronto.

"Morreu." *Finalmente estávamos chegando a algum lugar*, pensei. "Mas, então, por que está nesta casa? Você não deveria estar aqui. Você entende isso, não entende?" Seguiram-se duas pancadas. Contudo, antes que Grosse pudesse fazer outra pergunta, a entidade batedora começou a golpear o sinal ininteligível de antes. *Rat tat-a-tat... tat tat.* Grosse ficou levemente irritado.

"Escute", disse ele, com firmeza. "Vou lhe fazer uma pergunta. Você está brincando comigo?"

A resposta veio em exatos dois segundos. Ouviu-se um zunido repentino e um clique, seguidos de um baque alto na porta ao meu lado. A caixa de papelão cheia de pequenas almofadas ao lado da lareira disparou no ar, voou por cima da cama, percorrendo cerca de dois metros e meio, e atingiu Grosse diretamente na testa, ricocheteando para a porta ao lado dele e caindo ao chão.

"Ah, puxa!" "Cristo!", disseram Grosse e a sra. Harper, ao mesmo tempo.

Eu já estava dentro do quarto antes de a caixa cair ao chão.

"Ao perguntar 'Você está brincando comigo?', ele atirou a caixa de papelão e o travesseiro diretamente em meu rosto", disse Grosse, empolgado. "Bem, muito obrigado. Foi uma excelente resposta!"

"Ela não veio muito depressa?", questionou a sra. Harper.

"Você chegou a ver isso mesmo?", perguntei.

"Ver? Ele acertou meu rosto!", disse Grosse.

"É só o jeito dele de dizer 'oi'", respondi.

"Bem, oi, oi! Foi uma ótima demonstração do que você pode fazer, porque eu não poderia ter feito melhor!"

Ele tinha razão. Aquele era outro incidente perfeito, do ponto de vista das provas. A caixa estivera fora do alcance da pessoa mais próxima a ela, Janet; para tê-la arremessado, a garota precisaria ter saído da cama, o que certamente não fez. Além disso, quando tentamos repetir o incidente depois, como era nosso procedimento padrão, descobrimos que era impossível. Não conseguíamos atirar a caixa depressa o bastante para produzir o estranho zunido. A equipe do programa de televisão *Nationwide*, da BBC, que posteriormente filmou uma reconstituição do episódio, também não conseguiu. Mesmo após nove ou dez tentativas, eles não conseguiram fazer a caixa voar do modo como Grosse a viu fazer na ocasião.

As coisas se aquietaram após o arremesso da caixa, que, para todos nós, era um incidente paranormal totalmente genuíno, e os Harper acabaram se recolhendo para dormir. Grosse ficou no quarto. Eu desci para o térreo.

Maurice permaneceu em silêncio por algum tempo, de costas para a parede onde ficava a janela, de frente para as duas garotas e a mãe na cama de casal, e Jimmy, na cama de lona. Seus olhos correram pelo quarto e ele viu que não havia objetos soltos que pudessem ser atirados, pois tínhamos os levado todos ao quarto ao lado após o episódio com a caixa. No que o poltergeist pensaria agora, perguntou-se Grosse.

No mesmo instante em que esse pensamento lhe passou pela cabeça, fez-se ouvir um estrondo atrás dele. Eu o ouvi e subi depressa as escadas, vindo a descobrir que um dos certificados emoldurados que Janet recebera em eventos esportivos se soltara da parede, à qual estava firmemente pendurado por um gancho em um prego, e caído ao lado de meu gravador, que parecia ter sido virado de cabeça para baixo quando o quadro caiu.

Pensei que ele pudesse ter caído naturalmente, mas, quando o peguei, percebi que o pergaminho leve, com sua fina moldura plástica, não pesava mais que uma folha de jornal. Deixei-o cair de onde ele pendia (o prego estava intacto), e o barulho que fez em nada se parecia com aquele que nós dois ouvimos. Escutei minha fita para compará-los e descobri que minhas pilhas, compradas naquele dia, e que normalmente duram por pelo menos duas horas de gravação, escolheram aquele momento para descarregar. Eu já estava começando a me acostumar com esse tipo de coincidência.

Maurice e eu não conseguimos imaginar como o certificado poderia ter se soltado de seu prego e feito tamanho barulho ao bater no piso.

"Que sujeitinho ardiloso", disse eu. "O que vamos fazer com ele?"

"Não sei", respondeu Maurice. "Ele me deixa absolutamente abismado. A maneira como começou a agir no minuto em que eles se deitaram."

"Sim", falei "mas pelo menos descobrimos uma coisa que ele não conseguiu fazer. A coisa não conseguiu arrancar aquela lareira da parede." Na verdade, a lareira projetara-se uns cinco centímetros do lado oposto do cano de latão. "Ele precisa agir dentro de um raio e escolhe o caminho de menor resistência. Ele atira aquilo que estiver mais perto."

"Mais uns dois dias e ele teria arrancado a lareira", afirmou Grosse, com pessimismo. "Ele pode fazer qualquer coisa. Tenho absoluta certeza disso." Nós discordávamos nesse detalhe, mas concordávamos que, agora que estava claro que nossa semana de férias não fizera diferença alguma na atividade, deveríamos chamar outros investigadores. A essa altura, estávamos ambos comprometidos a desvendar o caso, mas o pensamento de outros dois meses iguais aos dois últimos era demais. Sugeri o nome de alguns membros da SPR que eram de outra cidade e que eu acreditava pudessem se interessar.

"Traga quem você quiser", disse Grosse. "Para mim, não faz diferença. Só não quero ninguém que não seja absolutamente normal. Já vamos ter problemas suficientes do jeito que as coisas estão sem gente virando e dizendo: 'Ah, eles chamaram aquele maluco'.

"Quero colocar a família em primeiro lugar", continuou ele. "Já vi o suficiente para escrever uma centena de malditos livros. Não me importa se alguém acredita em mim ou não. Eu sei o que vi." Eu também sabia o que tinha visto, embora, naquele momento, não planejasse escrever nem um livro sequer sobre o caso. Éramos obrigados a enviar um relatório à SPR. Porém, eu tinha esperanças de que o caso terminasse logo para que eu pudesse voltar a minha vida tranquila na biblioteca, estudando manchas solares. O fato de ele não ter terminado depressa explica, assim espero, por que mudei de opinião.

No entanto, enquanto o caso prosseguia, eu queria que o maior número possível de testemunhas externas tivesse oportunidade de vê-lo. Eu sabia que, no futuro, era bem possível que as pessoas dissessem que havíamos inventado a história toda. Também sabia que nós mesmos poderíamos ter dificuldade de acreditar no que testemunhamos. Lembrei-me de como Everard Feilding, um dos melhores dentre os primeiros investigadores da SPR, descrevera seus sentimentos quando ele e seus colegas se encontraram no café da manhã depois de uma noite de fenômenos físicos incríveis com Eusapia Palladino, em 1908. "Os incidentes pareciam desaparecer de nossa mente", escreveu ele, embora dispusessem de um estenógrafo que fizera muitíssimas anotações no local. Ao menos tínhamos gravadores e, sem seus registros, certamente alguns dos incidentes em Enfield já teriam, a esta altura, desaparecido de minha mente, pois parece que todos nós temos certa tendência de rejeitar experiências que não podemos explicar.

Na manhã que se seguiu ao episódio do arremesso da caixa, ouvi minha fita em casa para reafirmar a mim mesmo que aquilo de fato acontecera, e naquela mesma noite pude testemunhar um incidente quase que igualmente comprobatório, quando um dos travesseiros de Janet disparou de sua cama enquanto eu ainda estava no quarto, com as luzes acesas. Percebi o movimento em minha visão periférica e tive certeza de que ela não o atirara.

Naquela noite, a sra. Harper voltou a mencionar a estranha dor de cabeça que quase sempre sentia pouco antes de algo daquele tipo ocorrer. "Ela muda", contou-me. "Se a 'coisa' está perambulando pela casa, vem uma leve sensação latejante, e se a atividade vai ser pesada, sinto como que uma faixa apertada na parte da frente da cabeça. E, então, ela acaba passando."

Perguntei a Janet se ela sentia algo semelhante. Sua resposta foi um tanto confusa. "Sim. Não. Bem, consigo sentir quando ele está aqui. Você acha que tenho dons psíquicos?"

"Todos nós temos", respondi. "Todos nós temos mente. É isso que o termo significa." Ainda assim, minha impressão era a de que a sra. Harper tinha, de fato, habilidades psíquicas, no sentido popular da expressão, ou seja, que ela costumava sentir coisas que outros não sentiam, em geral dizendo que podia de fato vê-las também.

A essa altura, a família inteira, inclusive Jimmy, estava constantemente tendo visões e vendo aparições de rostos nas janelas, vultos escuros nas escadas, algo se movendo logo ao lado de sua linha direta de visão, e ouvindo todo tipo de barulhos inexplicáveis, desde passos e baques diversos até gemidos, rosnados e assobios baixos, e mesmo fala humana. Tudo isso era muito intrigante, mas inútil enquanto meio de prova. Nunca se pode realmente comprovar o que alguém acredita ver, ainda que você confie inteiramente nessa pessoa, e é fácil descartá-lo como alucinação, embora isso sirva apenas para explicar um mistério em termos de outro.

No entanto, alguns dos relatos da família eram bastante convincentes. O pequeno Jimmy, por exemplo, que normalmente dava pouca atenção às atividades, passou pelo menos meia hora aos berros, certo dia, após dizer à mãe que vira um rosto junto à parede, encarando-o. Ele estava claramente apavorado. "Ele viu o velho, o mesmo que eu vi", contou-me a sra. Harper, "com dentes grandes e brancos."

Eu mesmo nunca vi uma aparição e, naquele estágio, depois de ter testemunhado atividade física suficiente para me convencer de que era genuinamente inexplicável, eu concentrava meus esforços em obter algum tipo de prova aceitável em âmbito científico. O aluno do professor Hasted ainda não estava disponível para se unir a nós, de modo que, nesse meio-tempo, convidei Eduardo Balanovski, um jovem físico argentino que trabalhava em Londres, para ir à casa e ver o que podia fazer.

Sua visita ocorreu no dia do aniversário de doze anos de Janet, 10 de novembro de 1977, e estou certo de que foi um aniversário que ela jamais esquecerá.

Grosse chegou antes de Eduardo e de mim, e encontrou praticamente toda a mobília da sala de estar virada de cabeça para baixo. Um cinzeiro havia disparado do braço de uma poltrona e atingido o teto, duas facas flutuaram da cozinha para a sala de estar. Antes disso, ocorrera um incidente na casa ao lado, quando uma garrafa em miniatura da cerveja Guinness saltou de uma prateleira e foi parar no centro do cômodo, bem diante dos olhos de Peggy Nottingham, Maurice Grosse e da diretora de televisão da BBC Sally Doganis, que reunia material para o curta-metragem que produziria posteriormente.

Por volta das nove horas daquela noite, ouviu-se uma batida na porta da frente. Eduardo e eu éramos aguardados, mas, quando Rose foi atender, ela não encontrou ninguém. Grosse subiu as escadas e, quando as desceu outra vez, também ouviu uma batida naquela mesma porta. Novamente, não havia ninguém; se alguma criança estivesse fazendo brincadeiras, ele a teria visto.

Na verdade, naquele momento, eu estava em um pub ali na rua, tomando uma bebida com Eduardo, que trouxera consigo um magnetômetro. Trata-se de um instrumento grande, pesado e muito caro, projetado para mensurar pequenas variações em campos magnéticos (tivemos alguma dificuldade em convencer o proprietário do estabelecimento de que não era uma bomba!), com o qual esperávamos registrar flutuações anômalas em torno das crianças.

Enquanto Grosse estava no andar de cima, uma das grandes poltronas, na qual Janet estava sentada, tombou de costas; assim que ele voltou à sala de estar, o incidente mais espetacular do caso, até então, ocorreu bem diante de seus olhos.

O pesado sofá verde se ergueu a pouco mais de um metro no ar, girou para trás e desabou no chão, de cabeça para baixo. O gravador de Grosse estava ligado e, embora tivéssemos o hábito de descrever coisas dessa natureza em voz alta, ele ficou tão surpreso que não disse nada a princípio. Talvez o leitor se pergunte o que as pessoas de fato dizem quando algo assim acontece em sua sala de estar. Eis aqui exatamente o que foi dito na ocasião: "Ei, todo mundo, calma", disse Grosse.

"Não se agitem", acrescentou John Burcombe.

"Agora são cinco para as nove, certo?", interpôs Janet. Ela havia sido bem treinada para anotar horários de incidentes.

"Isso", disse Burcombe. "Agora, quem vai colocar a chaleira no fogo?" Porém, dessa vez, a arraigada tendência britânica de preparar xícaras de chá em momentos de tensão pareceu não ajudar.

Um instante depois, Grosse exclamou no gravador: "Ele acabou de ejetar Janet da poltrona, bem na minha frente, e eu a vi sair voando!". E não foi só isso: a almofada em que a menina estava sentada foi arremessada com ela. A garota voou quase dois metros e meio, mas, como quase sempre ocorria em tais ocasiões, não se feriu.

"Onde você vai?", perguntou, assustado, John Burcombe. A sra. Harper se desequilibrara e caíra em cima dele, sentado em sua cadeira.

"Eu realmente senti como se estivesse sendo empurrada", disse ela. "Sinto muito, John, não consegui ficar de pé. Nunca senti isso antes."

"Vou ler uma história sobre Jesus para vocês", disse Janet, que ganhara um livro de histórias bíblicas de uma vizinha. Ninguém lhe deu atenção.

"Vamos, sr. Playfair, o senhor está perdendo tudo isso", disse a sra. Harper. Eu costumava dizer a ela que tudo parecia sempre acontecer pouco antes de eu chegar ou logo depois que eu saía.

"A coisa sabe que eles estão vindo", disse Maurice, "então, está se divertindo antes de chegarem. Se vai fazer alguma coisa quando estiverem aqui, eu não..."

Ele foi interrompido por um estrondo ensurdecedor vindo da cozinha, onde a sra. Harper acabara de entrar para fazer o chá. Era o escorredor de plástico cheio de talheres, mas felizmente sem pratos, que havia atravessado, voando, a cozinha.

Quando caiu, ouviu-se mais uma batida na porta da frente, e dessa vez éramos, de fato, Eduardo e eu. Janet correu para espiar pelas cortinas laterais. "Eles chegaram!", disse ela. "Ah, meu Deus!"

Antes de ela chegar à porta, ouviu-se um tremendo estrondo na cozinha, seguido quase que de imediato por outro no instante em que Eduardo e eu entrávamos pela porta. Ambas as mesas da cozinha foram disparadas no ar assim que chegamos. A sincronia foi assustadoramente precisa.

Não obstante, como eu já devia esperar, tudo se acalmou tão logo estávamos na sala de estar. Eduardo se manteve calmo e não disse nada além dos normais cumprimentos que a educação exige quando o apresentei à família, e então carregamos o magnetômetro escada acima, para o quarto, onde o físico passou vinte minutos testando-o e certificando-se de que estava funcionando corretamente.

Quando todos já tinham se recolhido, ligamos nossos dois gravadores — o de Eduardo conectado ao sinal do magnetômetro — e os deixamos no quarto, pois eu lhe falei que nada aconteceria se nós dois permanecêssemos ali. Do patamar das escadas, podíamos ficar de olho no mostrador da máquina. Nos quarenta minutos que se seguiram, o travesseiro de Janet foi atirado duas vezes para o outro lado do quarto, como acontecera na noite anterior, comigo presente. Dessa vez eu não conseguia ver Janet, é claro, mas a sra. Harper logo me assegurou que a garota não o tinha atirado. E, em cada ocorrência, a agulha do magnetômetro de fato se moveu, embora, na opinião de Eduardo, isso pudesse ter sido provocado pelo rangido de molas da cama.

Fiquei um pouco preocupado de que ele pudesse ter que voltar à universidade e informar que o caro instrumento que pegara emprestado sem permissão havia quebrado, por isso encerramos o experimento assim que nos convencemos de que parecia possível existir alguma ligação entre a atividade poltergeist e o comportamento anômalo do campo magnético no local.

Depois que fomos embora, o poltergeist apresentou mais um novo truque de seu repertório aparentemente ilimitado. Rose estava descendo as escadas para ir ao banheiro quando, de repente, gritou: "Não consigo me mover! Alguma coisa está me segurando!". Grosse e Peggy Nottingham foram ver o que estava acontecendo e encontraram a garota de pé na escada, apenas um pé no chão, a outra perna estendida para trás. Ela não estava sequer segurando o corrimão. "Está segurando minha perna!", repetia ela. Grosse pegou a mão da garota e a puxou, mas ela estava presa. Então, Peggy segurou-lhe a outra mão e deu um puxão forte, em parte esperando que Rose desabasse em cima deles, mas a garota continuou tão rígida quanto uma estátua, ainda equilibrada sobre um único pé. Por fim, Grosse conseguiu virá-la para o lado, e ela, de repente, "voltou ao normal", e foi capaz de continuar descendo as escadas.

"Ela estava desafiando as leis da gravidade", contou-me Grosse, no dia seguinte. "Era exatamente como se alguém estivesse mesmo segurando a perna dela."

"Isso não pode continuar assim", falei. O problema é que podia, pois a violência da atividade nos dias que se seguiram foi intensa como no aniversário de Janet. A mobília começou a virar de cabeça para baixo no instante em que ela chegou da escola, em 11 de novembro: o sofá virou duas vezes, uma delas quando a garota estava sentada nele. Eram necessárias duas pessoas para virar aquele sofá de cabeça para baixo em condições normais, além de bastante esforço. Mesmo a pesada mesa de jantar de carvalho saltou no ar, como que tentando alçar voo. O móvel era pesado demais para que uma pessoa o tirasse do chão.

No início da manhã de 12 de novembro, Janet foi arrancada da cama, junto com o colchão, que caiu sobre ela, no chão. Isso aconteceu pouco depois das cinco da manhã. Cerca de duas horas após o evento, a sra. Harper decidiu ver se podia fazer contato com a "assombração", como pedíramos que ela fizesse, por escrita direta.

Pensei em mostrar-lhe como fazer escrita automática, ou seja, colocar um lápis levemente sobre o papel e deixá-lo escrever sem conduzi--lo de forma consciente, mas hesitei, pois sabia que os resultados poderiam perturbá-la. Às vezes, os escritos são bastante desagradáveis, e sugiro que os leitores não se utilizem da técnica, a menos que saibam o que estão fazendo.

Assim, pedi que ela deixasse lápis e blocos de anotação aqui e ali para ver se surgia alguma mensagem direta.

"Deixe uma mensagem", disse ela, em voz alta, para a cozinha aparentemente vazia, "para eu poder ajudá-lo, se possível, sem batidas." Cinco minutos depois, ela encontrou um pedacinho de papel em cima da geladeira, no qual estava escrito, em uma letra ruim:

"VOU FICAR AQUI. NÃO LEIA ISTO PARA MAIS NINGUÉM OU VOU REVIDAR".

O papel não pertencia ao bloco de anotações que eu lhe dera. Mais tarde, descobrimos que ele tinha sido arrancado de um dos livros de tarefas de Janet, mas a garota negou veementemente tê-lo escrito, e a sra. Harper não conseguia imaginar como Janet ou Rose poderia tê-lo colocado em cima da geladeira sem que ela as visse. Então, quase que no mesmo instante, outra mensagem apareceu sobre a mesa da sala de estar.

"PODE ME DAR UM SACHÊ DE CHÁ?"

"Não sei bem por que você quer um sachê de chá", disse a sra. Harper, em tom calmo, "mas, se é assim, vou colocar um na mesa de jantar." Ela deixou o sachê ali e, poucos segundos depois, sem que nenhuma das crianças tivesse passado pelo lugar, ela ficou estupefata ao ver outro sachê de chá ao lado daquele que deixara sobre a mesa, este segundo amassado e rasgado.

Mais tarde, enquanto ajudava Janet a retirar alguns dos antigos pôsteres e velhas páginas de revistas da parede do quarto dos fundos, deparei-me com um anúncio que mostrava um animal de aparência estranha e grandes chifres tomando uma xícara de chá e exclamando: "SACHÊS DE CHÁ!". A página trazia o título "Algumas Palavras Fortes de Typhoo".[2]

Sendo sábado, era o dia de o sr. Harper passar por lá para deixar o dinheiro da pensão e, como de costume, ele achou toda a história de poltergeist uma grande bobagem.

"Ele ainda está aqui?", perguntou.

"Sim", respondeu a sra. Harper. Ela não falava com o ex-marido mais que o necessário.

"Ah!", disse ele, com desdém.

"Bem", tornou a ex-mulher, com raiva, "vou lhe mostrar apenas isto e não vou lhe contar mais nada." Ela mostrou o primeiro bilhete, esquecendo-se de que quem o escreveu dissera para não fazê-lo. "Ah, desculpe", disse ela, em voz alta. "Não me lembrei da última parte da mensagem. Eu peço desculpas. Não foi por mal."

Assim que o sr. Harper foi embora, apareceu outro pedaço de papel sobre a mesa.

"UM ERRO. NÃO FAÇA ISSO DE NOVO. EU SEI QUEM ELE ERA."

A família estava toda reunida quando a mensagem foi encontrada, e a sra. Harper tinha certeza de que Janet não tivera tempo de escrevê--la. Novamente, porém, o papel era de seu livro escolar, e a caligrafia era parecida o suficiente com a da garota para levantar suspeitas. Teria Janet começado a pregar peças intencionalmente? Não podíamos dizer. Tudo que sabíamos com certeza era que muitas coisas aconteceram sem que ela pudesse ser diretamente responsabilizada.

Para encerrar uma semana de intensa atividade, a noite de sábado, 12 de novembro, foi de completo caos, mas com uma diferença: foi causado tanto pelo poltergeist quanto pelos próprios investigadores, pois minha primeira tentativa de engajar auxílio externo de colegas, membros da SPR, falhou, com resultados quase desastrosos.

Eu tinha convidado um psicólogo, a quem chamarei de dr. Knott,* de uma universidade provinciana, a fim de se reunir a nós, na casa, e trazer quaisquer instrumentos que pudesse para tentar registrar dados que corroborassem nossas provas. O dr. Knott já havia investigado casos de poltergeist e era considerado por alguns membros da SPR um especialista no assunto. Pedi especificamente que apenas ele viesse, uma vez que Grosse e eu estaríamos no local e não sobraria espaço para mais ninguém.

---

2   Typhoo é uma marca de chá no Reino Unido. A palavra chinesa, cujo significado é "médico", foi escolhida devido aos efeitos calmantes do chá. [NT]

No entanto, para total surpresa de todos, nada menos que seis membros da SPR foram à casa dos Harper de uma única vez, sem aviso. Além de Grosse e eu, chegou nosso colega Lawrence Berger (pois sábado era o único dia em que ele tinha tempo disponível), seguido de dois visitantes surpresa, os quais, presumi, foram convidados pelo dr. Knott, e o próprio, que eu mesmo convidara. De repente, a casa parecia uma estação de trem na hora do rush, e fiquei chocado ao ver que pelo menos um dos visitantes não teve sequer a delicadeza de apresentar-se, o que evidentemente constrangeu a sra. Harper, pois pensava ser ele um de *nossos* convidados.

O dr. Knott desfez sua valise e cobriu a mesa de jantar da família com todo tipo de pequenos aparelhos. Grosse me puxou de lado. "Para que toda essa parafernália?", perguntou.

"Não faço ideia, o cientista é você", respondi.

"Eu construía coisas melhores que essas quando estava no quarto ano da escola secundária", continuou Grosse. "Ele é sério?" Supunha que sim; do contrário, não o teria convidado, embora logo eu também começaria a me perguntar a mesma coisa.

O dr. Knott levou seus trecos para o quarto e pediu que as meninas o acompanhassem. Ele tinha várias bússolas pequenas, um eletroscópio de folhas de ouro e um detector rudimentar de radiação infravermelha cuja agulha começou a oscilar desenfreadamente quase que no instante em que Janet e Rose se aproximaram. Knott ficou intrigado. Grosse pediu que Janet tentasse fazê-la oscilar de novo, o que a garota fez, diversas vezes. Contudo, o dr. Knott afirmou, mais tarde, em seu relatório escrito, que aqueles "desvios" se deviam a alguma "instabilidade" indefinida do aparelho, que ele havia construído naquela mesma semana, conforme me contou posteriormente, e não tivera tempo de testar.

Em seguida, um dos visitantes tentou algum tipo de pesquisa não convencional, que o próprio inventara. Quando as garotas reclamaram que a cama de casal em que ambas se encontravam estava sacudindo, ele logo pulou ali com as meninas, deixando-as um tanto agitadas. Mais tarde, o mesmo "pesquisador" colocou algumas bexigas cheias d'água debaixo da cama, como "isca" para o poltergeist. Elas acabaram sendo atiradas em todas as direções, por pessoas ou poltergeists desconhecidos, fazendo uma bagunça tremenda, com água infiltrando-se nas tábuas e escorrendo na sala de estar, ensopando o pobre periquito da família. (Nunca descobri de fato o que este experimento pretendia provar.)

Fui embora cedo naquela noite e, mais tarde, descobri que, depois que Knott e os outros enfim deixaram a casa, as meninas correram para a casa da vizinha Peggy Nottingham, aos prantos, como costumavam fazer quando estavam aborrecidas.

"Eles disseram que era tudo nossa culpa", contou Rose. "Disseram que podíamos fazer aquilo parar naquele instante, se a gente quisesse. Eles achavam que estávamos pregando peças."

A sra. Harper deixou bem claro para Grosse, na noite seguinte, que, embora Berger e nós fôssemos bem-vindos a qualquer hora, ela não queria que os outros voltassem à casa dela. Posteriormente, vim a saber que ela quase chegara ao ponto de expulsar a todos nós — se o que estava acontecendo em sua casa era "pesquisa científica", ela não queria fazer parte daquilo, e menos ainda ter as filhas acusadas de simular tudo.

"O que não entendo", disse Grosse, "é a obsessão que essas pessoas têm por aquilo que chamam de fraude. Elas só pensam nisso. Acontece qualquer coisa e imediatamente supõem que devem ser as crianças fazendo truques. Você se lembra, ontem à noite, de quando a mesa da cozinha virou e um daqueles sujeitos estava sentado na sala de estar?"

"Não, deve ter sido depois que fui embora", respondi.

"Bem, ele não se deu sequer ao trabalho de levantar o traseiro de onde estava. Apenas ergueu os olhos, viu que as meninas estavam na cozinha e presumiu que elas tinham feito aquilo. Se ele tivesse realmente tentado virar aquela mesa, como nós fizemos, perceberia que as meninas não conseguiriam virá-la. Mas... você acredita nisso? Ele nem sequer foi lá olhar."

"É impressionante, não é?", observei. "As crianças do mundo todo sempre fazem exatamente os mesmos truques."

"Sou inventor, Guy, como você sabe", prosseguiu Maurice, "e tenho que ver o que estou fazendo como um *todo*. Bem, é assim que estou encarando este caso: estou encarando tudo pelo que já passamos como uma única ocorrência complexa. Em minha opinião, é a única maneira de chegarmos a entender essas coisas, não com toda essa minúcia acadêmica idiota, que quer encontrar logo uma fraude. E, mesmo que aquelas meninas tenham realmente feito alguns truques ontem à noite, isso não afeta em nada as ocorrências verdadeiras."

Concordei com ele. Eu sabia que qualquer psicólogo (à exceção de Knott, aparentemente) sabia que as pessoas, em especial crianças, tendem a fazer o que se espera que façam.

Decidimos ser muito cautelosos, no futuro, no tocante a convidar outros pesquisadores a Enfield. Se existisse alguma fraude por parte das crianças, isso era algo com que podíamos lidar, mas dispensávamos investigadores fajutos.

ALGUMAS SITUAÇÕES DE HISTERIA
capítulo 08

Duas semanas depois de voltar das curtas férias, a sra. Harper estava esgotada. Sua saúde já não era boa em tempos de tranquilidade, e aqueles eram tempos muitos difíceis. Mesmo o ato de recolher-se para dormir se tornou um suplício cotidiano, com a repetição constante dos mesmos incidentes banais, mas ainda desconcertantes, como que tentando enlouquecer a todos naquela guerra unilateral desgastante.

O inimigo invisível continuava a atirar coisas pela casa, mas sua munição favorita já não eram bolinhas de gude e nem mesmo chinelos, mas Janet. Toda noite, sem exceção, assim que se deitava, a garota era aparentemente arremessada para fora da cama, caindo no chão, por vezes seguida de Rose. Certa vez, a sra. Harper nos contou que Janet fora lançada para o outro lado do quarto, indo parar em cima de um velho rádio sobre a cômoda. Achei isso difícil de acreditar, visto que o rádio media apenas quarenta e seis por trinta centímetros e, portanto, era praticamente impossível sequer ajoelhar sobre ele.

Em 14 de novembro de 1977, insisti que Janet dormisse sozinha no quarto de trás, para ver se isso acalmaria as coisas. A princípio, pareceu que eu tinha razão, e dessa vez ela adormeceu sem ser atirada sete ou oito vezes para fora da cama antes. Porém, logo ela começou a agir de forma estranha, chorando e gemendo enquanto dormia e, quando entrei no outro quarto para contar isso à mãe, descobri que Rose estava fazendo exatamente a mesma coisa. Era como se as garotas estivessem compartilhando de um mesmo pesadelo. No entanto, isso não durou muito, e não pensei mais a esse respeito na ocasião.

Na manhã seguinte, a sra. Harper desmoronou, em completa exaustão, e o conselho conseguiu enviar as crianças para um abrigo enquanto ela passava alguns dias em repouso absoluto na residência dos Burcombe. Fui vê-la no final daquela tarde e a encontrei confortavelmente instalada no quarto de visitas da família. Sua exaustão era evidente, mas ela estava feliz por poder conversar com tranquilidade. Falamos sobre Janet.

"Também acontecem coisas quando Rose está por perto", contou-me a sra. Harper. "É como se ele estivesse usando toda a nossa energia. Primeiro, das meninas; depois, a minha. Parece que vai percorrendo um triângulo." Em seguida, ela espontaneamente levantou a questão do motivo de tudo aquilo estar acontecendo à família dela, para início de conversa, e achei curioso descobrir que suas opiniões coincidiam bastante com as dos proponentes da "teoria psicológica" dos poltergeists, embora eu tivesse plena certeza de que ela jamais tinha lido nada sobre o assunto.

Mesmo antes de se divorciar do ex-marido, contou-me a sra. Harper, ele costumava levar consigo para casa a mulher com quem veio a se casar posteriormente, e a matriarca tinha certeza de que isso exercia um efeito angustiante sobre as crianças.

"Acho que tem muita, mas muita coisa acumulada na mente de Janet", disse ela. "E, entre elas, tantas foram reprimidas... Isso poderia ter muito a ver com o problema." É exatamente isso o que sugerem os poucos psicólogos que estudaram a síndrome poltergeist: que os efeitos físicos, o revirar de móveis e todo o resto são "exteriorizações" de uma mente subconsciente ou mesmo inconsciente reprimida e frustrada, formando uma "personalidade secundária" que, na prática, começa a se comportar como uma entidade independente. Não surpreendia, portanto, que as pessoas normalmente tomassem essa personalidade secundária por um "espírito" ou fantasma de uma pessoa falecida.

A alusão a espíritos invariavelmente divide as pessoas entre crentes fanáticos e céticos absolutos. Talvez seja melhor adotar a visão do filósofo norte-americano C.J. Ducasse e tão somente sugerir que nossa *mente* sobrevive à morte física. Considero esse ao menos um pressuposto de base plausível, embora nem eu e nem ninguém saibamos ao certo qual é a verdadeira natureza da mente ou o que acontece a ela no fim da vida. O que nos resta fazer é estudar os fatos de casos como o dos Harper e tirar nossas próprias conclusões.

Eu disse à sra. Harper que ela não devia pensar que havia algo de errado com Janet ou consigo mesma. "Pode ser apenas um acidente, sabe. Se a senhora é atropelada ao atravessar a Wood Lane, não é porque o motorista do carro estava ali para atropelá-la, a senhora simplesmente entrou no caminho. Acho que alguns poltergeists só flutuam por aí e se agarram à primeira pessoa conveniente que encontram. São uma forma de vida bastante inferior: ficam vagando à deriva e são atraídos por uma bela fonte de energia, como Janet, e a usam para fazer suas brincadeiras bobas. Eles não querem fazer mal, apenas não sabem o que estão fazendo."

Era a mentira mais deslavada que eu já tinha contado na vida, mas disse aquilo com a melhor das intenções. Como a sra. Harper se sentiria se eu dissesse: "Poltergeists são espíritos do mal que servem ao diabo. Eles saem por aí para destruí-lo por algo que você lhes fez em uma vida passada, e gostam de fazer isso devagar. Temo que Janet esteja possuída e, a menos que providenciemos depressa seu exorcismo, todos vocês estão perdidos"?

Eu também não podia ter certeza de que isso era totalmente verdadeiro, embora tivesse conhecimento de pelo menos um caso que terminara com o suicídio de uma garota de mais ou menos a idade de Janet. Quanto à possessão, fenômeno com diversos registros ao longo de séculos, já havíamos testemunhado indícios claros no curto transe de Janet, episódio que eu esperava que não se repetisse.

Mesmo assim, eu tinha grande relutância em me envolver com o exorcismo. Enquanto nosso caso se desenrolava, veio da Alemanha a notícia do julgamento de dois exorcistas católicos, que foram posteriormente considerados culpados da morte, por negligência, de Anneliese Michel, uma bela estudante de 23 anos, de Klingenberg, perto de Frankfurt. A vítima desse caso aterrador morrera no dia 1º de julho de 1976 após nada menos de 67 exorcismos realizados pelos padres, que haviam permitido que ela morresse de inanição. (Eles foram sentenciados a uma pena privativa de liberdade de seis meses, que não precisaria ser cumprida graças à concessão de *sursis*.)

Os exorcistas alegavam ter identificado uma lista impressionante de espíritos possessores, desde Lúcifer, Caim, Nero, Judas e até Adolf Hitler. Tais espíritos vociferavam obscenidades brutais aos padres com uma voz masculina gutural e rascante que saía da boca de Anneliese. Isso pode soar como invenção de um escritor de filme de terror, mas há registros de muitos casos desse tipo, inclusive de garotinhas que falavam como idosos irados.

Em vista dos acontecimentos mais recentes em Enfield, devo deixar absolutamente claro que Grosse e eu não contamos nada a respeito do caso Michel para a sra. Harper, nem, na verdade, sobre nenhum dos precedentes mais aterradores em casos como o dela. No entanto, senti-me obrigado a perguntar se ela gostaria de receber a visita de um exorcista, explicando, com a máxima objetividade possível, quem são tais pessoas e o que se supõe que façam.

"Acho que essa não seria a solução", respondeu ela, devagar e com cautela. "Acho que eu não conseguiria dormir, mesmo que essa coisa fosse embora, sem ficar com medo de que pudesse voltar. Não, quero chegar eu mesma ao fundo disso." Eu admirava sua determinação em resolver os próprios problemas em vez de esperar que outra pessoa viesse resolvê-los em seu lugar, e quando tentei desviar seus pensamentos dos problemas, falando de política (pensava-se que uma eleição geral era iminente, à época), fiquei interessado ao descobrir que (como eu) ela era uma liberal.

A sra. Harper nunca teve dúvidas de que seu poltergeist era uma entidade real e individualizada, e, embora tampouco eu as tivesse, estava convencido de que deveríamos dar uma chance razoável à ciência convencional, bem como aos médiuns espiritualistas, de resolver o problema. Se poltergeists não passassem de personalidades secundárias, então psiquiatras deveriam ser capazes de ajudar. Seu trabalho, afinal de contas, era curar mentes doentes.

Alguns dias depois, um membro católico da SPR, uma senhora muito bondosa e inteligente, se ofereceu para pedir a um amigo jesuíta que fosse a Enfield. Recusei a oferta, mas perguntei se, em vez disso, ela conhecia algum psiquiatra compreensivo. Para minha satisfação, ela logo me deu o telefone do médico.

Passei quase cinco dias telefonando até encontrar o dr. Peter Fenwick, que era um homem muito ocupado. Sempre que eu telefonava, ele tinha acabado de sair de um hospital de Londres e estava a caminho de outro. Era evidente que se tratava de um médico bastante requisitado. Por fim, consegui localizá-lo na Irlanda do Norte (onde ele estava fazendo uma visita profissional) e apresentar-lhe um rápido apanhado do caso.

Ele pareceu interessado. Era uma pessoa de mente aberta. "Gostaria de examinar a garota em minha ala no Hospital Maudsley", disse ele de pronto. "Mas preciso de uma carta de encaminhamento de seu clínico geral." Eu o agradeci vivamente e prometi avisá-lo assim que providenciasse o documento. Eu estava certo de que não haveria problema, pois, pelo que pude perceber, o médico de Janet não estava particularmente interessado em sua condição, e era óbvio que não tinha ideia do que fazer a respeito.

A perspectiva de Janet ser examinada no Maudsley, na zona sul de Londres, um dos melhores hospitais psiquiátricos do mundo, era boa demais para ser verdade, e pela primeira vez senti que estávamos de fato chegando a algum lugar. Contudo, eu não podia fazer nada naquele momento, pois não havia a possibilidade de visitarmos o abrigo em que Janet estava. Parecia melhor deixá-la desfrutar de uma mudança de ambiente enquanto a mãe descansava. Depois disso, ela poderia pedir a carta ao clínico geral.

A sra. Harper também concordou, embora eu tenha levado algum tempo para convencê-la de que nem todos os psiquiatras eram iguais ao médico local que enviara Pete ao internato e se recusava a cuidar do caso de Janet. Ela também concordou que eu levasse outro médium para ver a garota.

Esse médium era Elizabeth Fuller, esposa do escritor norte-americano John G. Fuller, que eu conhecera no Brasil quando ele fazia pesquisas, no Rio de Janeiro, para seu livro sobre o curandeiro Arigó.[1] John estava na Inglaterra, trabalhando em um novo livro, e ele e Elizabeth disseram que ficariam felizes em ir a Enfield.

Eu os encontrei no hotel e comecei a fazer um apanhado do caso, sem mencionar quaisquer nomes, exceto Enfield. Até onde eu tinha conhecimento, o verdadeiro nome dos Harper e seu endereço não haviam sido publicados em lugar nenhum, naquela época.

John me interrompeu. "É melhor não dizer absolutamente nada a ela", disse. "Ela trabalha melhor assim. Você tem aí algum objeto que esteve na casa?"

Entreguei meu caderno de anotações a Elizabeth. Ela o segurou, sem abri-lo. As palavras que a mulher pronunciou em seguida me deixaram em choque.

"Wood Lane", disse ela. "E quem é Rose?" Elizabeth fez uma pausa, e então prosseguiu: "Vejo uma casa, feita de tijolos, com esquadria branca e porta verde". Uma descrição precisa da casa dos Harper à época.

Em seguida, ela pareceu divagar, como os médiuns costumam fazer, dizendo uma sequência de nomes e objetos que eu não conseguia identificar. John anotou todas as declarações da esposa, e eu não disse nada até passarmos pela placa próxima da casa dos Harper, a qual dizia WOOD LANE. A satisfação de Elizabeth foi espontânea, e eu tinha grandes esperanças de obter outras revelações clarividentes quando entrássemos na casa.

Lá dentro, porém, ela não conseguiu captar nada, e logo declarou isso. "Não tem nada aqui", falou, com firmeza. "Absolutamente nada." Descemos a rua e tivemos uma conversa agradável com a sra. Harper, que ainda

---

1   José Pedro de Freitas (1922–1971), médium brasileiro mais conhecido como José Arigó ou Zé Arigó, realizava curas e cirurgias espirituais incorporando um espírito que se autodenominava dr. Fritz. [NT]

descansava, de cama, na casa dos Burcombe, mas Elizabeth insistiu que não havia ali nenhuma das entidades que normalmente conseguia sentir.

Pode ser que não tivesse nada ali naquele dia, 23 de novembro de 1977, quando as crianças ainda estavam no abrigo, a alguns quilômetros dali, mas, três dias depois, com certeza havia. (A essa altura, infelizmente, os Fuller já estavam fora de Londres.) Às duas da madrugada de 26 de novembro, doze horas antes de as crianças Harper e a mãe voltarem para casa, Vic e Peggy Nottingham acordaram com uma violenta irrupção de pancadas que vinham da parede geminada de sua casa com a dos Harper, que estava completamente vazia.

Mais tarde, naquela manhã, um vizinho dos Burcombe foi cumprimentado por um colega no trabalho com um: "Bu! Como vai seu fantasma?" O colega assistira ao filme exibido pelo programa *Nationwide* na BBC, no qual Burcombe aparecera, e reconhecera a casa. O vizinho ficou confuso, pois não vira o filme nem sabia nada sobre o poltergeist. No entanto, ele mencionou que, na outra noite, a filha queixara-se de alguém estar dando pancadas na parede de seu quarto!

As crianças chegaram do abrigo na tarde de sábado, 26 de novembro, e foram direto para a casa dos Burcombe. Tão logo se reuniram à mãe, a atividade recomeçou, assim como aconteceu por ocasião de seu retorno das férias, três semanas antes.

Ouviram-se batidas que vinham da cozinha. Quando Brenda Burcombe entrou no banheiro, encontrou creme dental espalhado sobre todas as escovas de dente da família. Aconteceu outro incidente logo em seguida, o qual, mais tarde naquele dia, John Burcombe descreveu deste modo: "Janet estava sentada no chão, comendo um prato de *trifle*.[2] Ela colocou o prato sobre a mesinha de centro, e é uma mesa Schreiber — nada dessas porcarias baratas —, pegou alguma coisa e *fiu!*, o prato foi para o chão". Logo depois disso, o próprio Burcombe foi arremessado de sua cadeira e caiu no carpete. Grosse, que tinha acabado de chegar, viu quando aconteceu.

"Fui puxado, não empurrado", disse Burcombe, "como que por ar comprimido, como uma tala de braço, se é que você me entende. Fui para a frente, girei em sentido anti-horário e desabei com força no chão, de frente para a cadeira onde eu estava." O filho, Paul, que por acaso segurava uma das câmeras de Graham Morris naquele instante, tirou imediatamente uma fotografia do pai aturdido.

---

2   Tipo de sobremesa inglesa feita com camadas intercaladas de pão de ló regado em xerez, gelatina, frutas frescas e creme. [NT]

Quando cheguei, desenrolava-se uma animada discussão sobre quem deveria dormir onde naquela noite. Insisti que a sra. Harper mantivesse as meninas separadas, pois era óbvio que a coisa ainda estava ali. Ela concordou com relutância evidente e seguiu para casa com Janet, enquanto Rose e Jimmy ficaram na casa dos Burcombe. Grosse e eu nos separamos, cada um de nós munido de um gravador. Estávamos ansiosos para ver se separar as garotas faria alguma diferença.

E fez, mas não como eu esperava. Fiquei com Rose e Jimmy enquanto eles se acomodavam no quarto do andar de cima da casa dos Burcombe, o qual dava para a rua. Jimmy adormeceu depressa, mas fiquei conversando com Rose por um tempo. Ela me disse que eles foram bem-cuidados no abrigo, que era dirigido por freiras, e que uma ou duas coisas tinham acontecido.

"O guarda-roupas chacoalhou, e o armário despencou", disse ela, "e as minhas cobertas e as de Janet foram arrancadas da cama." Dois dias antes, Grosse telefonara para o abrigo e perguntara se as garotas estavam bem, ao que foi informado, com aspereza: "É claro que sim. Por que não estariam?".

Desci ao andar térreo por um instante e, assim que cheguei de volta à porta, a boneca de pano de Rose foi arremessada no ar, para o outro lado do quarto. "Ela deu um pulo e disparou", disse a garota. Peguei a boneca, recoloquei-a na cama de Rose e desci novamente. Quando voltei, ela estava outra vez do outro lado do quarto, mas, como Rose não disse nada a respeito, também não o fiz. Ela parecia não ter notado que a boneca havia sumido.

Nesse exato momento, quando eu estava de pé, diante da cama da garota, e me perguntando se ela estaria dormindo, ouvi um estranho som de algo chacoalhando na cômoda atrás de mim. "Aahh", disse Rose, abrindo os olhos, "é igual ao que escutamos no abrigo!" Ela não encostava no móvel, disso eu tinha certeza.

"É um móvel bem instável", falei. "Veja, ele chacoalha quando eu piso forte no chão". Bati o pé no piso, mas a cômoda não chacoalhou nem tremeu. Porém, alguns minutos depois, ela fez exatamente o mesmo barulho estranho.

Não tive tempo de descobrir o que estava acontecendo, pois a sra. Harper de repente surgiu no vão da porta. Ela parecia desesperada.

"Janet está tendo outra daquelas... coisas", disse, quase em um sussurro. "Eu pressenti que isso ia acontecer. Achei que deveria lhe contar."

Era possível ouvir os gritos a seis casas de distância, embora as janelas de ambas as casas estivessem fechadas. Ela deve ter acordado a rua inteira. Voltei depressa ao número 84 com a sra. Harper e encontrei Janet, Maurice Grosse e Graham Morris com a aparência de quem tinha acabado de sair de uma rodada de luta livre.

E, na verdade, era isso mesmo. Janet desferira alguns golpes contra Maurice que a teriam desclassificado de qualquer disputa. Ele segurava os braços da garota, enquanto Graham tinha os braços em volta das pernas dela. Graham viera com seu carro cheio de equipamentos para tentar fotografar Janet sendo atirada para fora da cama, e vira-se envolvido em uma cena tão violenta quanto uma assembleia política extremista, cuja cobertura fizera, alguns dias antes, para o *Daily Mirror*.

Janet gritava como eu nunca ouvira antes, nem em filmes de terror. Ela se debatia na cama, o rosto contorcido em uma máscara de fealdade diabólica, enquanto, entre seus gritos e suas tentativas de morder os braços de Maurice, ela choramingava como uma garotinha com metade de sua idade.

"Mamãe, mamãe, mamãe!", lamuriava-se repetidas vezes, embora, desesperada, a mãe estivesse bem ali, ao seu lado. Eu nunca tinha visto a sra. Harper tão angustiada. Ela havia acabado de se recuperar de um colapso nervoso e eu temia mais por ela que por Janet.

"Ver uma coisa assim acaba com qualquer mãe", disse ela, sem forças.

Decidimos que teríamos de chamar um médico, e Peggy Nottingham foi à casa dela para telefonar para o serviço de emergência. Quando o médico chegou, meia hora depois, estávamos todos esgotados. Certa vez, ajudei a controlar um homem que estava tendo uma convulsão tônico-clônica de caráter epiléptico que durou 25 minutos. Segurar Janet foi igualmente extenuante.

O médico examinou a garota, sem demonstrar interesse, e lhe deu uma injeção de dez miligramas de Valium. Nós todos vimos a substância ser injetada, e o médico, em seguida, escreveu um relatório com suas conclusões, que foram:

Queixa e histórico. Agressiva, incapaz de comunicação.
Achados clínicos relevantes. Tendência à violência.
Diagnóstico: esquizofrenia.

Eram 23h10 quando ele escreveu seu relatório. O médico, então, foi embora, sem dar mais nenhuma sugestão.

Todos nós imaginamos que uma dose de Valium faria uma garota de doze anos dormir, e o medicamento parecia ter surtido efeito. Assim, descemos para o térreo.

Às 23h55, ouviu-se um estrondo já muito familiar no andar de cima e, para o espanto de todos, lá estava Janet, na exata posição que a sra. Harper me descrevera mais cedo — em cima do rádio, no canto do quarto, ajoelhada, com a cabeça pendida para a frente. Ela parecia um filhote de coelho.

Graham Morris tirou uma fotografia dela quando foi encontrada, imediatamente antes de Grosse e Burcombe a tirarem de lá, com alguma dificuldade, e colocá-la de volta na cama. Ela choramingava debilmente, mas parecia estar em sono profundo.

Na noite seguinte, aconteceu tudo outra vez, com algumas variações, pois, embora seu acesso tenha durado duas horas e quarenta minutos, ela estava menos violenta e mais fácil de controlar. Ela gritava menos e chorava mais, chamando sua "mamãe" com insistência, embora a sra. Harper garantisse que Janet sempre a chamava de "mãe", nunca de "mamãe".

Então, ela se levantou da cama e começou a perambular com os braços estendidos e os olhos bem fechados. Forcei um deles, para que se abrisse, e iluminei-o com uma lanterna, mas ela não teve reação. (Eu não consegui mantê-la parada o suficiente para ver se a pupila se contraía.)

"Onde está Gober?", disse ela, de repente. "Ele vai matar você."

"Ah, meu Deus!", exclamou a sra. Harper. "Não é o nome que aqueles médiuns mencionaram?" Pensamos, na ocasião, que ela dissera "Gozer", o nome que Annie Shaw de fato nos dera, mas um estudo posterior da gravação sugeriu que o nome era "Gober", possivelmente da série infantil de televisão *Gasparzinho, o Fantasminha Camarada*.

"Não", falei. "Ele não vai matar ninguém. Não estou interessado nele, estou interessado em você, e em Janet, e quero saber quem você é, o que está fazendo no corpo da menina e o que quer. Vamos ajudar você, temos amigos que podem encontrar sua mamãe para você..." Continuei com esse discurso por pelo menos uma hora depois de levarmos Janet de volta para cama, mas não obtive respostas, apenas soluços e queixas intermináveis, pedindo por "mamãe, mamãe".

A essa altura, Rose reclamou que alguma coisa estava cravando alfinetes nela. Isso me fez lembrar, com preocupação, do caso brasileiro que mencionei anteriormente, neste capítulo, no qual a pobre garota que veio a cometer suicídio foi encontrada repetidas vezes com agulhas reais cravadas no pé. Apesar de minhas garantias de que estava tudo bem, eu não tinha muita certeza do que Gozer ou Gober, quem quer que fosse, poderia ser capaz.

Uma ou duas vezes, Janet acalmou-se o bastante para sugerir que estivesse dormindo, mas, sempre que Graham Morris e eu saíamos do quarto, ouvia-se um baque no chão antes de terminarmos de descer as escadas, e novamente encontrávamos Janet estatelada no chão. No total, ela deve ter sido arremessada para fora da cama ao menos cinquenta vezes durante o caso, em geral acompanhada de Rose. No entanto, nenhuma delas jamais se feriu.

Graham pegara emprestado um grande computador com o qual poderia disparar seu flash rápido o bastante para tirar sequências de fotos com sua Nikon motorizada. Segurando o interruptor por controle remoto, ele o pressionava sempre que saía do quarto e, depois de fazer dúzias de rolos de filme ao longo de várias noites, enfim conseguiu ao menos três sequências de fotografias que são muito difíceis de explicar como naturais.

Uma delas, feita a intervalos de cerca de um quinto de segundo, mostra dois travesseiros cruzando o quarto, em diferentes direções, enquanto três das quatro mãos das meninas estavam debaixo das cobertas. A quarta mão era a de Rose, apontando diretamente para o alto, no ar, enquanto nos chamava para virmos de lá de fora. A segunda sequência mostra os lençóis e as cobertas de Janet escorregando pela cama, descobrindo-a, enquanto a garota permanece imóvel; e a terceira parece perfeitamente normal de início, até que se nota que Janet parece estar caindo da cama de Rose e vice-versa, como se as garotas tivessem sido levadas por uma espécie de redemoinho de ar.

As fotografias de Graham não alcançam o status de prova de nada, pois seria possível dizer que eram fraudes, embora soubéssemos muito bem que não eram. (Certa vez, sugeri que nós mesmos atirássemos travesseiros pelo cômodo, permanecendo atrás da câmera, apenas para ver como ele reagia, mas Graham insistiu que queria as ocorrências verdadeiras.) Acredito que ele tenha sido o primeiro a registrar, em sequências fotográficas rápidas, uma atividade poltergeist como realmente aconteceu.

Quando, por volta de meia-noite, não havia sinais de que a atividade se acalmaria, a sra. Harper pediu que John Burcombe fosse chamar um médico. Este, embora ainda mais taciturno que seu colega da noite anterior, examinou Janet muito mais minuciosamente, verificando que sua temperatura, pressão sanguínea e pulsação estavam normais. Contudo, ela estava "desorientada no tempo e no espaço", de acordo com o relatório médico por escrito, e seu estado foi diagnosticado como "histeria". O médico deixou alguns comprimidos de Ativan, "para serem tomados de acordo com a necessidade".

Na manhã seguinte, Janet entrou em um transe muito violento no instante em que acordou. A sra. Harper correu à casa da vizinha, e Peggy Nottingham chamou imediatamente uma ambulância, telefonando, em seguida, para Grosse, em seu escritório. Janet foi levada ao hospital local e atendida por um jovem psiquiatra que se recusou a permitir que Grosse a visse.

"Sugiro que os senhores tentem evitar envolvê-la em qualquer tipo de situação de histeria", disse ele. "Ela está perfeitamente normal. Pode ir para casa."

"Muito obrigado", respondeu Grosse, que não via motivos para continuar discutindo a questão.

Todavia, John Burcombe ficou muitíssimo aborrecido com o que ele considerou uma observação absolutamente ridícula por parte do psiquiatra. "Olha aqui, meu chapa", disse ele, com raiva, "minha sobrinha pode estar normal, mas o que vem acontecendo ultimamente *não* é nada normal."

O jovem psiquiatra pareceu bastante desconfortável. Então disse a Burcombe que acreditava que Janet poderia ser internada, apenas um minuto após ter dito que ela estava livre para ir para casa. Burcombe e Grosse tiveram a impressão de que ele não fazia ideia de qual era o problema com a menina, nem estava interessado em saber, de modo que Burcombe decidiu que preferia levar Janet para casa e depois tentar interná-la no hospital em que trabalhava. Lá, ao menos, poderia ficar de olho nela.

Assim, tendo recebido três diagnósticos diferentes em três dias, Janet foi para casa e, no instante em que entrou pela porta, sofreu mais um transe violento. Uma dose pesada de Ativan a acalmou e, quando Grosse chegou, naquela noite, ela dormia um sono agitado no sofá.

Ele a levou para a cama, no quarto do andar de cima, e nisso ela começou mais uma vez a gemer e a chamar "mamãe, mamãe". Havia algo estranho no modo como ela pronunciava a palavra, colocando a tônica na segunda sílaba, que rimava com "ai".[3] A sra. Harper disse que Janet nunca a tinha chamado assim, em idade nenhuma.

Janet acalmou-se por volta das onze da noite, e Grosse voltou ao andar térreo. Quinze minutos depois, ouviu-se o aparentemente inevitável baque no chão, e ele subiu depressa as escadas para ver o que acontecera.

Rose e Jimmy pareciam dormir profundamente. A sra. Harper ainda estava no andar de baixo. E Janet tinha desaparecido.

Grosse ficou imaginando se estaria vendo coisas, ou, na verdade, não as vendo. Então, quando lhe ocorreu o pensamento de que ela teria

---

3   Janet gemia, dizendo *mummy*, que, no inglês, soa como "mâmii", a tônica na primeira sílaba. A maneira como ela pronunciava a palavra era parecida com o português "mamãe", tônica na última sílaba, como será relatado adiante. [NT]

se desmaterializado, ele ouviu um som abafado vindo de sob a cama de casal. Ele se curvou e olhou lá embaixo, acendendo sua lanterna.

Lá estava ela. Janet estava espremida entre o suporte de metal do colchão e o chão, deitada de bruços. Grosse teve muito trabalho para tirá-la dali, pois a garota parecia totalmente entregue, como que inconsciente. Quando conseguiu colocá-la de volta na cama, ele abriu um dos olhos da menina e o iluminou com a lanterna. O olho de uma pessoa consciente normalmente contrai a pupila a fim de evitar uma luz forte, mas o de Janet não demonstrou reação alguma.

Antes de ele chegar à metade das escadas, ela desapareceu outra vez, e a mesma coisa se repetiu cinco minutos mais tarde. Depois da meia-noite, quando Grosse pensou que o poltergeist tivesse dado o dia por encerrado, Janet e seu colchão foram atirados no chão e, vinte minutos depois disso, ela foi encontrada no canto, junto da porta, tendo sido aparentemente arremessada a uma distância de quase cinco metros.

Eu estava ficando preocupado. Havíamos tentado três médiuns, chamado alguns médicos, internado Janet no hospital — porém, o problema continuava, e definitivamente piorava. A garota estava perdendo muitos dias de aula, e a sra. Harper com certeza devia estar perto do fim de suas grandes reservas de resistência.

Foi nesse estágio crucial que a ajuda veio de uma direção inesperada.

Na manhã seguinte, encontrei um casal de velhos amigos do Brasil, que estava passando por Londres a caminho da Alemanha. Luiz Gasparetto fora convidado a demonstrar sua extraordinária habilidade de produzir desenhos e pinturas em estado de transe, ao passo que Elsie Dubugras, membro do departamento de cura da Federação Espírita do Estado de São Paulo, acompanhava-o como intérprete e assistente.

No Brasil, eu jamais teria pedido ajuda a Luiz ou a Elsie em um caso de poltergeist, pois essa não era a especialidade deles. No entanto, assim que os encontrei, fui direto ao ponto, fazendo-lhes um relato detalhado do caso e enfatizando que as coisas estavam realmente saindo do controle naquele momento.

"Bem", disse Luiz, "qual é o problema? Basta levá-la ao centro espírita mais próximo e deixar que cuidem da situação."

"O problema", respondi, "é que aqui é Londres, não São Paulo. Não temos centros como o que sua família mantém. Em vez disso, temos o Serviço Nacional de Saúde, que não quer saber de poltergeists."

"Ele tem razão", disse Elsie. "É melhor irmos para lá agora mesmo e ver o que podemos fazer." Assim, no dia em que chegaram, os dois brasileiros partiram para Enfield, embora eu soubesse que tinham planejado fazer muitas outras coisas em Londres.

Chegamos às 16h55 do dia 29 de novembro de 1977. Eu não tivera tempo de contatar a sra. Harper para verificar, como sempre fazia, se ela não se importaria que eu levasse um novo visitante. Fiz as apresentações rapidamente e insisti que ela deixasse meus amigos tentarem o que julgassem necessário fazer. Ela concordou, e parecia mais perto que nunca da total exaustão.

Janet estava deitada no sofá, agarrada a um de seus travesseiros de cor laranja. Fortemente sedada, ela vinha entrando e saindo do estado de transe e tinha o sono agitado desde que voltara do hospital, na manhã anterior, com um diagnóstico de "perfeitamente normal" do psiquiatra. Ela não mostrou sinais de que me reconhecia.

Luiz e Elsie começaram a trabalhar sem sequer tirar os casacos. Ele começou a aplicar passes no corpo de Janet, ali, deitada no sofá, enquanto Elsie sentou a sra. Harper em uma cadeira e também começou a aplicar-lhe passes. Janet fez algumas tentativas débeis de golpear Luiz, mas parecia não ter forças. Em seguida, ele pegou a mão da menina e se sentou a seu lado, em absoluto silêncio, por cerca de quinze minutos. Pela primeira vez em vários dias, Janet parecia totalmente tranquila.

Os brasileiros disseram, então, que gostariam de subir ao andar de cima para uma sessão em particular com seus guias espirituais. Eu os segui e observei Luiz respirar profundamente algumas vezes, limpar a garganta e começar a entrar em transe, como o vira fazer muitas vezes antes de suas sessões de pintura.

Nesse momento, ouvimos um tumulto no andar inferior, e corri até lá, onde encontrei Janet tendo uma espécie de acesso em câmera lenta no chão, contorcendo-se e chutando tudo o que estivesse a seu alcance. Ela se arrastou para baixo da enorme mesa de carvalho e tentou virá-la com chutes. Pulei em cima do móvel, deitando-me sobre toda a sua extensão, mas, mesmo assim, ela conseguiu empurrá-lo, afastando-o da parede. Em seguida, a menina se arrastou pelo chão e chutou um dos painéis do aparador sobre o qual ficava o aparelho de TV, quebrando-o. (A televisão, a propósito, foi praticamente o único objeto da casa que nunca foi alvo de atividade durante todo o caso.)

Luiz desceu as escadas e começou a falar com Janet em português, dizendo umas poucas palavras em inglês de vez em quando. Ele se sentou no chão e a segurou ali com firmeza.

"*Você quer sua mãe? Como ela se chama?*", perguntou ele, várias vezes, em português, mas Janet apenas continuava gemendo "mamãe, mamãe" com a estranha entonação da noite anterior.

Elsie entrou. "Ela está falando português", disse. "Ouçam, ela está dizendo *mamãe*, igualzinho a uma criança brasileira!" O som era de fato muito semelhante à forma derivada brasileira de *mãe*, com sua forte tônica nasalizada na segunda sílaba. Porém, Luiz aparentemente não conseguiu fazer contato em português, por isso passou ao inglês.

"Controle-se!", ordenou ele, em tom severo. "Controle-se, controle-se. Força!" Mais tarde, ele explicou que estava tentando persuadir Janet a ser forte e expulsar a entidade invasora. Os queixumes continuavam a sair da boca de Janet. Então, Luiz gritou energicamente com ela: "Tudo bem, já chega! Você está me entendendo muito bem. Estou mandando que você SAIA. Saia e deixe-a em paz. AGORA!".

E, alguns minutos depois, Janet de repente voltou a ser Janet. Ela abriu os olhos, e esboçou um sorrisinho fraco de reconhecimento ao me ver, embora parecesse incapaz de falar. Pensei que aquilo fosse o mais próximo que eu já tinha chegado de ver um milagre. Luiz e Elsie apareceram do nada após quatro dias de caos ininterrupto, não haviam dito quase nada e Janet de repente parecia perfeitamente normal. Uma coisa é falar frivolamente sobre os mistérios da cura espiritual; outra coisa é vê-la atuando diante de seus olhos e, por sorte, diante de seu gravador.

Enquanto tudo isso acontecia, Elsie pediu meu caderno de anotações e escreveu o seguinte, em inglês: "Vejo essa menina, Janet, na Idade Média, como uma mulher cruel e promíscua que causou sofrimento a famílias de agricultores e servos, alguns dos quais parecem ter voltado agora para acertar as contas com ela e sua família".

Seria isso verdade? Como eu poderia saber? Podia apenas ter certeza de que Elsie não inventaria aquilo em meu benefício, e que dois visitantes espíritas brasileiros fizeram, em poucos minutos, o que ninguém mais conseguira em vários dias, pois, quando foram embora, Janet dormia tranquilamente pela primeira vez naquela semana. Ela acordou na manhã seguinte, depois de exatas treze horas de sono ininterrupto.

Acompanhei Luiz e Elsie, a pé, até a estação e lhes agradeci calorosamente pelo que tinham feito — fosse o que fosse.

"Não nos agradeça, Guy", disse Elsie. "Esse é nosso papel."

"É um caso sério", disse Luiz. "Pode levar meses para fazê-lo parar por completo. Janet é médium inconsciente e deveria começar a se desenvolver agora mesmo. Médiuns como ela são muito raros." Ela teve somente mais um episódio de transe violento depois da visita dos brasileiros, o qual durou apenas uns poucos minutos.

Passei a noite com os Harper, e tivemos um sono sem perturbações. Janet ainda estava cansada na manhã seguinte e não pôde ir à escola. Eu a levei para o andar de baixo e ela desabou no sofá, começando a cochilar de imediato. No entanto, depois que fui embora, às nove da manhã, ela fez algo que pareceu um tanto estranho, se considerarmos que, na noite anterior, ela recebera a visita de um médium cuja especialidade (sobre a qual eu nada dissera a nenhum dos Harper) era fazer desenhos ao estilo de mestres como Renoir, Manet e Lautrec, assinando-os com tais nomes.

Naquela manhã, Janet também começou a desenhar, embora ainda não estivesse totalmente consciente, de acordo com a mãe. Ela estava muito tranquila, contou-me a sra. Harper, mas não de todo "conosco". A menina pegou um bloco de papel e algumas canetas hidrográficas e fez nove desenhos com muita rapidez, dando a impressão de não estar consciente do que fazia.

Os desenhos não eram muito agradáveis. O primeiro era de uma mulher de cuja garganta vertia sangue, e o nome WATSON* escrito em letras grandes no pé da folha. O sangue fora desenhado no papel com duras pinceladas, em tinta vermelha. Todos os demais traziam os elementos sangue, facas e morte, um deles consistindo tão somente da palavra SANGUE escrita diversas vezes pela folha. Os desenhos não tinham nada em comum com os de Luiz Gasparetto (sobre quem Bridget Winter fez um filme, mostrando-o em ação, o qual foi exibido duas vezes no programa *Nationwide* na BBC, em 1978), exceto por terem sido feitos em uma espécie de transe e desenhados com grande velocidade, e porque Janet, bem como o brasileiro, não fazia ideia, posteriormente, do que desenhara.

A sra. Harper teve a presença de espírito de retirar cada desenho à medida que Janet o fazia, entregando-os todos a Grosse, mais tarde, naquele dia. Janet nunca os viu nem soube nada sobre eles.

Perguntei se a sra. Harper conhecia alguém chamado Watson.

"Ah, sim", respondeu ela. "Era o casal que vivia nesta casa antes de nos mudarmos para cá." Isso fora doze anos antes, pouco antes de a menina nascer.

"Eles por acaso não morreram nesta casa, morreram?", perguntei.

"Ele morreu, sim. Não sei do quê, mas morreu nesta casa, sim. A sra. Watson morreu logo depois de nos mudarmos para cá, em um apartamento rua acima."

Perguntei se a sra. Harper sabia o que causara a morte da sra. Watson.

"Sim", respondeu. "Ela tinha um tumor, na garganta."

DEZ COISAS ENDIABRADAS
capítulo 09

Em dezembro de 1977, o caso Enfield chegou ao ápice. Em retrospectiva, os primeiros três meses podem ser vistos como o período de aquecimento, pois foi em meados de dezembro que o poltergeist nos mostrou o que podia realmente fazer. Ele também deixou claro que ao menos uma teoria estava certa: de que existia alguma ligação entre os fenômenos físicos — as bolinhas de gude e os chinelos voadores, as cadeiras e mesas que tombavam — e o estado físico do epicentro, chegando à maturidade.

Como que para compensar o retorno de Janet a um estado relativamente normal após seu acesso de histeria, esquizofrenia, possessão ou o que quer que fosse, alguns dos incidentes se tornaram ainda mais violentos. Um dia, o pesado refrigerador se afastou da parede com um movimento abrupto e sua porta se abriu com violência, batendo com tanta força na quina do fogão a gás que ficou amassada. Em outra ocasião, a enorme cama de casal apareceu virada de lado, com estrutura e tudo.

Ao mesmo tempo, a atividade menos violenta, embora igualmente desconcertante, prosseguia como antes, com poucas variações. A caixa acoplada do vaso, no banheiro, dava descarga sozinha; moedas caíam do teto como se materializadas no ar (isso ocorreu, certa vez, quando Grosse estava no cômodo); e, por fim, talvez para mostrar que estava atualizado com relação às tendências em fenômenos paranormais, o poltergeist começou a entortar colheres. As garotas continuavam sendo atiradas para fora da cama, às vezes, dez vezes em uma mesma noite, e reclamavam que a cama era sacudida, os lençóis e cobertores, arrancados, e os travesseiros puxados de sob a cabeça. Elas também alegavam estar sendo beliscadas, estapeadas ou furadas com agulhas, e agora que tínhamos as fotografias de Graham Morris como provas materiais confiáveis, estávamos mais inclinados a acreditar em tais relatos.

Certa vez, enquanto eu estava no quarto tentando persuadir Rose a resistir quando tentassem atirá-la da cama sempre que eu saía, ela deu um grito e disse que tinha levado um forte tapa no olho. Ela de fato parecia estar com dor, e chorava. E a sra. Harper fez uma descrição vívida do que sentia que lhe estavam fazendo enquanto eu permanecia de pé, diante dela.

"A sensação é como se tivesse a mão bem grande de alguém fazendo *assim*", e, sobre o cobertor, ela passou a própria mão pela perna, "e você coloca a mão ali embaixo e não tem nada." Enquanto dizia isso, ela se encolheu. "Você me beliscou! Não se atreva a me beliscar! Quer saber, já passou dos limites. Agora vá embora! Ele gostou da minha saia", explicou ela. (Ela se deitara para dormir totalmente vestida, na ocasião.) "Não está me machucando, de verdade", prosseguiu ela, "está só tentando me irritar, me fazer sair da cama. Em outras palavras, quer me assustar, mas não vai conseguir."

Enquanto ela me dava essa descrição, eu estava de pé diante da cama de casal, exatamente sob a lâmpada do teto, que, àquela altura, era deixada acesa a noite toda. Coloquei meu caderno na cama, bem longe dos pés da sra. Harper e a quase um metro dos pés de Rose, na outra metade da cama, e estava prestes a inclinar-me para a frente, a fim de ver se eu conseguiria sentir algum movimento na cama, quando meu caderno saltou do lugar onde eu o havia colocado cuidadosamente, disparou zunindo pelo ar, *na direção* da cabeceira da cama, e caiu no chão, a quase um metro dali.

Isso aconteceu literalmente debaixo de meu nariz, sob forte iluminação, e qualquer dúvida que eu ainda pudesse ter sobre a autenticidade daqueles incidentes enfim desapareceu. Ainda que a sra. Harper, por algum motivo inimaginável, tivesse colocado o pé por baixo do caderno e o chutado, ele não teria ido em sua direção. Tampouco poderia ter se movido com a velocidade com que se moveu. Por sorte, meu gravador estava bem ao lado da cama e captou o zunido perfeitamente.

Em outra ocasião, enquanto estávamos todos na cozinha, uma pilha inteira de roupas saltou da mesa da cozinha e caiu a um metro e meio dali, no chão, as roupas ainda muito bem dobradas. Também tive outros dois "contatos imediatos" definitivamente genuínos para acrescentar a minha lista cada vez maior de incidentes.

Certa manhã, tivemos indicações de que o poltergeist, ou ao menos um deles, estava tentando ser útil. A sra. Harper queria se livrar da grande mesa de jantar, que era grande demais para o cômodo, e pensava em como levá-la para o jardim dos fundos. Tão logo esse pensamento passou por sua cabeça, a mesa, que devia pesar bem mais de quarenta e cinco quilos, disparou pelo cômodo, inclinou-se como se fosse tombar e parou apoiada contra a pequena mesa ao lado da janela da frente. Então, a sra. Harper percebeu que a mesa poderia ser facilmente desmontada.

"Tive a impressão de que foi como se ele me ouvisse e dissesse 'tudo bem, vamos lá'", contou-me ela, se divertindo. Mesmo depois de tudo pelo que havia passado, aquela mulher incrivelmente resiliente conseguia ver o lado engraçado das coisas.

No entanto, nem todos esses incidentes eram engraçados. No dia 2 de dezembro, Grosse chegou às 20h30 e, em seguida, desceu a rua para ver os Burcombe, deixando o gravador ligado na sala de estar dos Harper. Assim ele conseguiu gravar um episódio intricado que assustou Janet mais que qualquer coisa que já acontecera até então. Eis exatamente o que aconteceu: Rose e Janet decidiram ir à casa ao lado para ver Peggy Nottingham.

"Vocês não vão sair e me deixar sozinha", disse a sra. Harper. Ela odiava ficar sozinha naquela casa, e costumava passar o dia todo com os Burcombe quando as crianças estavam na escola.

"Ah, então vá você", disse Rose a Janet. "Pergunte se ela ouviu algum barulho ou coisa parecida."

Janet saiu. Trinta segundos depois, ouviu-se um grito lancinante e um retinir vindo das escadas.

"Qual é o problema?", chamou a sra. Harper. "Peggy entrou?"

"Mãe! Mãe!", gritou Janet. Pela voz, ela parecia totalmente aterrorizada, e respirava com dificuldade, como se tivesse acabado de percorrer uns dois quilômetros correndo.

"Qual é o problema?", repetiu a sra. Harper, um tanto zangada.

Janet desatou a chorar, o que não era de seu feitio. (Grosse e eu nunca a vimos chorar, exceto durante os transes.) "Não posso contar", soluçou ela.

"O que aconteceu?", perguntou Rose, bruscamente.

"A porta da frente de Peggy", disse Janet, entre soluços e arquejos. "Ela abriu, sozinha, e... ah!", e começou a chorar descontroladamente.

"Qual? Esta?", perguntou a sra. Harper.

"Não!", gritou Janet. "A da casa de Peggy! Olhei atrás da porta, e não tinha ninguém ali, e ela simplesmente se fechou!"

"Vá chamar o sr. Grosse", disse a mãe.

"Eu não vou sozinha", respondeu Rose.

"Jimmy, vá com ela." Rose saiu com o irmão mais novo.

"Fiquei morrendo de medo", choramingou Janet, começando a se acalmar enfim.

"Peggy está em casa?", perguntou a sra. Harper.

"*Não tem ninguém na casa.* Olhei pela porta da frente, e não tem ninguém lá!"

"Foi por isso que você entrou gritando?"

"Sim! Quando entrei, alguém me levou para o andar de cima, e desci rolando. Eu quase morri de susto quando isso aconteceu." Ela começou a chorar outra vez, mas, quando Grosse chegou, a menina conseguiu fazer um relato mais coerente de sua experiência.

"Eu bati na porta, alto", contou ela, "e a porta se abriu. Olhei lá dentro e perguntei: 'Tem alguém em casa?', e olhei atrás da porta e ela simplesmente se fechou em cima de mim, e voltei para casa. Quando entrei, fui erguida até a metade da escada e desci de novo."

Esse não foi o único incidente a ocorrer perto da porta da frente. Quatro dias depois, Brenda Burcombe bateu na porta da frente dos Harper por volta das 21h30. Não houve resposta, mas ela sabia que o pai estava na casa, por isso bateu de novo.

As cortinas da janela da sala estavam abertas, e ela viu o rosto de Grosse encarando-a. Então, pelo retângulo de vidro da porta, ela viu claramente Grosse subindo as escadas, virar-se, olhar para a porta, depois virar-se outra vez e continuar a subir. Totalmente perplexa, sem entender por que ele se recusaria a deixá-la entrar, ela bateu uma terceira vez na porta, bem alto.

A sra. Harper desceu do quarto e a deixou entrar.

"O que há de errado com ele?", questionou Brenda.

"Com quem?"

"O sr. Grosse. Por que ele não abriu a porta?"

Foi a vez de a sra. Harper ficar perplexa. "O sr. Grosse? Ele está lá no quarto conosco!" Parecia que Brenda estava prestes a desmaiar. Ela era uma garota forte e controlada, e já tinha testemunhado boa parte da atividade ao longo do caso, mas esse episódio realmente a abalou.

"Bem, parece que tenho um sósia", disse Grosse quando ela repetiu a história para ele. Grosse riu, aliviando a tensão, e Brenda logo se recuperou do choque, embora tivesse certeza de que não só vira um fantasma, mas o fantasma de uma pessoa viva.

O terceiro episódio significativo da primeira semana de dezembro foi de longe o mais complicado até então, e não só foi gravado na íntegra em fita cassete e descrito em detalhes pela sra. Harper enquanto acontecia como também se repetiu na sequência.

Era 1h20 da madrugada de 3 de dezembro. Grosse estava na sala de estar, esperando poder ir embora em pouco tempo depois de uma noite de atividade muito intensa, quando ouviu um tumulto vindo do andar de cima. "Janet!", exclamou a sra. Harper. (O gravador de Grosse ainda estava ligado no quarto.) "Onde ela está?" Janet não podia ser vista em lugar algum.

Grosse e John Burcombe a encontraram deitada sobre a escada, a cabeça voltada para baixo, deslizando devagar, aparentemente ainda meio adormecida.

"Como diabos você foi parar aí?", perguntou Grosse. Contudo, de início, ela não conseguiu explicar.

"A porta se abriu", disse a sra. Harper quando Grosse e Burcombe entraram no quarto, carregando Janet entre eles. "Quando ela chegou lá, a porta se abriu."

"A porta se abriu sozinha e a deixou sair?" Grosse não conseguia acreditar naquilo.

"Sim", insistiu a sra. Harper.

Com gentileza, Grosse conseguiu persuadir Janet a contar sua versão do ocorrido. Ela parecia muito assustada.

"Eu estava na cama, dormindo", ofegou ela. "De repente, senti alguma coisa me puxar pelos braços para fora da cama, e eu tropecei e fui parar lá, e, então, a coisa me ergueu e a porta se abriu, e fui jogada escada abaixo."

"Eu vi a porta se abrir", insistiu a sra. Harper mais uma vez.

"Isso é incrível!", exclamou Grosse. "Então, ela contornou as duas camas, saiu pela porta, virou duas quinas... Está se sentindo bem, Janet?"

"Estou com dor de estômago", disse a menina.

Grosse riu. "Não me surpreende!"

"O que ele vai fazer agora?", perguntou a sra. Harper. Ela não teve de esperar muito para descobrir. Três minutos depois, o poltergeist fez quase que exatamente a mesma coisa de novo, e dessa vez ela estava bem acordada e viu claramente todo o episódio.

"Eu vi aquela porta se abrir", contou ela a Grosse, logo em seguida. "Mas Janet estava de pé dessa vez, e parecia que estava sendo puxada, deslizando pelo chão." É exatamente com isso que se parecem os sons na gravação em fita.

Pouco depois do último transe breve de Janet, após a visita do casal brasileiro, ela e Rose começaram a ter uma série do que pareciam ser sonhos compartilhados. As irmãs chamavam uma à outra, em voz alta, enquanto ambas pareciam estar dormindo, e durante um desses episódios Rose ficou bastante agitada, o corpo saltando com violência sobre a cama.

"Vão embora, suas dez coisinhas!", gritou ela. "Correndo por aí, destruindo as coisas das pessoas."

Eu a acordei com certa dificuldade.

"Você está bem?", perguntei.

"Sim", respondeu ela, irritada. "Por que me acordou?"

"Desculpe", falei, "mas você estava tendo um pesadelo, não?"

"Sim", respondeu ela. "Aquelas mesas e cadeiras pulando por toda parte. Tentando despedaçá-las..."

Eu não notei isso na ocasião, mas, assim que acordei Rose, Janet chamou: "Rose, onde você está? Onde você foi?".

Em outra dessas ocasiões, Rose se sentou na cama, pedindo: "Água, água!". Quando Grosse buscou um copo d'água, ela o pegou e bebeu um pouco, aparentemente em sono profundo. Usamos todos os testes que conhecíamos para ver se as garotas estavam de fato dormindo, desde iluminar seus olhos com lanternas, fazer cócegas nas axilas e na sola dos pés, até mesmo forçar as pálpebras e examinar-lhes as pupilas.

Então, Grosse teve uma ideia. Quando Rose se sentou outra vez na cama, ele colocou um lápis na mão da garota, guiando-a até pousar sobre uma folha de papel. Ela prontamente escreveu os números de 1 a 10, em algarismos, o que parecia estar relacionado a sua fixação por aquelas "dez coisas endiabradas".

John Burcombe perguntou quem eram os dez, e Rose, ainda aparentemente adormecida, desfiou depressa uma descrição. "O número um é um bebê; o número dois é uma garotinha; três é uma garota grande; quatro é uma mocinha, de uns quinze anos; cinco é uma senhora bem velha; seis é um garoto; sete está chegando aos dezoito; oito é um velho." Ela hesitou. "O número nove, eu não sei o que é, ele não tem rosto; e o número dez foi embora." Então, ela de repente exclamou: "Frank Watson!". Nós não havíamos dito nada a ela sobre o desenho de Janet em que estava escrito o nome WATSON. "Quem é ele?", perguntou Burcombe.

"O homem que morreu na poltrona lá embaixo", respondeu Rose na hora. Nós já sabíamos que o sr. Watson havia morrido na casa, mas, à época, não sabíamos onde nem de quê. Isso aconteceu alguns meses antes de a sra. Harper saber, por uma vizinha, que o sr. Watson de fato morrera onde Rose dissera, em sua poltrona na sala de estar.

Durante um dos sonhos compartilhados das garotas, Rose dizia, repetidas vezes: "Quero falar com Peggy-vizinha". Em um impulso, desci até a cozinha, onde a sra. Harper estava trabalhando na limpeza, e pedi que ela tentasse produzir alguma coisa por meio da escrita automática. Mostrei-lhe como fazer, e as primeiras palavras que escreveu, na forma característica do tipo de caligrafia dele, que ela com certeza não poderia ter falseado, foram: "Quero falar com Peggy-vizinha".

Aquilo parecia uma coincidência extraordinária. Ela não podia ouvir Rose da cozinha, e fiquei tentado a prosseguir com o experimento. No entanto, decidi não fazê-lo por dois motivos: fiquei com medo de que isso a perturbasse, e tive uma ideia melhor. Eu hipnotizaria Janet.

Já que ela vinha ficando tão falante durante o sono, pensei que talvez fosse possível controlar sua mente divagadora e descobrir algo útil sob hipnose. Grosse, porém, estava apreensivo. "É muito perigoso, principalmente com uma criança", ele me alertou. "E se você trouxer à tona algum fantasma, ou personalidade secundária, ou seja lá o que for, e perceber que não pode se livrar disso?"

"Eu sei", respondi. "Mas este é um caso perigoso. Já percebemos isso. E pode ficar ainda pior. Temos que fazer alguma coisa. Somos os especialistas, lembra?"

A princípio, Janet ficou aterrorizada com a ideia de "hipnotização", como ela a chamava, mas depois que expliquei para ela e a sra. Harper o que eu queria fazer, ambas concordaram, e Grosse recobrou a confiança diante do fato de que o hipnotizador que levei comigo no dia 8 de dezembro era bastante adequado para a empreitada. O dr. Ian Fletcher não só era membro sênior da SPR, médico e cirurgião gabaritado, e hipnotizador experiente, como também era membro do Círculo Mágico e um observador perspicaz do comportamento humano. Além disso, ele tinha a mente bastante aberta com relação a casos como este.

O dr. Fletcher levou 45 minutos para colocar Janet em um estado satisfatório de relaxamento, ainda que de plena consciência, antes de dar início a suas perguntas. Assim que começou, deu-se uma mudança notável em Janet, que normalmente falava tão depressa que costumava ser difícil compreendê-la. Naquele momento, contudo, ela respondia às perguntas do dr. Fletcher de forma lenta e clara.

"Agora", começou ele, "o que vem acontecendo aqui?"

"Fui jogada para fora da cama", respondeu ela. Isso havia acontecido pouco antes de o dr. Fletcher chegar, e era o incidente mais recente.

"O que você sentiu?"

"Mãos frias, em volta do estômago, dos braços e das pernas, em momentos diferentes."

"Como você foi erguida?"

"Pelas costas."

A voz suave do dr. Fletcher seguia, monótona. Ele tomou o cuidado de não fazer nenhuma pergunta tendenciosa, pois sabia que pessoas sob hipnose tendem a dizer ao hipnotizador o que acreditam que ele queira ouvir quando a resposta lhes é sugerida. Por exemplo, se o dr. Fletcher tivesse perguntado a Janet se ela estava possuída pelo espírito de Adolf Hitler, ela bem poderia ter dito que sim. Porém, é evidente que ele não fez nenhuma pergunta assim capciosa. Em vez disso, perguntou a Janet se tinha ideia de quem poderia estar causando todo o problema.

"Sim", respondeu ela de pronto. Inclinei-me para a frente a fim de ouvir cada palavra, pois a menina estava falando muito baixo.

"Quem?"

"Eu e minha irmã." A resposta de Janet me chocou. *Ah, minha nossa, pensei, aí vem a confissão.* Contudo, Janet não fez confissão nenhuma, e ficou claro que ela não tinha nada a confessar. No entanto, ela parecia compreender que a atmosfera na família era, em parte, responsável pela atividade, como indica o diálogo a seguir. O dr. Fletcher perguntou por que ela pensava que ela e a irmã eram as responsáveis.

"Não sei", disse Janet.

"Quem começou isso?", perguntou o hipnotizador.

"Nenhuma de nós. Primeiro, aconteceu no meu quarto, quando Pete estava aqui." Ela prosseguiu, fazendo uma descrição bastante precisa dos eventos iniciais, sem acrescentar nada às anotações que havíamos feito à época. Tive certeza de que ela dizia a verdade.

O dr. Fletcher habilmente levou as perguntas de volta à causa de todo o problema.

"Uma infelicidade cada vez maior", foi sua surpreendente resposta. Janet explicou que ela e Rose tinham medo do pai, e era sempre pior depois de suas visitas semanais, aos sábados. As duas garotas faziam o possível para estar fora de casa quando ele aparecia com o dinheiro da pensão.

Eu tinha prometido ao dr. Fletcher que não interromperia a sessão, por isso lhe entreguei de antemão uma lista de perguntas por escrito, de modo que pude descobrir várias coisas específicas que eu queria saber.

Descobri, por exemplo, que Janet parecia não prestar muita atenção à presença de Grosse e nem à minha. Foi bom saber disso, porque havíamos ouvido (de outras pessoas) que o psiquiatra local da assistência social julgava que o problema acabaria se fôssemos embora, pois, alegava ele, encorajávamos os fenômenos tão somente por estarmos ali. Suspeito que esse homem, que, na realidade, fora membro da SPR certa vez, sabia muito bem que casos de poltergeist geralmente terminam em um ou dois meses e que, se ele não fizesse nada, aquele caso também cessaria. Quando não cessou, ele simplesmente não soube o que fazer, e pensou que seria mais seguro afastar qualquer um que parecesse estar fazendo o trabalho em seu lugar.

Quando Grosse lhe telefonou, cerca de um ano depois, perguntando se ele tinha algum comentário a fazer oficialmente sobre o caso, o homem cujo trabalho o torna responsável pela saúde mental das crianças de Enfield disse que, na realidade, não tinha nada a declarar. Estou certo de que falava a verdade. Ele nunca disse nada desde o início.

Fiquei feliz em saber que Janet nos considerava mais como parte da mobília que como pais substitutos, e devo dizer que ela raramente tentou chamar atenção valendo-se da atividade. Em geral, tínhamos dificuldade para fazê-la conversar sobre o assunto, e ela acabava perdendo o interesse na questão como um todo muito antes que a mãe e a irmã.

Também fiquei intrigado ao descobrir, por meio dos questionamentos gentis, porém insistentes, do dr. Fletcher, que, embora a menina acreditasse em fantasmas, ela demonstrava pouco interesse neles. Um amigo da escola contara a Janet algumas coisas estranhas que haviam acontecido na casa dele, que me deram a impressão de ser atividade poltergeist secundária, mas Janet claramente sabia muito pouco sobre o assunto, e continuava falando sobre o "*polka dice*".

Sim, ela ouvira falar de Matthew Manning. "Ele estava na televisão." Eu tinha especial interesse em saber disso, pois encontrara um artigo rasgado de uma edição antiga de uma revista feminina durante uma de nossas buscas pela casa. O artigo fora escrito pela mãe daquela conhecida e bem articulada vítima de um poltergeist, que escreveu um livro fascinante, *The Link*, sobre sua própria experiência.

A sra. Manning mencionava que uma das primeiras coisas que aconteceu em seu caso foi o desaparecimento de um bule de chá. Como esse também foi um dos primeiros incidentes em Enfield, eu me perguntava se Janet teria lido o artigo e começado a imitar seu conteúdo, deliberadamente ou não. Ela, porém, não parecia muito interessada em Matthew, que era apenas outro rosto na televisão — ela assistira a sua participação recente no programa de Russell Harty, mas não comentou nada a respeito posteriormente. (A sra. Harper, por outro lado, ficara bastante interessada no programa e me disse que gostaria muito de conhecer Matthew um dia.) Como era a primeira vez que Janet era hipnotizada, o dr. Fletcher teve o cuidado de não fazer quaisquer perguntas que pudessem perturbá-la. Havia muito mais coisas que eu queria saber, em especial com relação a seus transes. Se pudesse fazer uma regressão com ela a um de seus episódios de possessão, pensava eu, talvez conseguíssemos conversar com o que quer que tivesse assumido o controle, fosse uma personalidade secundária ou uma entidade invasora, e descobrir do que se tratava de fato. Mas isso teria que esperar.

O dr. Fletcher encerrou a sessão sugestionando-a a ter uma boa noite de sono, e a tentar resistir ao poltergeist. Ela não queria que tudo aquilo acabasse?

Janet repetiu o que me dissera tantas vezes: "Quero que acabe até o Natal. Quero ter um bom Natal".

Pouco depois da visita do dr. Fletcher, a sra. Harper procurou seu clínico geral para pedir que ele encaminhasse Janet ao Hospital Maudsley, onde o dr. Fenwick prometera reservar um leito para a garota. Infelizmente, ela se confundiu e, em vez de dar o nome do dr. Fenwick, pediu que o médico a telefonasse para o dr. *Fletcher*, no Maudsley, onde, é claro, não conseguiram encontrá-lo. E quando ela voltou para buscar o encaminhamento, descobriu, para sua inquietação, que o médico encaminhara Janet para, dentre todas as pessoas, o psiquiatra local do serviço social!

Esse era o homem que havia tirado Pete de casa, e ela não queria ter nenhum contato com ele. Tentamos resolver as coisas, mas o clínico geral se recusou a cooperar. Foi um sério revés: eu tinha esperanças de que seria possível prosseguir com a hipnose no Maudsley, mas parecia que nossa primeira tentativa de dar a Janet um tratamento especializado com um psiquiatra compreensivo falhara.

Dissemos para a sra. Harper que o psiquiatra local do serviço social pedira que nos retirássemos do caso, e ela deixou claro que, se fôssemos embora, ela temia talvez ter um colapso. Tanto os Nottingham como os Burcombe concordavam.

Assim, permanecemos e, no início de dezembro, David Robertson, o estudante de física que o professor Hasted havia prometido designar para a equipe, juntou-se a nós. Ele foi um acréscimo muito bem-vindo ao grupo e se instalou prontamente na casa dos Harper, permanecendo lá uma semana inteira, dia e noite. Sua paciência foi logo recompensada, pois pôde testemunhar provavelmente alguns dos fenômenos mais incríveis que qualquer cientista já viu.

Parecia que o poltergeist sabia do trabalho de David com o professor Hasted no controverso campo da torção paranormal de metais, pois, tão logo o rapaz se instalou, objetos de metal começaram a se entortar pela casa inteira.

Eu havia pedido que as crianças tentassem entortar colheres, como elas viram Uri Geller fazer na televisão. Isso foi em parte para mantê-las felizes com um novo jogo, e em parte uma tentativa séria de desviar a energia do poltergeist de fenômenos mais destrutivos, mas foi um fracasso total.

Na manhã de 7 de dezembro, porém, depois de terminado o café da manhã, peguei uma colher de chá, coloquei-a no centro da mesa e pedi que Janet a entortasse sem tocá-la. Janet, que estava sentada a meu lado, virou na cadeira e cobriu os olhos com uma das mãos. Exatamente nesse instante, a sra. Harper, que estava ao fogão, atrás de mim, perguntou se eu gostaria de mais café.

"Obrigado, gostaria sim", respondi, virando a cabeça por um segundo.

Quando olhei de volta para a colher, ela estava dobrada ao meio, em arco, como um gato assustado. Janet não tocou nela. "A senhora viu isso?", perguntei para a sra. Harper, que estivera olhando diretamente para nós.

"Vi, sim", disse ela. "E senti aquela dor de cabeça vir e logo passar quando ela entortou."

Entreguei a colher a Janet e pedi que a endireitasse. A garota foi para a sala de estar e se sentou em uma poltrona ao lado de seu toca-discos, de costas para o porta-revistas de metal. Fiquei de olho nela. Nada aconteceu à colher, que ela segurou o tempo todo com uma das mãos, mas notei que um lado do porta-revistas em V estava quase reto na prateleira. Janet estivera bloqueando minha visão dele, e seja lá como tenha sido entortado, eu estava certo de que ela não fizera aquilo; seriam necessárias duas mãos e bastante força para deixá-lo reto, e Janet não se virara. Isso foi bem impressionante na ocasião, conquanto se pudesse dizer que alguém o tivesse entortado antes do café da manhã, de modo que não posso afirmar que tenha sido um fenômeno testemunhado de forma adequada. A colher, no entanto, tenho certeza de que ela não a tocou. Mais tarde, a sra. Harper encontrou outra colher dobrada na gaveta, e me contou ter visto uma terceira entortando sozinha. Notei que as três colheres foram dobradas exatamente da mesma forma, de modo que se encaixavam com perfeição.

Existem várias maneiras de entortar colheres e chaves com destreza manual. Quando vi o mágico James Randi fazê-lo na televisão, não tive dificuldade em observar como procedia. Se Janet usou destreza manual naquela manhã, posso dizer apenas que uma grande carreira no palco estava a sua espera. O mesmo se pode dizer de uma inglesa a quem conheço há dez anos e que entortou uma série de objetos metálicos diante de meus olhos em minha própria cozinha, quebrando ao meio, em seguida, uma colher de liga metálica, segurando-a entre o polegar e o dedo indicador de uma das mãos. (Infelizmente, ela ficou perturbadíssima com o fenômeno e se recusou a repeti-lo.)

Ficou mais provável presumir que a torção de colheres em Enfield era genuína quando outro objeto, que não poderia ter sido deformado com força física normal, foi encontrado com a forma consideravelmente alterada.

Eram 10h15 da manhã de 6 de dezembro de 1977. Janet estava debruçada sobre o balcão da cozinha e a mãe estava sentada. O fogão estava fora do alcance de ambas. De repente, elas ouviram um barulho vindo do bule de chá — o mesmo bule de metal que Grosse vira sacolejando diante de seus olhos. A sra. Harper o pegou e constatou que a resistente tampa de metal fora arqueada para cima, exatamente como as colheres, ficando deformada a ponto de já não se encaixar no bule. Peguei a tampa com as duas mãos e, mesmo usando considerável força, não consegui desentortá-la. Eu disse a David Robertson que devíamos tentar obter provas dessa força mediante algum instrumento, e ele prontamente providenciou um aparelho que, para variar, havia sido bem testado. Ele consistia em um contador de pulsos conectado a um extensômetro sobre uma tira de metal, posicionado de tal forma que qualquer força não desconhecida que atuasse sobre o metal fosse registrada no contador de pulsos.

David colocou o dispositivo sobre a mesa da cozinha e pediu que Janet tentasse fazer a tira de metal se dobrar sem tocá-la. Ela tentou por cerca de cinco minutos, então perdeu o interesse e se virou para ir embora. Ao virar-se, uma latinha que estava em cima do refrigerador saltou uns cinco centímetros no ar. Grosse testemunhou a ocorrência e observou que Janet não estava perto da geladeira, ao passo que David, sem desgrudar os olhos de seu contador de pulsos, viu-o registrar um súbito aumento no instante em que a lata saltou. Ou a tira de metal começara a oscilar sozinha, ou o contador estava sofrendo alguma influência direta. David então pediu que as garotas fossem lá para cima e, conforme elas subiam a escada, a oscilação diminuiu, alcançando novo pico quando elas passaram diretamente acima de nós. Ele não conseguiu pensar em nenhuma explicação natural para esse efeito.

Animado com tais observações, o rapaz preparou uma sessão de entortadura de metal totalmente instrumentalizada, usando um registrador de gráficos de três canais conectado a dois extensômetros embutidos em um pedaço de metal conhecido como liga eutética, especialmente feita de modo que, se vergada manualmente, ela se quebre. Em seguida, após ter feito a máquina funcionar por vinte minutos para se certificar de que tudo estava em ordem e não havia interferência eletromagnética, o que teria sido registrado no terceiro canal do gravador, ele pediu que Janet tentasse entortar o metal sem tocá-lo.

Por cerca de duas horas, durante as quais a mão de Janet não ficou a menos de quinze centímetros do metal, os dois canais do registrador conectado ao metal mostraram deflexões quase contínuas, ao passo que o terceiro canal traçou uma linha perfeitamente reta. Por fim, David viu o metal vergar formando um ângulo aproximado de quinze graus e, em seguida, partir-se em dois. Ele nos assegurou que estava plenamente convencido de ter obtido provas cabais, em equipamento bem testado, da presença de uma força absolutamente desconhecida.

"Provamos que de fato existe alguma coisa atuando aqui", comentei com Grosse.

"Pode ser que sim", respondeu ele, com uma risada, "mas já sabíamos disso, não é?" Sabíamos, é fato, mas Grosse ainda sentia que deveria tentar repetir, por si mesmo, o experimento de David, usando o mesmo equipamento. Ele o fez e, a princípio, parecia não acontecer nada. Porém, enquanto Janet tentava influenciar a estrutura molecular da tira de metal, como aparentemente fizera para David, Rose entrou no banheiro. Ao puxar a corrente da descarga, Grosse viu o aparelho registrar, no gráfico, uma deflexão inequívoca, e, quando Jimmy foi ao banheiro, poucos minutos depois, aconteceu exatamente a mesma coisa. Assim, embora Grosse não tenha conseguido repetir o experimento de David, ele conseguiu obter provas igualmente convincentes de que forças desconhecidas estavam atuando sobre a tira de metal.

Instigados por esses experimentos, decidimos ir adiante e tentar fazer contato com a coisa de um modo mais satisfatório que por batidas, e pedimos sugestões ao professor Hasted.

"Não há razão para que vocês não consigam estabelecer um contato direto", disse ele, à sua maneira habitualmente tranquila e confiante. "Façam uma provocação clara e vejam se obtêm alguma resposta."

Foi inevitável perguntar-me se ele estava falando a sério, mas não tive que esperar muito para descobrir que ele com certeza estava, pois no dia 10 de dezembro de 1977 foi isso o que fizemos.

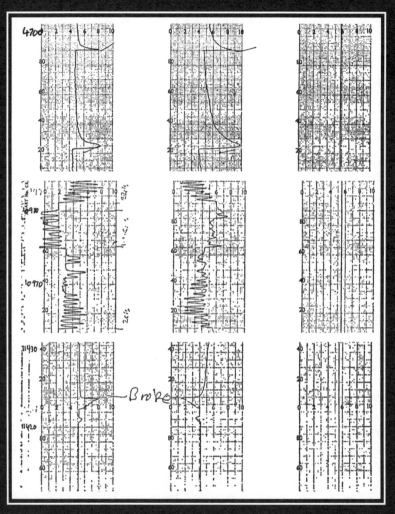

Fig. 2. Registros gráficos da sessão de torção de metal que DAVID ROBERTSON fez com Janet em 29 de dezembro de 1977, e durante a qual a garota ficou sob ininterrupta vigilância e não tocou nenhuma parte do equipamento. O canal da direita, que monitorava interferências eletromagnéticas, traça uma linha reta do início ao fim do experimento, enquanto o canal da esquerda e o do centro registram deflexões inexplicáveis, indicativas de perturbações moleculares em um pedaço de liga metálica eutética "não dobrável" encaixada a dois extensômetros. No alto: sinais típicos de outros experimentos com "Gellers mirins", crianças que entortam metais por psicocinese, registrados no início da sessão. Ao centro: sinais do tipo irrupção, indicando variação muito maior de tensão. E finalmente (última série): o sinal registrado quando o metal se partiu. (Cortesia de David Robertson)

"NÃO CONSIGO FAZER ESSE BARULHO"
capítulo 10

Certo dia, a sra. Harper voltava das compras e se deparou com um carro estacionado diante de sua casa, a motorista encarando a construção. Ela foi até o carro e sorriu com gentileza para a mulher.

"Esta é a casa que tem o poltergeist?", perguntou a motorista.

"Sim, isso mesmo", respondeu a sra. Harper. "A senhora gostaria de entrar?" Ela a encarou e saiu em alta velocidade sem dizer uma palavra, o que a sra. Harper achou muito divertido.

Em outra ocasião, um homem apareceu à porta e lhe ofereceu cinco libras para que ela o deixasse passar a noite na casa. Embora de fato pudesse ter usado o dinheiro, a sra. Harper o mandou embora imediatamente.

Com a única exceção do primeiro telefonema de Peggy Nottingham ao *Daily Mirror* com um pedido de ajuda, ninguém em Enfield, nem Grosse ou mesmo eu, contatou qualquer veículo de mídia em momento algum, e a sra. Harper deixou claro que não pretendia explorar o caso em busca de publicidade ou de dinheiro.

Não obstante, em dezembro de 1977, o poltergeist de Enfield já se tornava bastante conhecido. Houvera visitas do *Daily Mirror*, do semanário *The Observer*, da rádio e da televisão da BBC, e do semanário norte-americano *National Enquirer*, e, em nossa opinião, o caso já tinha recebido publicidade suficiente. Não queríamos transformar a casa em uma atração turística, e tomáramos o cuidado de insistir para que o nome e o endereço reais dos Harper não fossem revelados, e como eles não estavam na lista telefônica, foram poupados dos trotes que em geral se somavam aos problemas enfrentados por vítimas de poltergeists no passado.

Mesmo assim, duas mensagens estranhas acabaram chegando até lá. A polícia local levou para a sra. Harper uma carta que recebera de um grupo de Testemunhas de Jeová da Califórnia, a qual ela me mostrou, dizendo que não conseguira compreendê-la. A carta tinha várias páginas e falava apenas sobre diabos e demônios. Nunca foi respondida.

Uma mulher do sul da Inglaterra de alguma forma conseguiu descobrir o verdadeiro nome da sra. Harper e seu endereço, e lhe enviou dois telegramas muito estranhos, um dos quais a exortava a telefonar para um determinado número. Ofereci-me para fazer o telefonema e falei com um homem muito gentil que me contou que a esposa, que enviara os telegramas, estava agora em um hospital psiquiátrico, seriamente doente. (Mais tarde, Grosse soube que uma londrina fora internada em uma instituição psiquiátrica após uma irrupção de atividade poltergeist de nível bastante baixo em sua casa, e se ele não tivesse entrado no caso, é bem possível que este tivesse sido o destino dos Harper, em especial diante do fato de que Pete já havia sido enviado a uma escola especial, por motivos que nunca pudemos determinar ou sequer imaginar.)

No início do caso, fui convidado a escrever um artigo para uma nova revista de moda, e aceitei o convite ao ser informado de que a revista seria publicada bem depois do início do ano de 1978, ocasião em que, eu tinha certeza, o caso já estaria encerrado. A remuneração cobriu cerca de metade de minhas despesas de viagem.

Concluímos que o caso já tinha recebido publicidade suficiente e que faríamos o possível para, dali em diante, manter a imprensa britânica longe. Porém, continuamos encorajando outros pesquisadores a ir ao local para testemunhar os fenômenos por si mesmos e, no dia 10 de dezembro de 1977, dois psicólogos da SPR se juntaram a Grosse e a mim. Eram o dr. John Beloff, chefe do departamento de psicologia da Universidade de Edimburgo, e Anita Gregory, da Politécnica do Norte de Londres, que já visitara rapidamente a casa certa vez.

Aquela acabou sendo uma noite e tanto, marcando o início de uma semana em que fenômenos totalmente desconcertantes se seguiram uns aos outros, tão depressa e aos montes que mesmo com a ajuda de David Robertson em tempo quase integral, não conseguíamos acompanhá-los.

David estava fazendo um bom trabalho em seu estudo do aspecto físico do caso, e esperávamos que nossos colegas pudessem ajudar no aspecto psicológico, pois eventos envolvendo poltergeists oferecem oportunidades raras de estudo das interações entre mente e matéria.

O dr. Beloff é um cientista muito cordial e aberto, que já escreveu bastante a respeito de inúmeros aspectos da pesquisa psíquica, e realizou, em seu próprio laboratório, diversos experimentos no campo da parapsicologia. Suas descobertas foram quase que invariavelmente negativas, por motivos que ninguém compreende. Esse é um caso do chamado "efeito Rosenthal", que não está limitado aos parapsicólogos. Dizia-se, por exemplo, que bastava que Wolfgang Pauli entrasse em um laboratório para que alguma máquina parasse misteriosamente de funcionar. (Por outro lado, alguns cientistas, como o professor Hasted, pareciam de fato estimular resultados positivos.)

A princípio, parecia que a sorte do dr. Beloff tinha mudado, pois, tão logo as garotas se deitaram para dormir, elas foram aparentemente arremessadas para fora da cama outra vez, embora nunca enquanto algum de nós estivesse no quarto, o que compreensivelmente deixou nossos visitantes um tanto desconfiados.

Ao longo do início da noite, ouvimos os curiosos assobios e latidos vindos mais ou menos da direção de Janet, sons que já vínhamos escutando há alguns dias. Os assobios eram bem altos e estridentes, e pareciam imitar o modo como Vic Nottingham sempre cumprimentava a esposa ao chegar do trabalho. Janet negou veementemente estar produzindo os assobios de propósito, e a mãe nos assegurou que jamais ouvira a filha assobiar. Além disso, a garota tinha dentes grandes e geralmente usava um aparelho ortodôntico que tornava quase impossível que ela assobiasse.

Os latidos eram ainda mais misteriosos. "Ouça", disse-me Janet na primeira vez em que os ouvi, "não sou eu. Não consigo fazer esse barulho." Em seguida, para minha surpresa, ela acrescentou: "Foi isso que ouvimos quando estávamos de férias". Verifiquei posteriormente o fato com Pete, em uma de suas visitas de fim de semana.

"Escutamos esses barulhos", concordou ele, "e ficaram piores, e ficaram tão piores [sic] que a mãe pensou que nós os estivéssemos fazendo, mas não éramos nós." Janet fizera menção aos barulhos durante sua sessão de hipnose, e deixara bem claro que pensava ter sido Pete, pois com certeza não fora ela. Como Pete esteve fora da casa a maior parte do tempo, certamente não poderia ser ele agora.

Mesmo assim, os latidos e os assobios não pareciam genuínos, e eu podia compartilhar do sentimento do dr. Beloff e da sra. Gregory, que não ficaram muito impressionados nem com os barulhos, nem com as repetidas quedas da cama.

Pouco depois de meia-noite, Grosse decidiu que chegara o momento de seguir o conselho do professor Hasted e desafiar o poltergeist a falar.

"Charlie", começou ele. (Nós decidíramos que o poltergeist devia ter um nome.) "Você acha que poderia fazer esses barulhos no quarto dos fundos?" O dr. Beloff e a sra. Gregory estavam sentados naquele cômodo, discutindo o caso.

O poltergeist não conseguiu, ou não quis, fazer os sons, mas assim que Grosse saiu do quarto ouviram-se dois latidos altos, que Rose garantiu parecerem vir de sob a cama de Janet. Eles não pareciam o tipo de som vocal que se esperaria de uma garota de doze anos.

Grosse tentou de novo. "Ora, vamos, Charlie, você consegue assobiar e latir, então consegue falar. Quero que diga meu nome, meu nome completo: Maurice Grosse." Ele saiu do quarto outra vez, pois nesse estágio nunca havia latidos nem assobios enquanto estivesse perto de Janet.

Tão logo ele saiu do quarto, Charlie vociferou: "O... MAURICE... O...". Grosse não ouviu isso na ocasião, pois nos dizia alguma coisa no quarto dos fundos. Entretanto, é claramente audível na fita cassete, bem como a voz normal de Janet dizendo: "Ele disse 'Maurice Grosse'".

Então, a cama da garota começou a ranger alto e ela começou a se queixar de que estava "subindo e descendo", enquanto Rose dizia que alguma coisa tentava puxar seu travesseiro de sob sua cabeça. Grosse entrou e saiu do quarto diversas vezes, repetindo o pedido por um nome pronunciado com clareza, mas obteve apenas uma variedade de assobios, latidos e sons de "O".

"Vamos fazer o seguinte", disse Grosse, "vou lhe dar um bom nome para dizer. Diga dr. Beloff. Vamos, deixe-me ouvi-lo dizer esse nome."

"DOUTOR", disse a voz rascante assim que Grosse fechou a porta atrás de si. "GROSSEGROSSE." Parecia que Charlie ficara confuso.

Era um som extraordinário, que eu podia ouvir claramente através da porta fechada, com o ouvido grudado nela. Era alto e áspero, inquestionavelmente a voz de um homem idoso. Pensei logo em Anneliese Michel, que morreu de inanição durante suas sessões de exorcismo, na Alemanha, e a "áspera voz masculina" que vinha dela. Pensei nos outros muitos relatos de fenômenos vocais semelhantes sobre os quais já tinha lido. Bem, ali estava. Nós havíamos conseguido, e isso porque pedíramos por ele.

Por fim, Grosse convenceu Charlie, depois de muita persuasão, a dizer os nomes "dr. Beloff" e "Anita Gregory". "Agora", prosseguiu Grosse, "pode me dizer qual é seu nome?"

"JOE", veio a resposta imediata. E, pressionado a dar um sobrenome, ele acrescentou: "WATSON".

"Isso foi muito bom", disse Grosse, voltando a entrar no quarto. "Eu sabia que você falaria. Era uma voz de homem, não era?"

"Sim", disse Rose. "Não é nossa."

"E você viveu nesta casa?"

"SIM."

"Faz quanto tempo desde que viveu nesta casa?"

Não houve resposta. Grosse repetiu a pergunta, conseguindo apenas um grunhido alto e quatro batidas como resposta.

"Meu Deus", disse Rose, "ele está ficando louco!"

Grosse insistiu pacientemente nas perguntas, mas conseguiu tão somente rosnados e grunhidos baixos em resposta. Então, ele deixou a sra. Harper fazer uma tentativa, mas ela não obteve resposta alguma. Em seguida, sussurrei uma coisa a Grosse.

"Você sabe que está morto?", perguntou ele, a meu pedido. Dessa vez, a resposta foi na hora.

"CALE A BOCA!" Charlie, ou Joe, como nós o chamávamos agora, parecia muito zangado. Assumi o interrogatório no lugar de Grosse.

"Ouça, irmão Joe", disse eu. "Já é hora de perceber que você não está vivo. Você desencarnou. Está morto. É um fantasma. Um espírito. Também está fazendo pessoas perderem muito tempo, inclusive está desperdiçando seu próprio tempo. Por que não segue na direção da luz, onde vai encontrar pessoas para ajudá-lo a lhe dar o que está procurando? Deixe este plano agora!" Eu saí, deixando a porta aberta.

Fez-se um silêncio agourento. Grosse colocou a cabeça para dentro do quarto.

"Você vai embora agora, Joe?", perguntou ele.

"NÃO."

"Ouça, Joe, amigão", continuei. "Gostaríamos de ajudá-lo. Mas precisa nos dizer o que quer. Não estamos zangados com você. Sinto muito por você, porque está causando muita confusão para si mesmo, e vai pagar por tudo isso no futuro. Vão fazer com que você sofra exatamente do mesmo jeito que vem fazendo estas pessoas inocentes sofrerem agora. Quanto antes se der conta disso, melhor para você. Entendeu? Só queremos saber o que deseja. E vamos lhe dar isso, se tivermos como. E se não tivermos, não podemos lhe dar, não é? Tudo bem? Está me acompanhando?"

"VAI SE FODER", rosnou Joe assim que saí de cena. Decidi fazer mais uma tentativa.

"Eu não ligo se você acredita em mim ou não", falei. "Você vai pelo menos pensar a respeito? Boa noite. Durma bem."

"MERDA", disse Joe quando saí do quarto. Então, Janet falou com sua voz normal, pela primeira vez, desde a chegada de "Joe".

"Você ouviu o que ele disse? Ele disse 'm-e-r-d-a'?" Ela parecia relutante em dizer a palavra. Em seguida, Grosse convidou nossos visitantes psicólogos para tentar a comunicação.

O dr. Beloff entrou no quarto. "Vamos lá, Joe", disse ele com gentileza, "vim de muito longe. Diga-me alguma coisa. Diga-me o que o aflige. Diga-me o que está acontecendo. Você consegue falar. Veja o que pode dizer." Aparentemente, Joe não tinha nada a declarar.

Anita Gregory teve mais sorte, mas em resposta a sua pergunta inocente "Diga-me, como você está?", ela foi recebida com um rascante "SOME DAQUI". Inabalável, a sra. Gregory persistiu, recebendo nada além de tratamento ofensivo em resposta. Em seguida, John Burcombe assumiu a comunicação, perguntando a Joe (por sugestão minha) se ele gostaria de uma bebida ou outra coisa. No entanto, Joe parecia querer apenas música, e como era quase uma da madrugada, dissemos que ele teria que esperar até o dia seguinte.

É certo que tínhamos feito contato, mas com quem, ou o quê? Eu esperava que nossos psicólogos, pois agora já eram quatro deles que passavam por Enfield, fizessem algumas sugestões úteis, uma vez que os dois primeiros não disseram absolutamente nada. No entanto, eles estavam tão cansados quanto nós depois de um dia bem longo.

"É claro", disse Beloff enquanto dirigíamos de volta para a área central de Londres, "a possibilidade de ventriloquia precisa ser investigada."

"E será", prometi.

Fui embora para casa e cheguei às três da madrugada. Abri uma garrafa de cerveja e ouvi todas as minhas fitas cassete gravadas naquela noite. Na fita, a voz profunda soava ainda mais estranha, por ocasião de sua gravação. Era muito alta e gutural, em nada semelhante à voz normal de Janet — que, notei, continuou normal mesmo após a longa sessão de perguntas. Se ela estivesse fazendo aquilo de propósito, com certeza suas cordas vocais estariam em frangalhos. No entanto, ela não tossiu uma única vez, nem mesmo limpou a garganta.

Estaria eu realmente ouvindo a voz de um morto? Seria Janet uma excelente ventríloqua, bem como uma das maiores conjuradoras do país? Eu não sabia. A única coisa de que sabia era que o caso tomara um rumo interessante. Havíamos pedido por uma voz e fomos atendidos prontamente.

No dia seguinte, telefonei para o dr. Fletcher e deixei-o a par dos últimos acontecimentos. Conhecendo sua experiência com mágica, perguntei se ele acreditava que Janet pudesse estar fazendo uso de ventriloquia.

"Não posso dizer sem ouvir por mim mesmo, é claro", respondeu ele. "Mas lembre-se: a palavra ventriloquia é um termo inadequado. Não se trata de falar a partir do estômago. O ventríloquo move os lábios do boneco e mantém os próprios imóveis, de modo que se pense que o som está vindo do boneco, mas é evidente que não está. O som vem da garganta do homem."

"Bem", disse eu, "acho que é um som impressionante para uma garota de doze anos fazer. E, na verdade, Rose afirmou, em dado momento, pensar que ele vinha de sob a cama de Janet, não da garota."

"Eu imaginaria que uma garota tentando imitar um fantasma fosse fingir alguma espécie de sussurro audível", disse o dr. Fletcher. Ele me lembrou de que vozes ásperas como aquela já tinham sido relatadas em outros casos, por isso fui à biblioteca da SPR e tirei da estante o enorme volume de T.K. Oesterreich, *Possession, Demoniacal and Other*. Encontrei imediatamente o que eu queria:

> No instante em que o semblante se altera, uma voz mais ou menos diferente é emitida pela boca da pessoa que está tendo o acesso [...] O registro alto é deslocado, e a voz feminina transforma-se na voz grave de um baixo.

E mais essa agora! Oesterreich mencionava vários exemplos de transformação vocal que haviam sido claramente testemunhados à época. Justinus Kerner, um médico alemão do século XIX, descrevia como uma garota de onze anos de repente começou a falar com uma "profunda voz de baixo". O pioneiro psicólogo francês Pierre Janet mencionava "ora o som de uma voz masculina, ora o de uma feminina" saindo da boca de uma mulher possuída. Um escritor chamado Eschenbach relatava que um suposto demônio "falou hoje com uma voz que parecia, mais que nunca, com a de um baixo". Contudo, o melhor de todos era outro caso descrito por Kerner:

> De repente, a garotinha era sacudida convulsivamente de um lado para o outro, na cama, e isso durou mais de sete semanas; após o que uma voz masculina bastante áspera de súbito falava diabolicamente pela boca dessa criança de oito anos [...] Era comum ela tentar, com um semblante diabólico, bater no pai, na mãe e nos espectadores, ou então os insultava, o que em nada se coadunava com seu temperamento.

Kerner poderia estar escrevendo sobre Janet Harper em 1977, e igualmente o pesquisador que transcreveu um diálogo entre uma garota de doze anos e o padre que tentava exorcizá-la:

Padre: Já que você sabe tantas coisas, também sabe rezar?
Garota: Vou cagar na sua boca.

Havia ainda o caso de Dinah, onze anos, filha adotiva de George Dagg, ocorrido em 1889:

Uma voz profunda e rouca, como a de um homem idoso, aparentemente a mais ou menos um metro e meio dele, respondeu imediatamente em um linguajar que não pode ser repetido aqui [...].

Os assobios estridentes que ouvimos em Enfield também já tinham sido relatados. Um desses casos, descrito por um ministro calvinista, remontava ao ano de 1612 e dizia respeito ao "diabo de Mascon", que possuíra o corpo de uma jovem criada:

Na presença de todos nós [...] ele começou a assobiar três ou quatro vezes, em um tom muito alto e agudo, e, logo em seguida, a falar em uma voz articulada e inteligível, ainda que um tanto rouca.

Dois séculos depois, ainda havia relatos do mesmo fenômeno. A família envolvida no caso da "Bruxa dos Bell" tentou fazer a "bruxa" falar pela boca da filha adolescente:

Finalmente começou, aumentando até que o assobio se transformasse em um sussurro hesitante, pronunciando palavras indistintas. A voz, porém, aos poucos ganhou força [...]. A fala era ouvida em cômodos iluminados, no escuro e, por fim, durante o dia, a qualquer hora.

Folheei a Introdução do livro de Oesterreich, que trazia um relato interessante da vida do autor, respeitável professor universitário que fora forçado ao silêncio pelos nazistas. Era evidente que ele fizera um estudo bastante cuidadoso do assunto de que tratava, e quem escreveu a Introdução concluía que os fenômenos descritos por ele ainda tinham grande necessidade de explicação. "Seria muito simples para mim, e aceitável para outros, dizer que todas essas pessoas eram simplórias e crédulas, fraudes, lunáticas ou psicopatas, e sugerir que isso constitui alguma espécie de explicação", dizia a escritora, que por acaso era nossa colega, a sra. Gregory, usando seu nome de solteira, Anita Kohsen.

No dia seguinte, recebi um bilhete de Anita Gregory e John Beloff, acompanhado do relatório que escreveram juntos na manhã do dia que se seguiu a sua visita a Enfield. Eles diziam que, na opinião deles, as garotas estavam pregando peças em nós.

Maurice Grosse e eu, que sabíamos que elas não estavam pregando peças em nós, ao menos com certeza não o tempo todo, retomamos a batalha em 12 de dezembro. Queríamos descobrir muito mais sobre nossa nova voz.

Quase que imediatamente depois que todos se recolheram para dormir, uma moedinha caiu do teto e bateu no chão bem perto de meu gravador. Grosse estava no quarto no momento em que isso aconteceu e tinha certeza de que ninguém no cômodo a atirara. Então, a cama de Rose começou a sacudir, para cima e para baixo, depois de ela aparentemente ter adormecido. A garota não disse nada, e nós também não.

No início da segunda sessão com a voz, Grosse, a princípio, não conseguiu nada além de silêncio, grunhidos abafados ou ofensas. Ela não soava particularmente malévola: dizia para Grosse "ir cagar" como se não pudesse pensar em outra coisa para falar. A única vez em que a voz pareceu realmente zangada foi quando a porta foi deixada aberta: ela se recusava a falar a menos que a porta estivesse fechada, o que naturalmente tornava a conversa trabalhosa, além de frustrar nossas primeiras tentativas de observar a boca de Janet enquanto o som era produzido.

Não obstante, Grosse persistiu, e em pouco tempo já estava recebendo sentenças mais longas em resposta a suas tão repetidas perguntas. A voz dessa noite, que era exatamente igual à de "Joe", disse que seu nome era Bill, e que tinha vivido naquela casa — ou melhor, que ainda estava vivendo nela. Ele tinha sessenta anos de idade e um cão chamado Gober, o Fantasma.

"Você pode me dizer por que fica sacudindo a cama de Janet?", perguntou Grosse.

"EU ESTAVA DORMINDO AQUI."

"Então, por que continua sacudindo a cama?"

"TIRAR JANET." Isso era, de fato, o que ele parecia estar tentando fazer, e quase sempre conseguia, pois ela acabava inúmeras vezes no chão, em geral acompanhada de Rose. A sra. Harper nos contou que as camas sofriam interferências constantes mesmo durante o dia, com as crianças em casa ou não. Certa vez, ela realmente vira a roupa de cama ser jogada para trás, como se Bill ou Joe estivesse mesmo dormindo ali, e observara, diversas vezes, partes mais fundas nas camas arrumadas com esmero pela manhã, como se alguém invisível ainda estivesse deitado naquela lugar. A sensação que todos nós tínhamos de haver mais alguém morando na casa era muito forte.

O sacudir da cama tornou-se tão violento que pensei que o móvel acabaria desmoronando, como acabou acontecendo posteriormente. Os Nottingham conseguiam ouvir o barulho de sua casa, ao lado, e a única maneira de fazer o fenômeno parar era sentar na cama e literalmente segurar Janet, imobilizando-a. A voz nunca falava enquanto um de nós estivesse assim tão perto de Janet, mas, no instante em que saíamos pela porta, ela começava. Isso naturalmente parecia um pouco suspeito, mas Janet sempre negava estar fazendo de propósito.

"Não consigo fazer esse barulho!", protestava ela, e eu acreditava. Eu conseguia fazer uma boa imitação da voz, mas ficava com a garganta bastante dolorida poucos segundos depois. Como uma garota de doze anos poderia sustentá-la por uma hora?

Tentamos resolver a questão verificando se Janet e a voz podiam falar ao mesmo tempo e, como a última afirmava gostar de música, decidimos fazer uma sessão de cantoria, convidando-a a participar.

"Qual é sua música preferida?", perguntou Grosse.

"SCARLET FEVER",[1] veio a resposta na hora, e nós desatamos a rir. Até mesmo poltergeists podem ser divertidos às vezes, e sempre aproveitávamos qualquer oportunidade de aliviar a tensão.

Chamei Grosse ao quarto dos fundos para uma rápida conversa.

"Faça-os cantar", disse eu, "e vou ouvir daqui pelos fones de ouvidos. Meu microfone está embaixo da cama de casal." Grosse voltou ao quarto e induziu as garotas a cantarem "Daisy Daisy". Ele pediu que Bill as acompanhasse, e prometeu manter o rosto virado para o canto, ao lado da porta, caso Bill ficasse tímido demais ao ser observado.

---

[1] Em tradução literal, "febre escarlate", ou escarlatina, uma doença infectocontagiosa que provoca febre alta, erupção cutânea escarlate e descamação. Existe de fato uma canção com esse título, escrita por Mike Dekle e gravada pelo cantor norte-americano Kenny Rogers, lançada em junho de 1983. [NT]

Isso pareceu suficiente para ele, e seguiu-se, então, o que por certo deve ser uma das mais estranhas sessões de canto conjunto registrada na história. Pois Bill de fato começou a cantar, rosnando em sua poderosa voz de baixo. A certa altura, pensamos ter gravado Janet, Rose e Bill ao mesmo tempo, mas, ao ouvirmos a fita, notamos que sempre que a voz de Bill surgia, a de Janet sumia. A mudança de uma voz para a outra era tão rápida que nem um único pulso da música se perdia. E, em dado momento, Bill começou a rir, e sua voz gutural de baixo de repente se fundiu à risadinha feminina e infantil de Janet. Era como se estivessem rindo em oitavas. Perguntei-me se um ventríloquo podia fazer aquilo.

Então, pedimos a Janet que interrompesse Bill sempre que ele falasse, e ela prometeu tentar. No entanto, sempre que ela o fazia, Bill parava de súbito, imediatamente antes. Era óbvio que havia uma conexão entre as vozes.

"Bill", disse Grosse, "quando falamos com você no sábado à noite, você disse que seu nome era Joe. Havia alguém aqui chamado Joe, no sábado?"

"SIM", respondeu Bill com a voz rouca.

"Ah, havia? Então, são dois de vocês?"

"Não. DEZ."

Essa resposta provocou uma reação de surpresa imediata nas garotas, e eu estremeci de tal modo que meus fones de ouvido caíram. Nós não havíamos contado nada às garotas sobre seus sonhos compartilhados, nem sobre os relatos das "dez coisas endiabradas", que elas nunca mencionavam quando acordadas. Bem, agora elas sabiam.

Mais uma vez, chamei Grosse para uma rápida conversa. Ele concordou com minha sugestão, e entrei no quarto. "Perguntem a ele tudo o que quiserem saber", falei às garotas. "Apenas conversem naturalmente com ele, como se fosse comigo. E continuem perguntando. Não parem. Vamos deixá-las sozinhas por cinco minutos."

Corri de volta ao quarto dos fundos, recoloquei os fones de ouvido e ouvi enquanto Rose e Janet conversavam com seu amigo invisível por muito mais que os cinco minutos que eu lhes dera.

"O que esses homens fazem?", perguntou Janet, com sua voz normal.

A resposta, no já familiar rosnado grave, veio na hora: "ATIRAM MÓVEIS".

"Onde eles dormem?"

"FECHEAPORRADAPORTA." Aquilo soou como uma única palavra. Bill tinha verdadeira obsessão pela porta. Ela deixa o ar e os germes entrarem, explicou ele.

"Por que você fala palavrões?", perguntou Rose.

"VAI SE FODER VOCÊ", respondeu Bill, mas não com aspereza.

"Ah!", exclamou Rose.

Janet interrompeu. "Ora, mas... mas por que você gosta de ficar brincando com a gente?"

"GOSTO DE INFERNIZAR VOCÊS."

"Vocês também têm dez cachorros?"

"NÃO. SESSENTA E OITO."

"Caramba!", exclamou Janet. "Sessenta e oito cachorros!" Sua surpresa parecia bastante real. Poderia alguma atriz, eu me perguntava, fingir um diálogo consigo mesma desse jeito, passando instantaneamente da voz natural para aquela voz extraordinária?

Depois, Rose perguntou se Bill pretendia atormentar Peggy-vizinha.

"SIM. DERRUBEI UMA GARRAFA DA ESTANTE DELA", veio a resposta.

Rose não o entendeu corretamente. "Você aprendeu um monte sobre ela?", perguntou a garota.

"NÃO! DERRUBEI UMA GARRAFA DA ESTANTE DE PAREDE DELA", tornou Bill, falando mais devagar. Isso havia de fato acontecido, na presença de Grosse e Sally Doganis, da BBC. Eu não me lembrava de termos mencionado esse incidente às crianças, mas Peggy Nottingham poderia tê-lo feito.

"De onde vocês vêm?", perguntou Rose.

"De onde vocês o quê?", respondeu Janet, com sua voz normal. Por um instante, pareceu que ela havia cometido um deslize, respondendo com a voz errada, mas talvez apenas quisesse ouvir a pergunta de Rose corretamente.

"De onde vocês vêm, esses seus amigos?", repetiu Rose.

"DO CEMITÉRIO." Aquela voz era inconfundível.

"Do cemitério! Aah!", Rose parecia um tanto agitada. Então, Janet perguntou: "De onde vêm os cachorros?".

"DO ESPÍRITO SANTO", foi a resposta inesperada. Janet deixou essa passar sem fazer comentários.

"Há quanto tempo você está nesta casa?", prosseguiu a garota.

"DESDE O DIA 31 DE AGOSTO. VIM PARA ATORMENTAR VOCÊS."

"Por que veio atormentar a gente? Tem algum motivo?"

"QUERO OUVIR JAZZ. COLOQUE JAZZ, AGORA." Esse hábito que Bill tinha de mudar de assunto subitamente tão logo um diálogo parecia ter sido estabelecido era muito frustrante. Notei que era um hábito que Janet também tinha.

Então, seguiu-se uma sequência desconexa de conversa, durante a qual Bill disse que iria comer todos os bombons no Natal, dentre outras coisas.

"Por que escolheu esta casa?", perguntou Rose.

"PORQUE EU MORAVA AQUI."

Janet deu uma risadinha. Em seguida, ela fez um pergunta que eu pedira que fizesse.

"Você está morto, sabia?"

"SIM, VENHO DO TÚMULO, SAÍ DE LÁ."

"Você vem do túmulo?" As meninas davam risinhos nervosos.

"SIM, NO DURANT'S PARK." Esse é o nome de um dos cemitérios da área de Enfield.

Entrei no quarto para dar mais algumas instruções a Janet. Ela me contou que, dois meses antes de o problema começar, ela saíra para caminhar no Durant's Park com Pete e lá se envolvera em uma briga com outras crianças. Eu disse para ela não se preocupar com aquilo, e pedi que perguntasse a Bill por que ele ainda permanecia por aqui. "Pergunte por que ele não sobe para onde todas as outras pessoas mortas vão", falei, e saí do quarto. Rose logo repetiu minha pergunta.

"EU NÃO ACREDITO NISSO", veio a resposta, em um tom de voz completamente novo. Soava quase triste.

"Por quê? O que é tão diferente em estar lá em cima?", perguntou Rose.

"EU NÃO SOU UM HOMEM DO CÉU."

Mais uma vez, a voz de Bill soava melancólica. Ele parecia ter perdido seu habitual atrevimento agressivo.

"Você não é um homem do céu? O quê..." Mas a voz interrompeu Rose com a sequência de palavras mais impressionante de todas as conversas que tivemos com ela. Ela começou a falar em irrupções, como que com certo esforço, uma ou duas sílabas por vez:

"MEU — NOME — É — BILL — HOBBS* — E — EU — VENHO — DE — DURANT'S — PARK — E — TENHO — SETENTA — E — DOIS — ANOS — E — VIM — PARA — CÁ — PARA — VER — MINHA — FAMÍLIA — MAS — ELES — NÃO — ESTÃO — AQUI — AGORA."

Tive a mais vívida impressão de que aquela era a voz de uma mente perdida, perambulando em busca de seu antigo ambiente. Contudo, novamente, quando pensei que estávamos chegando a algum lugar, o encanto foi quebrado assim que Bill interrompeu a pergunta seguinte de Rose com uma explosão de raiva:

"SUA VADIA MALDITA, CALE A BOCA, QUERO OUVIR JAZZ. AGORA VÁ COLOCAR JAZZ PARA TOCAR OU VOU PERDER A CABEÇA." Era a antiga voz outra vez. Era como se duas pessoas estivessem brigando para usar o mesmo telefone, uma tomando o fone da outra.

Rose continuou com admirável persistência, e fez outra pergunta que eu tinha proposto: "Qual foi a sensação de morrer?".

"EU NÃO MORRI", foi a resposta zangada. Seguiu-se então uma confusão de insultos monótonos e frases isoladas sobre jazz. Colocamos a flauta doce de Rose debaixo da cama e o convidamos a tocar uma música com ela, mas já não conseguimos tirar respostas sensatas do poltergeist, e Rose decidiu, por volta da uma da madrugada, dar a noite por encerrada. "Vou dormir agora", disse ela, acrescentando com irritação, "vá embora, seu animal!"

"AGORA EU VOU", veio a resposta incrivelmente dócil. No entanto, ele mais uma vez não cumpriu com a palavra, e prosseguiu ainda uma hora falando coisas sem sentido. Por fim, tivemos que colocar Janet sozinha no quarto dos fundos e ficar lá até que ela adormecesse.

Durante nossa conversa de três horas, parece que Bill fez alguma coisa com nossos gravadores. Felizmente, usamos três gravadores naquela noite, e conseguimos gravar a sessão inteira, mas foi por pouco. Descobri que uma de minhas fitas cassete teve uma das linguetas de proteção quebrada, o que é muito difícil de acontecer por acidente, enquanto outra falhou em parte da gravação de um dos lados, ou teve o conteúdo apagado. Isso também é difícil de explicar, pois não havia nada errado com a fita nem com o gravador. Por fim, descobrimos que o aparelho de Grosse fora desligado no meio da gravação de uma de suas fitas. Já estávamos começando a nos acostumar com esse tipo de coisa e, desse dia em diante, verificávamos todos os nossos equipamentos a todo instante, e usávamos dois gravadores sempre que possível.

Ouvimos de novo as fitas no dia seguinte, depois que consegui copiar a reconstruir na íntegra a sessão de três horas.

"Traga uma menina que possa imitar aquela voz por três horas", disse Grosse, "e eu lhe dou quinhentos libras."

Como era de se esperar, perguntei à filha de onze anos de um amigo se ela poderia imitar um fantasma para mim. Ela emitiu alguns gemidos e falou em um sussurro bem baixinho.

"Não", disse eu, "assim", e fiz o melhor que pude para imitar Bill.

Ela tentou, mas imediatamente agarrou a garganta. "Ai!", exclamou ela. "Isso dói." Concluí que eu não conseguiria ganhar o dinheiro que Grosse apostou.

Qualquer que fosse a opinião de nossos amigos psicólogos, Janet não estava nos iludindo.

ATRAVÉS DA PAREDE
capítulo 11

Toda manhã, Richard Grosse ouvia relatos detalhadíssimos dos eventos em Enfield, à mesa do café, na casa de sua família e, naqueles últimos três meses, sentira-se absolutamente cético diante do que o pai lhe contava. Advogado recém-aprovado no exame de ingresso na carreira, Richard começara a trabalhar em um escritório de advocacia em West End, Londres, e, embora compartilhasse da visão aberta de Maurice no tocante a fenômenos psíquicos, nunca tivera qualquer experiência do tipo até a morte da irmã e os acontecimentos que se seguiram, conforme relatei no Capítulo 2. Eles haviam deixado uma profunda impressão em Richard à época, mas o rapaz ainda tinha uma opinião neutra sobre os eventos de Enfield.

"Vou com você quando o fantasma puder falar comigo", dissera o rapaz algumas semanas antes do surgimento da voz. Assim, levando as palavras do filho a sério, Maurice providenciou que ele visitasse a casa no dia 13 de dezembro de 1977. Essa talvez tenha sido a primeira vez que um poltergeist foi interrogado por um advogado com relação a coisas que já tinha dito.

Richard ficou imediatamente surpreso com a atmosfera calorosa e amigável do lar da família Harper. Como muitos outros visitantes, ele não conseguia imaginar fenômenos paranormais ocorrendo em um cenário como aquele, que se mostrava ainda mais acolhedor com as decorações de Natal, às quais os Harper dedicaram especial atenção naquele ano.

As pessoas costumam esperar que fenômenos psíquicos ocorram como nos filmes, com ventos uivantes, venezianas tremulando e corujas piando no quintal. Contudo, em minha experiência, eles ocorrem nos cenários mais normais, sem nenhum desses efeitos.

Richard conversou bastante tempo com todos os Harper, e também com John e Brenda Burcombe, e não demorou para que o rapaz se convencesse de que todos eles causariam uma boa impressão em qualquer júri, talvez à exceção de Janet. Ela estava naquele seu estado de espírito inquieto e brincalhão naquela noite, sem dúvida desperta pela presença daquele belo jovem que fora até lá para vê-la. Quando Richard ouviu os latidos pela primeira vez, teve a impressão de que ela provavelmente os estivesse fazendo de propósito. Decidiu observá-la com muita atenção.

A voz começou a falar assim que as garotas se recolheram para dormir, mas recusou-se a conversar com Richard a menos que ele saísse do quarto e fechasse a porta. O rapaz achou aquilo um pouco suspeito, mas, como a voz parecia não se incomodar em falar diretamente com John e Brenda, ele começou seu interrogatório por procuração, fazendo perguntas do lado de fora da porta para que os dois as repetissem dentro do quarto.

A princípio, ele não conseguiu nada. A voz, que afirmava ser Bill, passava depressa de um assunto para o outro e lançava mão de muitos palavrões. Richard, porém, seguiu firme em suas instruções. Depois de mais ou menos uma hora de frustração, pediu que Brenda perguntasse à voz algo que Janet possivelmente não soubesse. Brenda e o pai discutiram qual poderia ser uma boa pergunta, e, em seguida, John Burcombe entrou no quarto, dizendo:

"O que você fez com os trinta centavos de Brenda?" A jovem tinha perdido o dinheiro na casa, pouco tempo antes, e ninguém conseguira encontrá-lo. Bill respondeu de imediato:

"ESCONDI SOB O RÁDIO, NO ANDAR DE BAIXO." Richard desceu as escadas imediatamente, olhou sob o rádio e encontrou três moedas de dez centavos. Isso o fez pensar. Ou o incidente era genuíno, ou Janet e Brenda armaram a situação para que ele a presenciasse. Isso parecia improvável, pois Brenda só mencionou o dinheiro depois de ele pedir que a jovem fizesse uma pergunta inesperada. E, se qualquer uma das crianças Harper tivesse encontrado ou apanhado o dinheiro, por certo o teria gastado, e não escondido, principalmente em um lugar onde a mãe acabaria encontrando-o enquanto estivesse tirando o pó dos móveis.

Com muita paciência, Richard persuadiu a voz a falar com ele enquanto estivesse presente dentro do quarto, de pé, no canto ao lado da porta fechada.

"O que aconteceu quando você morreu?", perguntou o rapaz.

"FIQUEI CEGO E TIVE UMA HEMORRAGIA, CAÍ NO SONO E MOR-
RI EM UMA POLTRONA NO CANTO, NO ANDAR DE BAIXO", respondeu Bill,
lentamente e com tristeza.

Richard insistiu por mais detalhes, mas a voz desviou outra vez do
assunto e começou a falar coisas sem sentido.

"VOCÊ É UM RABINO JUDEU", disse a voz, com grosseria. Richard concordou que era judeu, mas não um rabino.

"Por quê? Você tem medo deles?", perguntou o rapaz.

"ELES ESTÃO SEMPRE REZANDO SEM PARAR", queixou-se Bill. Essa atitude com relação à religião era estranha, pois Janet era bastante interessada no assunto, e estava aprendendo sobre as diferentes religiões do
mundo na escola. Todavia, sempre que emergiam temas como Deus, religião ou oração, a voz tinha reações intensas e tornava-se ofensiva ou,
como em minha breve experiência, simplesmente se recusava a falar.

Richard notou outro detalhe curioso. Em várias ocasiões, ele tentou virar a cabeça para observar o rosto de Janet enquanto a voz falava,
mas, invariavelmente, esta parava quando ele o fazia. Então percebeu
que mesmo quando *pensava* em dar meia-volta, a voz também parava
de súbito. A sincronia era tão precisa que Richard foi obrigado a pensar que sua mente estivesse sendo lida. O rapaz notou ainda o que o pai
e eu já havíamos achado espantoso: que, ao final de sua conversa com
a voz, o tom de Janet estava absolutamente normal. Em geral, Richard
ficou bastante impressionado em sua única visita e passou a adotar
uma postura muito mais favorável com relação ao caso.

Posteriormente naquela semana, a esposa de Maurice, Betty, e a filha casada do casal, Marilyn Grant, bacharel em química que, à época, trabalhava no departamento editorial de uma conhecida revista
científica, também foram a Enfield para ver, por si mesmas, o que vinha tomando tanto do tempo de Maurice naqueles últimos três meses. Como Richard, elas nunca tinham vivenciado nenhum tipo de
experiência psíquica até a morte de Janet Grosse e, também como
o rapaz, ficaram impressionadas e particularmente preocupadas com
o bem-estar da família Harper. Essa preocupação era compartilhada
por Anita Gregory, que, independentemente de suas impressões iniciais com relação às crianças, era muitíssimo carinhosa com elas, fez-
-lhes várias visitas subsequentes e levou um presente de Natal para
cada membro da família.

Chegou então o grande dia — quinta-feira, 15 de dezembro de 1977.

Os acontecimentos desse dia e do dia seguinte foram tão caóticos
que tive um pouco de dificuldade para compreender exatamente o que

aconteceu, e quando. No entanto, uma coisa é certa: comprovamos, para além de qualquer dúvida razoável, a realidade de dois dos mais raros e mais acirradamente discutidos fenômenos psíquicos conhecidos, a saber: a levitação de seres humanos e a passagem de matéria sólida através de matéria sólida. Também confirmamos a teoria de que a atividade poltergeist tende a aumentar em torno de garotas que estejam entrando na puberdade, pois se tratava não só da idade de Janet, mas do dia efetivo em que isso ocorreu.

Não sabíamos do detalhe à época, embora talvez pudéssemos tê-lo adivinhado quando, na noite de 14 de dezembro, a voz de repente perguntou: "POR QUE GAROTAS MENSTRUAM?".

Naquela noite, estavam conosco David Robertson e outro colega da SPR, o secretário honorário da sociedade, Hugh Pincott, executivo de uma famosa petrolífera, graduado em ciências, e alguém que nutria um vívido interesse por fenômenos psíquicos.

Quando ficou evidente que a voz não falaria sobre outra coisa que períodos menstruais, Pincott entrou no quarto e, escolhendo com tato as palavras, fez uma descrição bem clara do assunto. Muito daquilo era novo para mim, e a maior parte das informações com certeza era nova para Janet, que ouviu sem interromper, algo que raramente fazia.

A ideia de que um idoso morto estivesse obcecado por detalhes sobre menstruação foi um pouco demais para mim, de modo que tomei a frente da situação e me dirigi, eu mesmo, à voz, que, naquela noite, afirmava ser alguém chamado Joe. Tudo foi como segue: "Joe, você sabe que há pessoas que acham que você não existe, que você não passa de um fragmento exteriorizado da mente subconsciente de Janet. O que acha disso?". Obedecendo às regras do jogo, virei-me para a parede e esperei pela resposta de Joe.

"O QUE QUER DIZER?", rosnou ele.

"Mais ou menos o que acabei de falar", respondi, um tanto zangado. "Acho que você consegue acompanhar o que estou dizendo. Como sabemos, indivíduos têm consciência, e alguns acreditam que pessoas como você são, na verdade, parte de uma consciência, neste caso, a de Janet. Em outras palavras, *você é Janet*. Você é Janet?"

A resposta de Joe foi tipicamente confusa. "AMIGA DE JANET."

"Estou começando a me perguntar se você existe mesmo", continuei. "Você é, na verdade, apenas Janet e nada mais?"

"VAI SE FODER", respondeu Joe, com rispidez e irritação. "É CLARO QUE NÃO!"

Aquilo pareceu bastante claro e, tendo colocado meu ponto de vista, passei a vez de falar para David Robertson, sugerindo que ele aproveitasse a oportunidade para desafiar a voz a fazer algo difícil, como o professor Hasted aconselhara.

David entrou logo em ação, pedindo a Joe que fizesse um objeto sólido passar através de matéria sólida, para assim provar que ele realmente não era Janet, mas outra pessoa, dotada de poderes paranormais. Ele entregou a Janet um par de chinelos e uma pequena boneca, e pediu a Joe que fizesse algo criativo com eles.

Nada aconteceu enquanto ele permaneceu no quarto. Por isso, David saiu, mas Janet o chamou de volta na mesma hora, dizendo que os chinelos tinham desaparecido. E tinham mesmo: vasculhamos o quarto, inclusive a cama da garota, e não os encontramos. Por algum motivo, esquecemo-nos de olhar debaixo do colchão, que foi onde os chinelos acabaram aparecendo, e é possível conceber que ela os tivesse colocado ali.

Em seguida, David pediu que Joe jogasse um travesseiro em outro quarto, mas Joe não atendeu ao pedido. Todavia, mais tarde, quando Grosse e eu saímos para ir para casa, encontramos o travesseiro no jardim, bem debaixo da janela de Janet. Nós sabíamos que sua janela era muito dura e impossível de abrir sem chamar atenção das outras pessoas no quarto, e tínhamos certeza de que a sra. Harper não acobertaria um truque tão evidente.

Para deixar as coisas ainda mais confusas, Hugh Pincott comentou que, em dado momento, teve a impressão de algo ter atingido as cortinas pelo lado de fora, e enquanto vasculhávamos o quarto em busca dos chinelos, encontramos um frasco plástico do detergente Fairy Liquid, que Janet disse estava desaparecido há dias. No todo, foi uma noite frustrante: Pincott se mostrou compreensivelmente cético com relação à situação toda, pois, embora estivesse claro para ele que a vida na casa dos Harper não era exatamente normal, não ocorreu um único incidente em sua primeira visita que se pudesse classificar como definitivamente paranormal. E o comportamento de Janet foi um tanto suspeito, pois ela pareceu saborear cada minuto daquilo tudo.

Hugh Pincott, porém, não foi dissuadido por suas primeiras impressões e, junto com Mary Rose Barrington, John Stiles e Peter Hallson, da SPR, empreendeu depois uma ampla investigação complementar do caso como um todo, a qual espero que a Sociedade venha a publicar.

Contudo, a história foi diferente depois do dia 15 de dezembro, pois esse foi o dia em que o poltergeist promoveu um show em público, em plena luz do dia. Embora, como já foi dito, esse tenha sido um dia de caos, o tempo que Grosse e eu levamos para deslindar seus acontecimentos foi maior que para resolver qualquer outro ao longo de todo o caso, porque entrevistamos cada testemunha envolvida diversas vezes durante os meses que se seguiram. Portanto, temos uma boa ideia dos principais acontecimentos daquele dia.

Na noite de 14 de dezembro, depois que fomos embora, David Robertson decidiu passar a noite na casa. Na manhã seguinte, quando ficou claro que as garotas não tinham condições de ir à escola, ele decidiu continuar no local e tentar aproveitar a oportunidade para fazer uma pesquisa controlada. Assim, quando Janet terminou de tomar o café da manhã, ele a levou para o quarto no andar de cima e explicou o que tinha em mente.

David Robertson é um desses pesquisadores sortudos que parecem exercer um "efeito Rosenthal" extremamente positivo. Tão logo cumprimentou a voz, ela o cumprimentou de volta com um amigável: "OLÁ, MEU QUERIDO!".

"Você faria um favor para nós?", perguntou David.

"SAIA DO QUARTO", ordenou a voz, que afirmava ser Bill. David notou que não havia nada no quarto que pudesse ser arremessado, à exceção de alguns chinelos, almofadas e dois livros. E, é claro, Janet.

"Apenas comece pular, sentada na cama", disse David à garota. Ele já tinha explicado o que "levitação" significava, e Janet lhe assegurou que já fizera aquilo várias vezes. Mas ele esperava ver por si mesmo.

Assim que saiu do quarto, ele ouviu a cama de Janet emitir um rangido violento, como se a garota estivesse em um trampolim.

"Estou levitando", disse ela, bem alto. Então, ouviu-se um estrondo e, quando David tentou abrir a porta, percebeu que ela não se movia. A outra cama de solteiro fora prensada contra a ela.

"Você está bem, Janet?", perguntou ele. "Quer que eu entre?" Não houve resposta, salvo por alguns gritinhos e arquejos abafados. David forçou a porta com o ombro, mas ela resistia como uma parede de tijolos. Rose, que observava tudo, ficou preocupada e correu para a casa ao lado para ver Peggy Nottingham, que já tinha arrumado as camas no andar de cima e estava trabalhando na cozinha.

"Você acha que poderia ir lá para casa?", perguntou Rose. "Tem um monte de coisas acontecendo."

Rose e Peggy voltaram ao número 84 e viram que David conseguira enfim abrir a porta do quarto. Janet estava deitada em sua cama e parecia atordoada. O horário era algo entre dez e onze horas da manhã.

"Fiquei flutuando no ar", disse Janet tranquilamente, como se aquilo fosse a coisa mais normal do mundo.

"VOCÊ, VAI SE FODER!", veio o súbito rosnado da voz. Isso não era algo que Janet diria, pois tinha muito carinho por Peggy.

"Tem certeza de que está bem?", perguntou David, apreensivo.

"Sim, é claro que estou", respondeu Janet. "Só estava flutuando."

Uma vez que a experiência parecia não ter machucado a garota, David pediu que ela tentasse repeti-la. Peggy Nottingham entregou à garota uma caneta esferográfica vermelha. "Veja se consegue traçar uma linha em volta da lâmpada, no teto", disse ela. A lâmpada ficava entre as duas camas e não se conseguia alcançá-la sem empurrar uma cama e ficar de pé sobre ela.

"Tudo bem", disse Janet, prestativa.

David e Peggy saíram do quarto, e Janet começou a pular, sentada na cama, como David orientara. O colchão era duro, e as molas rígidas se movimentavam pouco, mas a garota fez o que pôde. Ela gostava de David e queria muito agradá-lo.

Duas casas rua abaixo, no número 88, a sra. Barton* notou que sua cadela estava agindo de maneira estranha. Bess, uma amistosa spaniel já de certa idade, quase nunca latia. Agora, porém, ela estava muito agitada, sem nenhum motivo que a sra. Barton pudesse identificar, e começava a ofegar bastante.

Ela deixou a cachorra sair para o jardim dos fundos, e Bess correu diretamente para a cerca, olhou na direção da casa dos Harper e começou a latir, frenética, embora não tivesse ninguém à vista.

Ainda mais abaixo, na Wood Lane, a sra. Hazel Short, cujo trabalho era parar o trânsito para que as crianças atravessassem a rua quando iam à escola ou saíam dela, havia vestido o uniforme e saía de sua casa, caminhando em direção ao número 84, onde deixava sua placa circular no jardim da frente. Faltava ainda bastante tempo para que as crianças fossem liberadas da escola, mas a sra. Short gostava de chegar antes do horário.

Várias outras pessoas também transitavam pela rua em direção às lojas ou à estação, inclusive um comerciante local, que caminhava pela

1. Maurice Grosse, 1977. (Guy Lyon Playfair)

2. Duas fotografias tiradas durante a primeira visita do *Daily Mirror*. **Acima:** a SRA. HARPER se desvia de uma peça de Lego voadora que atingiu MORRIS na testa enquanto ele fazia a fotografia. Fica claro que nem DOUGLAS BENCE (à esquerda) nem PEGGY NOTTINGHAM podem tê-lo atirado. **Abaixo:** o medo e a tensão dos primeiros dias podem ser vistos no rosto da sra. Harper e de um vizinho (à direita). (Graham Morris)

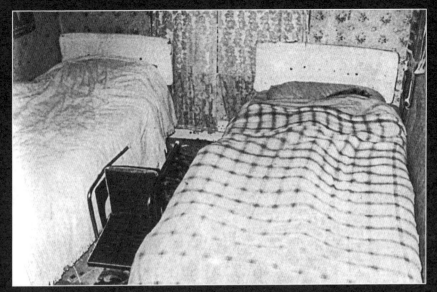

3. Grande parte da atividade inicial ocorreu neste pequeno quarto. **Acima:** Fotografia tirada quando a cadeira cai no chão após fazer um giro de 180º. Janet (à direita) parece dormir profundamente. **Abaixo:** Outro incidente do período inicial — a cômoda do quarto dos fundos se move para o meio do quarto e tomba para a frente, batendo na poltrona. (Maurice Grosse)

4. Esta sequência feita com uma câmera motorizada acionada por controle remoto mostra dois travesseiros pesados voando pelo quarto, vindos do lado esquerdo da cama à direita. (Graham Morris)

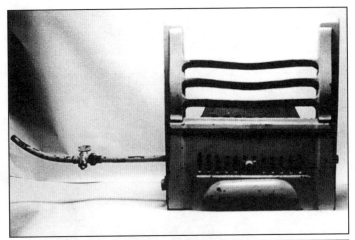

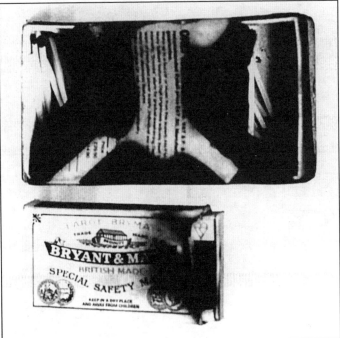

5. Acima: A lareira a gás, com cerca de vinte quilos, que o autor ouviu ser arrancada da parede, entortando o cano de latão de 1,3 centímetro de diâmetro. **Abaixo:** Caixas de fósforo de Enfield (no alto) e Holloway (embaixo). Em ambos os casos, as caixas entraram em combustão espontânea dentro de gavetas fechadas, sem que seus fósforos fossem acesos, e o fogo também se extinguiu espontaneamente. (Guy Lyon Playfair)

6. Acima: Um dos muitos voos de JANET pelo ar. Sob hipnose (veja o Capítulo 9), ela fez uma descrição vívida de como se sentia em tais ocasiões. Observe que suas cobertas não foram afastadas. **Abaixo:** Um JOHN BURCOMBE perplexo encontra JANET empoleirada em cima do rádio, em sono profundo apesar de ter sido arremessada para fora da cama depois de sedada. (Graham Morris)

calçada chamando seus clientes regulares. Aquela poderia ser uma manhã qualquer em qualquer subúrbio da Inglaterra.

David e Peggy Nottingham, de pé do lado de fora do quarto de Janet, ouviam que a garota pulava com cada vez mais força. Como antes, ouviram alguns gritinhos e arquejos, mas, então, ela parou de pular, a cama parou de ranger, e fez-se silêncio total.

"Janet, você está bem? O que está fazendo?", perguntou David. Ele pediu que a garota tentasse descrever em voz alta qualquer coisa que acontecesse, para que pudesse ouvir através da porta fechada.

Não houve resposta.

David apurou a audição, mas não se ouvia som algum, salvo o ruído dos pesados caminhões e ônibus da rua. Isso era tão inesperado que David ficou preocupado e, embora tentasse abrir a porta, percebeu que, como antes, ela estava absolutamente emperrada. Ele olhou para Peggy, que também tinha certeza de que algo tinha acontecido a Janet.

Por fim, após o misterioso período de absoluto silêncio, eles ouviram um baque e uma exclamação de Janet. Ao mesmo tempo, a porta resolveu se deixar abrir (nunca conseguimos desvendar como a cama impedira que ela fosse aberta em dado momento, e não no seguinte), e eles correram para dentro do quarto. Peggy logo notou que havia uma fina linha vermelha ao redor da luz fixa no teto.

Janet estava deitada na cama, aparentemente exausta, o que era atípico dela, em especial tão cedo. (Eram então cerca de 11h30.) A garota estava ofegante e parecia um pouco assustada.

"Ah!", ofegou ela. "Ai, ufa! Eu atravessei a parede..." Peggy encarou-a, totalmente perplexa. "Entrei em seu quarto", disse Janet, com tranquilidade. "Era todo branco."

O quarto de Peggy não era pintado de branco, mas coberto com papel de parede lustroso e, como o restante da casa, era mantido sempre impecavelmente limpo e arrumado.

"Tudo bem", respondeu Peggy, com a mesma tranquilidade, "se você pensa que esteve em meu quarto, tente outra vez." Peggy costumava acreditar que Janet sempre lhe dizia a verdade, mas aquilo era um pouco demais para qualquer um acreditar.

Eles saíram do cômodo e Peggy voltou imediatamente para casa, seguindo para seu quarto, no andar de cima. Ela sabia que Janet nunca estivera naquele lugar antes.

Peggy abriu a porta do quarto, em parte esperando ser cumprimentada por Janet. Ela já havia testemunhado tanta atividade extraordinária desde o dia 31 de agosto que não teria ficado tão surpresa com o que quer que fosse.

Porém, o quarto estava vazio. Ao menos, não havia ninguém lá. Ela estava prestes a voltar para a casa vizinha e ralhar com Janet por pregar peças nela quando algo lhe chamou atenção.

Ali, no chão, ao lado da cama, havia um livro que não era de Peggy. Ao pegá-lo, ela logo o reconheceu. Era o exemplar de *Fun and Games for Children* que ela e David tinham visto, poucos minutos antes, em cima do console da lareira do quarto de Janet, na casa ao lado. O livro atravessara a parede.

Enquanto Peggy voltava ao número 84, tentando desvendar o que acontecera, Janet saía outra vez. David estava determinado a conseguir provas da passagem de matéria através de matéria, e os experimentos da noite anterior não foram satisfatórios. É verdade que os chinelos e o travesseiro desapareceram, mas os chinelos foram encontrados debaixo do colchão, e o travesseiro, bem debaixo da janela.

Assim, ele pegou uma das grandes e pesadas almofadas vermelhas de plástico de uma das poltronas da sala de estar e a entregou a Janet.

"Vá em frente", disse ele, "veja o que pode fazer com isto." Ele deu meia-volta para sair do quarto. A garota não conseguiria esconder a almofada debaixo do colchão.

"TUDO BEM, DAVID, MEU RAPAZ. VOU FAZÊ-LA DESAPARECER", disse a voz familiar quando ele saiu.

Mal o homem passou pela porta, Janet o chamou de volta, agitada. Ele se virou e viu que uma das cortinas havia desaparecido, embora a janela estivesse bem fechada, e a almofada não estava em lugar nenhum. E isso não foi tudo...

Lá fora, na Wood Lane, o comerciante local que mencionei anteriormente estava, naquele momento, a quase cem metros dali, caminhando na calçada em direção à casa dos Harper. A família não era sua cliente, mas ele a conhecia de vista, e sua sogra, que morava no número 92, já lhe havia dito que acontecimentos estranhos vinham ocorrendo no número 84. No entanto, ele não acreditara em uma palavra sequer, e nunca tinha conversado com nenhum dos Harper nem entrado na casa.

De repente, ele parou e olhou fixamente para o canto do telhado do número 84. Lá, bem em sua linha de visão, estava um grande objeto vermelho. Parecia uma almofada. No instante anterior, ela não estava lá, e agora estava. A janela não tinha sido aberta.

Hazel Short também caminhava em direção ao número 84 para pegar sua placa, que ficava debaixo da sebe do jardim da frente dos Harper. Ela também viu a almofada no telhado e ficou imaginando o que estaria fazendo lá. No entanto, a sra. Short precisava cumprir sua função, por isso pegou a placa e assumiu seu posto do outro lado da rua movimentada, diretamente diante da janela do quarto de Janet.

Foi assim que a sra. Short descreveu posteriormente o que viu:

"Eu estava de pé, ali, olhando para a casa, quando, de repente, dois livros vieram voando e bateram na janela. Foi tão de repente. Ouvi o barulho porque estava tudo muito quieto, não havia trânsito, e me assustei.

"Quando olhei para cima", continuou, "um travesseiro branco com listras coloridas também acertou a janela. Isso foi depois dos livros, e eu estava... não sei se com medo, mas estava espantada. As janelas permaneciam fechadas. Então, pouco depois, vi Janet. Não sei se há uma cama debaixo daquela janela, mas a garota subia e descia como se alguém a estivesse jogando para cima e para baixo, fisicamente, em posição horizontal... Como se alguém estivesse segurando suas pernas e suas costas e a jogando para cima e para baixo.

"Eu decididamente a vi subir mais ou menos até o alto da janela, mas pensei que, se estivesse pulando, estaria pulando com os pés, não teria força suficiente para tomar impulso com as costas e chegar àquela altura. Minha amiga também viu a menina, nós duas conseguíamos vê-la", completou a sra. Short.

Posteriormente, Grosse e eu fizemos uma visita a essa amiga, que morava logo na esquina. A princípio, ela negou ter presenciado o fato e, quando dissemos que a sra. Short nos dera seu endereço, ela ficou agitadíssima e se recusou a dizer qualquer coisa, exceto: "Receio que não posso falar sobre isso". Tivemos a impressão de que, mesmo algumas semanas depois do ocorrido, ela ainda estava absolutamente abalada e assustada com o que vira.

"Era como se os braços e as pernas da menina estivessem se movendo para todo lado", continuou a sra. Short. "Quero dizer, se você mesmo estivesse fazendo isso, deixaria os braços e as pernas juntos do corpo, se é que me entende. Mas ela estava definitivamente deitada na horizontal, subindo e descendo."

Após pegarmos a declaração da mulher, Grosse e eu testamos a cama de Janet, para ver como estavam as molas. Descobri que, por mais forte que eu pulasse, sentado nela, simplesmente não conseguia me erguer ao ar, e calculamos, com certa precisão, que, se Janet estivesse na posição em que a sra. Short tinha certeza de tê-la visto, ela devia estar a pouco mais de setenta centímetros acima da cama. Apenas assim alguém do lado de fora da casa poderia tê-la visto por cima do peitoril da janela.

Eis como o comerciante descreveu os acontecimentos que testemunhou. Suas palavras foram extraídas de declarações que Grosse e eu obtivemos dele em ocasiões distintas:

"Vi a menina, que eu sei ser Janet Harper, lá no meio do quarto e, na primeira vez, observei a cabeça dela subindo e descendo, como se ela estivesse pulando na cama. Então, objetos voaram depressa pelo quarto, na direção da janela. Eles com certeza não foram atirados na janela, porque se moviam formando um círculo, batendo no vidro e quicando de volta, continuando na mesma altura, seguindo em sentido horário.

"Se os objetos tivessem sido atirados, eles simplesmente acertariam a janela e cairiam", conjecturou o comerciante. "Os objetos pareciam ser livros, bonecas e roupas de cama. Eram cinco ou seis deles e, pelo movimento que faziam, era como se estivessem presos a um elástico. Parecia que estavam se movendo com uma força considerável, e voavam em círculo, todos ao mesmo tempo. Então, a menina apareceu em dois momentos, flutuando pelo quarto, na horizontal, e duas vezes o braço dela bateu com força na janela. Tive medo, na ocasião, de que ela fosse sair pela janela. Ao mesmo tempo que os objetos se moviam em círculo pelo quarto, as cortinas enfunavam para cima, dentro do cômodo.

"O episódio como um todo foi muito violento, e fiquei bastante confuso e perturbado com o que vi. Logo depois do ocorrido, eu estava do lado de fora da casa, conversando com alguém sobre esses acontecimentos esquisitos, quando Janet saiu. Ela parecia muito aérea, com certeza não como uma criança que estivesse brincando pouco antes."

O comerciante nos deu a impressão de ser uma testemunha absolutamente sincera e ainda estava abalado quando Grosse foi visitá-lo para uma segunda declaração, em abril de 1978. Implorou que não revelássemos seu nome nem enviássemos jornalista nenhum para falar com ele. (Conversamos com o homem uma vez mais, em 1979, e ele disse que mantinha tudo que nos dissera antes, mas que não queria falar sobre o assunto com mais ninguém. Não há dúvidas de que a experiência deixou nele uma impressão profunda e duradoura.)

Grosse interrogou minuciosamente a sra. Nottingham quanto a sua participação nos eventos daquela manhã, e ela jurou que:

Seu quarto estava arrumado e organizado quando saiu.

Ninguém poderia ter estado no quarto depois que ela o arrumou.

Ela entrou no quarto imediatamente depois de Janet ter-lhe dito que tinha atravessado a parede, e pedira que a garota fizesse aquilo de novo, e então encontrou o livro no chão, perto da porta, longe da janela e da lareira.

"Sejamos sensatos em relação a isso", disse eu a Grosse. "Se tivéssemos que colocar este livro naquele quarto da casa ao lado, como faríamos isso? Pela janela? Pela lareira? Ou ele iria escondido no bolso da calça jeans de Peggy ou algo do tipo?"

A janela, nós concordávamos, estava fora de questão. Não poderíamos alcançá-la e, de qualquer forma, a janela da vizinha tinha uma adufa que abria apenas uns poucos centímetros no alto. A lareira também foi descartada, pois estava bloqueada do lado dos Nottingham.

Não fazia o menor sentido imaginar que Janet, David, Peggy, a sra. Short e o comerciante tivessem planejado a história toda para nos enganar, principalmente porque nenhuma dessas cinco pessoas conhecia todas as demais à época. Peggy não sabia sequer o nome do comerciante. E, de qualquer maneira, não havia dúvidas de que a almofada, de algum modo, acabou aparecendo no telhado.

Tentamos repetir o feito. Tive certa dificuldade já para fazê-la passar pela janela. Primeiro, a janela era bastante dura de abrir, e percebi que teria que segurar a almofada na vertical, então me inclinar para fora, ficando a uma distância perigosa da janela, e esticar o braço para cima o máximo que eu pudesse para colocar a almofada sobre a parte do telhado que se projetava da casa. Consegui a proeza, mas quase caí da janela no processo, o que levou bastante tempo. E meus braços são bem mais longos que os de Janet. Sugerir que ela fizera o que fiz sem ser vista da rua era pura insensatez.

A própria Janet provou ser a melhor testemunha do episódio. Cada um de nós lhe fez perguntas sobre o ocorrido em várias ocasiões, e tivemos a impressão de que ela dizia a verdade, em especial pelo fato de que parte do que ela nos contou era corroborada por uma pessoa (o comerciante) que a menina não conhecia.

Suas respostas a meus questionamentos foram invariavelmente francas e diretas, e em geral bem divertidas. (Durante o desenrolar do caso, viemos a notar que Janet não tinha a tendência de fantasiar os fatos. Ela nos contava o que presenciara e parava por aí.)

"Este livro", perguntei a ela. "Como ele foi parar lá dentro?"

"Porque eu o levei para lá", respondeu ela. "De que outro jeito você acha que ele foi parar lá?" Tudo bem, então, ela atravessou a parede com ele.

"Qual é a sensação de atravessar uma parede?", perguntei. "Não são muitos os que já conseguiram fazer isso."

"Não sei", disse ela. "Só senti que eu atravessava, como que pelo ar. Você só atravessa, não sente nada."

Rosalind Morris chegou e pediu que Janet voltasse e recomeçasse do início.

"Eu estava sentada na cama", disse a menina, "e David Robertson falou 'Comece a pular aos poucos', então fiz isso, e eu meio que saltei no ar e comecei a voar depressa pelo quarto. Então, atravessei a parede."

Sob esse longo e intenso interrogatório, Janet não conseguia de fato se lembrar de atravessar a parede. A única coisa de que tinha certeza era de ter saído do próprio quarto e passado ao outro, que ela presumiu ser o de Peggy, do lado oposto da parede. Foi então que repetiu seu comentário espontâneo sobre a aparência do quarto: "Era inteiramente branco, e não tinha portas nem janelas." Em sua opinião, esse era o aspecto mais intrigante da experiência toda, e não conseguia entender o que acontecera com todas as cores.

Por acaso, eu estava exatamente lendo um livro em que o autor, um artista e médium norte-americano chamado Ingo Swann, descreve o que se conhece como "EFC", ou experiência fora do corpo.[1] Quando o autor veio para Londres, em 1978, tive a oportunidade de lhe perguntar se ele também notara alguma mudança nas cores durante tais experiências.

"Ah, sim", disse ele, e não apenas havia notado isso como conseguiu propor uma explicação bastante plausível para o fenômeno.

Ainda pequeno, Ingo Swann fora internado para retirada das amígdalas e, durante a cirurgia, "flutuou" para fora do corpo físico e assistiu à cena toda. Ele observou vários "arco-íris" sobre o lambri marrom--escuro da sala, e que o verde-escuro das paredes acima tinha ficado muito mais claro.

Isso estava relacionado, explicou ele, ao modo como as duas metades de nosso cérebro recebem e interpretam as informações. O hemisfério esquerdo lida com o aspecto lógico das percepções, ao passo que o direito trabalha mais com formatos e impressões gerais, ou "instintos".

Parecia que apenas o hemisfério direito do cérebro de Janet estivera em funcionamento durante sua experiência. Isso explicaria sua incapacidade de registrar qualquer cor. Distinguir uma cor de outra dentro da minúscula faixa do enorme espectro eletromagnético a que chamamos "luz visível" requer que informações bastante precisas sejam fornecidas ao lado esquerdo de nosso cérebro.

O relato de Janet sobre como a almofada chegou ao telhado foi o seguinte: "David me deu uma almofada e disse: 'Faça alguma coisa com ela'. Então eu a coloquei em cima da cama, e ele falou: 'Vamos,

---

1 Também conhecida como projeção de consciência, ou PC. [NT]

faça alguma coisa', e eu a atirei, e ela saiu pela janela, indo parar em cima do telhado".

"Mas não se atira algo pela janela quando ela está fechada!", disse eu.

"Eu sei", tornou Janet. "Fiz isso para ver o que acontecia."

Rosalind Morris perguntou se a almofada havia, na verdade, desaparecido, ou atravessado a janela, ou coisa parecida.

"Eu vi", disse Janet. "Eu a empurrei, eu meio que... a arremessei, e ela saiu e foi para cima do telhado." A garota insistiu que a janela estava fechada. "Tenho certeza."

Desse modo, parecia que, em um único dia, Janet levitara, viajara fora do corpo físico, fizera um livro passar de um cômodo a outro e uma almofada pesada sair de um quarto fechado e ir para cima do telhado. Não soava como algo possível, mas cinco pessoas diferentes estavam certas de que tudo isso acontecera.

Haveria mais alguma coisa que nosso poltergeist fosse capaz de fazer, nós nos perguntamos? Ele já parecia decidido a tornar-se o poltergeist mais versátil, ativo e testemunhado de toda a história. Contudo, como logo descobriríamos, mesmo depois dos inacreditáveis acontecimentos de 15 de dezembro de 1977, ele ainda tinha muitos truques reservados para nós.

VÓS QUE FALAIS DE MODO TÃO IMPERFEITO
capítulo 12

Matthew Manning estacionava seu carro esportivo Jensen-Healey ao lado do modesto furgão de Vic Nottingham quando eu chegava a pé da estação local. Ele prometera, a meu pedido, ir à casa dos Harper para vê-los, e tínhamos marcado a visita para as cinco da tarde do dia 17 de dezembro de 1977. Ele foi pontual. Pedi que ele fosse até lá por duas razões: pensei que seria interessante para ele dar uma olhada no poltergeist de outra pessoa; e eu queria que a sra. Harper visse que vítimas de poltergeists, das quais Matthew era a mais célebre do país, graças a seus livros e suas aparições na televisão, podiam sobreviver ao tormento e tornar-se pessoas perfeitamente sãs e normais. Além disso, elas podiam se beneficiar da experiência ao desenvolver um interesse sério por fenômenos psíquicos, como era o caso de Matthew.

Maurice Grosse já havia passado a tarde inteira com os Harper, e a voz agora rosnava pela casa a qualquer hora, sem parecer se importar se as portas estavam fechadas. Ela começara a atuar também fora da casa, enquanto Janet comprava verduras e legumes na quitanda de uma senhora, mais acima na rua.

"Ela olhou para mim e disse: 'Que diabos é isso?'", lembrou Janet, "e eu respondi: 'É só meu fantasma, eu o trouxe comigo'. Ela perdeu o juízo."

E ouviram-se sons estranhos quando a sra. Harper levou Janet e Jimmy ao médico. "É Jimmy imitando um trem", desconversou a sra. Harper. A voz também fora ouvida em um ônibus, e dissera a um perplexo cliente em um supermercado de Enfield: "DÁ O FORA, VELHO NOJENTO". A situação tornava-se constrangedora.

Quando soube que Matthew faria uma visita na hora do chá, a voz prometeu: "VOU DAR UM SHOW PARA ELE". E, dessa vez, cumpriu com sua palavra.

Assim que chegamos, porém, a voz estava em silêncio. Fiz as apresentações e fiquei aliviado ao notar que as garotas estavam no melhor de seu comportamento. A atitude calma e simpática de Matthew deixou todos à vontade, e, em pouco tempo, ele e a sra. Harper estavam comparando experiências como dois veteranos de guerra. ("Aconteceu isso com você?" "Ah, sim, e já lhe aconteceu de...")

Perguntei a Matthew se ele alguma vez sentira dores de cabeça como aquelas que a sra. Harper sentia quando algo estava prestes a acontecer.

"Eu sentia uma comichão descendo pela nuca", respondeu ele. "Era..."

"Desculpe", interrompeu Grosse, animado, "mas Janet disse isso meia hora antes de você chegar." Ele rebobinou a fita e nós a ouvimos dizer: "Vira e mexe tenho uma dor na nuca". Ela havia apontado para a nuca, exatamente onde Matthew dizia ter a sensação estranha. "É como se fossem... ecos." Janet dera essa informação espontaneamente, e comentei que eu achava espantoso que, na hipótese de todos os casos de poltergeist serem truques infantis, então todas as crianças do mundo inteiro sempre inventavam os mesmos truques.

Matthew tinha opiniões um tanto drásticas com relação àqueles que o acusavam de estar fazendo truques, como era o caso do mágico James Randi. "Ele insiste em dizer que o que fiz foi, desde o início, uma fraude gigantesca para tapear o mundo", disse o rapaz. "As chances de um garoto de onze anos enganar todos aqueles adultos são simplesmente nulas." Seu caso alcançara o pico de atividade quando ele estava no internato, e o diretor testemunhara publicamente a realidade dos fenômenos, como também o fizeram várias outras testemunhas responsáveis.

"Outra coisa", falei. "Se você quiser imitar alguma coisa, precisa conhecer aquilo que está imitando, e tem que fazer direito. E não creio que Janet e Rose estejam estudando a história da pesquisa psíquica!"

Rose assentiu com a cabeça. "Já teríamos sido pegas a esta altura", concordou ela.

Matthew nos contou mais detalhes de suas próprias experiências, como as descreveu em *The Link*. Eu havia levado comigo um exemplar do livro para deixá-lo com a sra. Harper, mas, enquanto o relia no trem, notei que ele continha dois desenhos horrendos de pessoas mortas. Com desconforto, lembrei-me dos desenhos que Janet fizera um dia depois da visita de Luiz Gasparetto, por isso decidi não deixar que a família visse o livro.

"Seis anos atrás", disse Matthew, "a situação era muito pior. Ninguém sabia o que era um poltergeist. As únicas pessoas com quem se podia contar eram da SPR, e simplesmente não me ajudaram." Ele contou que o pai escrevera a um membro considerado uma autoridade em poltergeists, e jamais recebera resposta. No entanto, uns poucos membros foram visitá-lo. Um deles entregou a Matthew uma garrafa de leite e um ovo cozido, e lhe pediu que verificasse se o poltergeist poderia colocar o ovo dentro da garrafa; e outro, um ex-presidente da sociedade, admitiu não ter nenhuma experiência prévia de "situações parapsicológicas". Os Manning conseguiram receber ajuda apenas quando a polícia os colocou em contato com o dr. George Owen, então na Faculdade de Trinity, em Cambridge.

"Hoje em dia, estão todos aderindo à novidade", comentou Matthew, mencionando o nome de alguns dos cientistas que estudaram, em laboratório, suas estranhas habilidades. Ele enfatizou um ponto que já havíamos notado em Enfield: que os cientistas pareciam relutantes em publicar resultados positivos por medo do ridículo; em vez disso, provar que os fenômenos eram truques parecia uma obsessão.

Isso levou a uma discussão sobre a crença na vida após a morte. "Você não acredita muito na teoria dos espíritos, suponho", disse eu.

"Bem", respondeu Matthew, "acredito e não acredito. Apenas acho que é muito fácil culpar os espíritos por tudo, e que existem explicações alternativas para muitas coisas." Isso não me pareceu condizente com um jovem que estivesse disposto a enganar o mundo. "Minha impressão", prosseguiu ele, "é que aquilo que vivenciei, o poltergeist, foi provocado por minha própria energia. Não tinha nada a ver com espíritos. Contudo, acredito que aquela energia foi usada mais tarde, digamos assim, por espíritos, para várias coisas. Vejam, não estou sequer convencido de que meus desenhos e escritos tenham vindo necessariamente de espíritos."

Sua postura objetiva e pragmática diante do assunto teve um efeito reconfortante sobre os Harper, e até mesmo a voz permaneceu em silêncio, exceto por um único assobio agudo e penetrante, que David Robertson descreveu como "bem na minha orelha". Meu gravador já estava na cozinha havia duas horas, gravando nada mais instigante do que a sra. Harper fazendo um bule de chá. Era evidente que a voz não daria um show, afinal.

Porém, então, a mesa da cozinha tombou.

O gravador em si estava no chão da sala de estar, conectado, por um longo cabo, a um microfone independente que ficara sobre um suporte em cima do balcão da cozinha. Rose e Janet tinham ido para a cozinha, e Rose começara a cantar junto do microfone, de costas para a mesa. Fui até lá e pedi que ela não fizesse muito barulho. Quando dei meia-volta para a sala de estar, ouvi exatamente o mesmo zunido que um raio faria, seguido de um baque, e então a mesa virou de cabeça para baixo. O som era igual ao que eu ouvira da última vez que aquilo aconteceu em minha presença.

Matthew e David Robertson viram parte da mesa quando ela se moveu, e ambos asseguraram que Janet não a tocara. Notei que, ao mesmo tempo, uma cadeira havia caído, tombando na direção oposta àquela em que caiu a mesa, que deslizara um pouco pelo chão, saindo de sua posição original.

Matthew comentou que o pai, que era arquiteto, desenhara plantas da casa e marcara os pontos em que cada incidente ocorreu.

"Precisaríamos de uma equipe de arquitetos em tempo integral aqui", falei. "Perdemos a conta depois dos primeiros quatrocentos incidentes." Isso não era exagero: tínhamos mesmo perdido as contas.

Fiz então um comentário sobre uma das características mais evidentes em casos de poltergeist: a sincronia absolutamente precisa dos eventos. Aquela mesa havia tombado no instante mesmo em que lhe dei as costas. Matthew também notara isso.

"Engraçado", acrescentou ele. "Anteontem, telefonei para Uri Geller, em Nova York. Havia um abajur na mesa, ao lado do telefone, e quando coloquei o dedo no disco para telefonar, a lâmpada estourou. Mera coincidência."

"Sim", disse eu, rindo. "Também temos dessas por aqui." E estávamos prestes a testemunhar mais algumas.

Fui a um pub local para buscar algumas tortas e garrafas de cerveja, e, enquanto isso, deixei o gravador ligado, tendo antes trocado e verificado novamente a fita. Quando voltei, descobri que o aparelho devia ter gravado com metade da velocidade, pois as vozes soavam como a do Pato Donald. Então, após vinte minutos de gravação, o som cessou por completo, embora o aparelho continuasse em funcionamento, na posição de gravação. Mera coincidência.

Após examinar o microfone, virei-me para voltar à sala de estar. Matthew Manning estava sentado diante da porta da cozinha e, conforme eu a atravessava, pisei no fino cabo que conectava o microfone ao gravador, junto da tomada, na sala de estar. Ao pisar no cabo, o microfone, que estava atrás de mim em seu pesado suporte, despencou no chão. Ele não estava ao alcance de mais ninguém.

"Eu vi isso", disse Matthew, "e não creio que seu pé tenha se enroscado no cabo." Eu também achava que não. Sempre fui cuidadoso naquela casa, principalmente com os equipamentos de gravação. Os fios condutores do cabo tinham sido soldados ao microfone e ficavam bem presos ao cabo e à base do microfone por uma presilha de mola. Percebi que a mola havia sido dobrada exatamente ao meio, como se a outra extremidade do cabo tivesse sido puxada com bastante força. Essa força deve ter sido considerável, pois a função da mola era evitar que o cabo fosse arrancado por acidente. Posteriormente, quando mostrei a mola para um técnico da oficina de aparelhos eletrônicos de minha vizinhança, ele perguntou como era possível que eu tivesse conseguido dobrá-la. Respondi que não sabia.

Pouco antes de as crianças irem para cama, a sra. Harper entrou na cozinha e chamou: "Olá, Charlie, ainda está por aqui?" Um instante depois, ouviu-se o familiar "OLÁ" vindo mais ou menos da direção em que Janet estava. Quando as garotas subiram as escadas, parecia que a voz tinha acabado de acordar. "AQUI VOU EU!", rosnou ele, em tom ameaçador.

Matthew não teve dificuldade para dar início a uma conversa com a voz, fazendo-lhe perguntas por vinte minutos ininterruptos, sem compreender absolutamente nenhuma das respostas que obteve. Afirmando ser, naquela ocasião, o falecido pai do sr. Nottingham, ela em geral respondia às perguntas com um resmungo sem palavras, ou com um suave "NÃO SEI".

"Sei que esse não é seu nome verdadeiro", disse Matthew. "Vocês são todos a mesma pessoa: Fred, Charlie e Bill. Você não passa de um grande trapaceiro!"

"TODOS NÓS TEMOS TÍTULOS DIFERENTES, SABE", veio a resposta um tanto inesperada.

"E qual é o motivo para isso?", insistiu Matthew. "O que está tentando provar?"

"NÃO SEI." E assim continuou. Eu gostaria que soubéssemos as respostas. Eu me sentia como Macbeth tentando entender o que as bruxas diziam:

Ficai, vós que falais de modo tão imperfeito, dizei-me mais...
Dizei de onde vem essa estranha inteligência...

Mas a voz não nos disse mais nada. De quem seria essa "estranha inteligência"? Chamá-la de personalidade secundária ou espírito apenas explicava um mistério em termos de outro.

O interrogatório de Matthew pareceu ao menos ter acalmado a voz, que não demonstrou nem um pouco de sua habitual agressividade e grosseria, e imaginei que teríamos uma noite tranquila, por isso descemos ao térreo para comer as tortas. Pouco depois, subi outra vez para ver se minha fita precisava ser virada, e descobri que ela havia parado no meio do carretel, e o plugue fora puxado da tomada da parede. Recoloquei o plugue na tomada e desci as escadas novamente. As crianças pareciam estar quase dormindo, mas lhes prometi que Matthew iria até lá para lhes dar boa-noite antes de ir embora.

Pouco depois, ouviu-se um estrondo ensurdecedor no andar de cima. Parecia que a cama de solteiro de Rose atingira a porta após deslizar por quase um metro, levando a garota consigo. Decidi ignorar o episódio e ver o que aconteceria em seguida. Passou por minha cabeça que as garotas talvez estivessem tentando chamar a atenção de Matthew, e pedi que ele não fosse ao quarto até que tudo estivesse tranquilo.

No entanto, David Robertson subiu para verificar se o poltergeist repetiria um incidente da noite anterior. Ele pedira que a voz demonstrasse seus poderes de desmaterialização, ao que um esfregão plástico, normalmente mantido no banheiro do piso térreo, passara zunindo acima de sua cabeça, vindo de trás, enquanto ele estava à vista de todos no quarto. Porém, nessa noite, não teve sorte, e por fim desistiu, reunindo-se a nós outra vez, lá embaixo.

Mais tarde, quando calculei que minha fita devia ter acabado, fez-se ouvir um bombardeio de baques e estrondos no andar de cima. Nós todos subimos e encontramos o quarto inteiro desarrumado, com chinelos, almofadas e livros por toda parte. Como de costume, fui diretamente ao encontro de meu gravador para verificar se ainda estava funcionando.

O gravador tinha desaparecido sem deixar vestígios.

As garotas garantiram não ter tocado nele, coisa que de fato nunca fizeram antes. (Elas pareciam ter respeito por qualquer coisa que custasse caro.) A sra. Harper me assegurou que teria visto caso fizessem algo ao aparelho, e teria contado. Eu o deixara sob a cama de casal em que ela permanecera deitada desde que o coloquei lá.

O quarto fora reorganizado de modo que a sra. Harper e Jimmy dormissem na cama de casal, enquanto Janet e Rose ficavam cada qual em uma cama de solteiro. Eles insistiam em dormir todos no mesmo quarto e, naquele estágio do caso, deixavam uma luz acesa a noite inteira, como continuariam a fazer ainda por um bom tempo.

Matthew se abaixou no chão para espiar sob a cama de Janet.

"Está ali", disse ele.

Porém, o gravador não estava lá. Janet se levantou e nos ajudou a erguer a cama, afastando-a da parede. Não havia nada lá. Imediatamente, separei os lençóis das cobertas da cama da garota, notando que ela vestia um pijama azul de tecido fino, o que lhe dava uma possibilidade muito pequena de esconder o aparelho. Por precaução, vasculhamos todo o andar de cima, do qual, àquela altura, eu já conhecia muito bem cada buraco e canto. Grosse e eu devíamos tê-lo vasculhado uma dúzia de vezes desde setembro.

Se alguma das crianças o tivesse escondido, ele teria que estar no quarto, pensei, mas o gravador não estava lá. Caso estivesse em qualquer uma das outras duas camas, teria sido visto com facilidade.

"Bem, ele vai voltar", disse eu. "As coisas sempre voltam." Isso não era verdade, pois Matthew me dissera que alguns dos objetos levados pelo fantasma de sua família não foram recuperados, mesmo após alguns anos.

Perguntei-me se Thomas Penn, uma das entidades que se comunicavam com Matthew por escrita automática, poderia nos ajudar. Acreditava-se que Penn fosse um médico do século XIX, e ele costumava escrever diagnósticos detalhados valendo-se da mão de Matthew.

"Receio que ele não saberia o que é um gravador", disse Matthew, para meu desapontamento, embora ele parecesse mais preocupado com o gravador do que eu, dedicando-se com afinco à busca.

Decidimos colocar Janet sozinha no quarto dos fundos para ver se isso acalmaria as coisas. Ajudei-a a arrumar a outra cama, cobri-a com seus cobertores e lhe desejei boa-noite.

Quinze minutos mais tarde, ouviu-se um estrondo que fez tremer a casa toda. Dessa vez, realmente pensei que o teto cederia. Subimos depressa a escada e descobrimos que a enorme penteadeira no quarto de Janet havia tombado para a frente, de maneira que o espelho fixo do móvel ficasse deitado sobre a cama da garota. Por um terrível instante, pensei que ela tivesse sido esmagada, mas Janet já estava tentando empurrá-lo dali. Ela parecia muito sonolenta, e eu não via como ela poderia ter tombado a penteadeira, depois voltado para a cama, debaixo do espelho, tudo em uma questão de segundos.

David, Matthew e eu erguemos o pesado móvel e o empurramos de volta para junto da parede, onde estivera antes. Parecia haver alguma coisa no chão atrapalhando o trabalho, por isso me abaixei e olhei, esperando encontrar um sapato ou um chinelo.

Não havia calçado algum, mas lá estava, cuidadosamente posicionado de costas para a parede, o gravador. Ele devia estar *sob* a penteadeira, e duvido que Janet, por mais forte que fosse, pudesse ter erguido a coisa e posto o gravador lá sem fazer muito barulho, o que teríamos ouvido.

Nada mais aconteceu naquela noite, e Matthew Manning foi embora à uma da madrugada, após passar oito horas na casa. Apesar disso, houve dois desdobramentos interessantes de sua visita.

No início da noite, Janet perguntara a Matthew se ele conseguia entortar colheres.

"Não", o rapaz respondeu na hora.

"Pensei que pudesse."

"Não mais."

"Ainda bem", interrompi, sabendo que Matthew não queria dar continuidade ao assunto. "Já tivemos o suficiente disso aqui."

Nem Janet e nem eu voltamos a tocar no assunto. No dia seguinte, porém, Maurice Grosse trouxe consigo duas peças de metal e perguntou se Janet conseguia entortá-las. Uma delas estava lacrada dentro de um tubo plástico, enquanto a outra, um tubo de aço de pouco mais de quinze centímetros de comprimento, seria impossível de entortar com as mãos sem que se empregasse uma força imensa.

Mais tarde, naquele dia, Janet devolveu o tubo a Grosse: "Ele entortou", disse ela, despreocupadamente. O tubo havia de fato entortado, formando um ângulo de quase 45 graus, e a curva suave e regular se parecia muito com aquelas em peças de metal que eu vira e examinara ao visitar, em Paris, o francês Jean-Pierre Girard, famoso por entortar metais. O tubo selado também estava levemente torto, mas o lacre fora rompido, então tivemos que supor que ele podia ter sido retirado e entortado de propósito.

Janet não voltou a mencionar os tubos, nem nós o fizemos, pois estávamos mais interessados em conseguir que ela fizesse algo que David Robertson pudesse registrar com seus equipamentos, já que ele e Grosse acabaram por se convencer de que ela e Rose fizeram coisas assim.

A segunda "coincidência" que ocorreu no dia seguinte à visita de Matthew foi o aparecimento de alguns rabiscos na parede da cozinha. Ele nos contara sobre os escritos que haviam surgido em sua própria casa, e que consistiam em centenas de assinaturas de antigos moradores do local, muitas das quais ele mesmo confirmou serem verdadeiras, como está descrito em seu livro, *The Stranger*.

Ambas as garotas negaram veementemente terem escrito na parede, e demonstramos pouco interesse pelo ocorrido, visto que nossa política era de não parecermos muito entusiasmados com nada que elas pudessem ter feito. Estávamos mais interessados em coisas que definitivamente não poderiam ter feito. Havia muitas ocorrências desse tipo, e não queríamos incentivar as garotas a começar a imitá-las de forma deliberada. Grosse e eu sabíamos que crianças envolvidas em casos de poltergeist tendem a imitar os fenômenos. Apesar de acabarmos conseguindo provas conclusivas de que algumas das crianças Harper o fizeram, isso não nos deixou nem um pouco preocupados. Crianças aprendem tudo por imitação, mas isso não torna menos genuíno aquilo que elas imitam.

Dois dias após a visita de Matthew Manning, a família Harper recebeu outro visitante famoso, um homem cuja visão era bastante diferente dos fenômenos psíquicos. Tratava-se do mágico internacionalmente conhecido Milbourne Christopher, chefe de um comitê especial criado pela Sociedade de Mágicos Norte-Americanos para examinar supostos fenômenos paranormais. O dr. Dingwall sugerira que ele talvez tivesse interesse em fazer uma visita a Enfield, e respondi que ficaria feliz em levá-lo até lá. Esperava que ele se mostrasse muito crítico e cético, mas eu não tinha nada a esconder.

No entanto, eu sabia que nada aconteceria naquela noite. Começava a ficar evidente que incidentes paranormais aconteciam tão somente na presença de pessoas que *acreditavam* que fossem possíveis. Essa não era uma ideia minha: ela foi sugerida há mais de um século por Robert Hare, um dos primeiros pesquisadores qualificados nesse campo, e repetida mais recentemente pelo psicólogo K.J. Batcheldor, e embora eu não possa esperar que o cético comum acredite em tal teoria, tenho a impressão de que existe algo de verdade nela.

Christopher, conquanto agradabilíssimo e gentil, também era claramente muito cético. Ele me assegurou, enquanto seguíamos de trem para Enfield, que tinha uma atitude aberta com relação a fenômenos psíquicos. A questão é que ele desmascarara muitos que, em sua opinião, eram fraudulentos e jamais presenciara algum. Eu lhe disse para ficar à vontade para desmascarar quem quer que fosse ali, em Enfield, se pudesse, e concordei em não apresentá-lo como mágico. Eu não queria que as garotas soubessem com quem estavam lidando, caso estivessem de fato pregando peças.

Assim, apresentei Christopher como um amigo norte-americano de nome "Eric White", e sua polidez, bem como seu evidente interesse no caso, causou uma boa impressão nos Harper. Contudo, para minha grande surpresa, tendo passado apenas cerca de quinze minutos na casa, Christopher começou a fazer alguns truques de mágica para as crianças, que, sentadas no chão, assistiam de olhos arregalados.

"Ah, sim, o sr. White é um excelente mágico amador", disse eu depressa, perguntando-me o que diabos ele pretendia, afinal. Evidentemente, o homem não era nenhum amador, mas um profissional talentosíssimo, e sem usar quaisquer apetrechos além de alguns pedaços de papel picado realizou uma rápida sequência de truques de destreza manual que deixaram os Harper maravilhados.

"Uau, faça de novo!", exclamou Janet quando um pedaço de papel simplesmente desapareceu, reaparecendo no chão, ao seu lado. Perguntei-lhe, mais tarde, por que ele fizera aquela exibição fantástica depois de ter insistido em se passar por outra pessoa.

"Queria testar a reação deles", respondeu o mágico. Não sei ao certo o que ele deduziu da reação das crianças, exceto talvez que fossem exatamente como quaisquer outras crianças.

Na hora de dormir, houve uma grande confusão no banheiro. Janet afirmou que não conseguia abrir a porta, e depois que alguma coisa a empurrara para dentro da banheira. Christopher comentou, e com razão, que não poderia atestar a paranormalidade de incidentes que não podia ver, mas eu tinha a impressão de que, se Janet de fato tinha truques em mente, ela seria capaz de fazer muito melhor que aquilo. Chegava quase a parecer que o poltergeist estava determinado a incriminá-la, provocando fenômenos medíocres na presença de um observador de primeira classe.

A voz começou a tagarelar assim que as garotas se recolheram para dormir, e Grosse imediatamente fechou a boca de Janet com um grande pedaço de esparadrapo, ao que a voz continuou. Embora abafada, ela ainda conseguia articular palavras definidas, inclusive um claro "NÃO". Em seguida, passamos pela mesma velha rotina de as garotas serem atiradas para fora da cama no instante em que saíamos do quarto — e eu já estava farto dessa rotina —, e, por fim, o inevitável aconteceu: a cama de Janet desabou. Decidimos colocá-la outra vez no quarto dos fundos, na esperança de termos um pouco de sossego.

Quando ela se acalmou, saí do quarto, deixando a porta completamente aberta, e repeti meu velho truque de descer as escadas fazendo bastante barulho. Em seguida, esgueirei-me de volta lá para cima, pisando nos cantos dos degraus de madeira para evitar que rangessem. Quando cheguei à curva da escada, ainda longe do campo de visão que se tinha a partir da cama de Janet, a voz, absurdamente alta e áspera, vociferou: "SAIA!". Era a manifestação mais alta da voz que já testemunháramos, e ela soava muito zangada. Desci novamente, nas pontas dos pés, e fiz sinal para Christopher assumir meu lugar nas escadas. Algo estava prestes a acontecer, e eu queria que ele o visse, fosse genuíno ou falso.

Há três versões do que aconteceu em seguida. Primeiro, a de Milbourne Christopher, gravada mais tarde, naquela noite, enquanto nós o levávamos, de carro, de volta ao hotel: "Quando você desceu e eu fiquei lá, permaneci até ela chegar, em silêncio — sem fazer absolutamente nenhum som —, e olhar para baixo, nas escadas", começou ele.

"Que interessante", falei. "Parecia que ela ia fazer alguma coisa?"

"Sim", respondeu Christopher. "Mas vou lhe contar um segredinho. Naquele momento, provoquei um clarão no ar."

"Ah, é?", disse eu, supondo que ele ainda estivesse "testando as reações" de Janet.

"Sim, um clarão: coisa de mágico. E ela imediatamente recuou e entrou no quarto da frente, e foi por isso que pensei que não aconteceria nada depois."

Christopher contou que achava que Janet estivesse olhando as escadas para ver se a barra estava limpa. "Acredito que ela estivesse indo ver se tinha alguém na escada, e, tendo certeza de que não havia ninguém, alguma coisa teria acontecido."

"Que engraçado", disse eu. Aquilo não parecia fazer sentido. "Conhecendo Janet, eu podia esperar que ela descesse as escadas aos pulos, dizendo que queria ir ao banheiro."

"Sim", disse Christopher, em tom misterioso, "mas não dessa vez. A luz a fez mudar de ideia."

Isso certamente parecia muito suspeito e, no dia seguinte, contei a Grosse, que estivera presente na casa a noite toda.

Maurice deu uma risadinha quando terminei. "Você sabia que tinha um gravador no quarto de Janet o tempo todo?", perguntou ele. Lembrei que o próprio Grosse não era um mágico amador qualquer. Ele sacou a fita cassete, e eis a versão gravada do que ocorreu:

Depois de sair do quarto de Janet e ir lá para baixo, a voz começou a rugir como um lobisomem enlouquecido. Houve também alguns assobios muito agudos, os mais altos que já havíamos gravado. Então: "SAIA!". Isso teria sido quando eu estava nas escadas. "OU EU VOU... MERDA EM DOBRO PARA VOCÊ... VAI SE FERRAR." Estas últimas palavras foram repetidas algumas vezes, com fúria crescente. Então a voz começou a chamar meu nome, entre rosnados e gemidos sinistros. Era como se tivesse decidido esculhambar comigo. De repente, ouvimos a voz normal de Janet.

"Sr. Grosse?" A voz soava exatamente como se ela tivesse acabado de acordar.

Então, fez-se uma pausa de vinte segundos na fita, após o que ocorreu o seguinte diálogo:

> Milbourne Christopher: Olá, o que você está fazendo? Como está?
> Janet Harper: Acabei de levantar da cama.
> M.C.: Acabou de levantar, minha nossa!
> J.H.: Não gosto de ficar aqui sozinha.
> M.C.: Hein?
> J.H.: Não gosto de ficar aqui sozinha.
> M.C.: O que aconteceu?
> J.H.: Não gosto de ficar aqui sozinha. Por que tenho que ficar aqui sozinha?

Janet falava muito depressa, em seu habitual sotaque carregado, e Christopher bem podia ser perdoado por não compreender direito o que a menina dizia. Na sequência, ainda na gravação, seguiram-se três estranhos estalos, supostamente produzidos por Christopher enquanto fazia seu truque de mágica. (Esse truque costuma ser feito ao friccionar um pó especial entre os dedos.)

"Ah, meu Deus!", disse Janet. Christopher não falou nada. Em seguida, é possível ouvir Janet abrindo a porta do quarto da frente, entrando e dizendo: "Ele ficou louco!".

Após ouvirmos a fita, pedimos que Janet desse sua versão do que havia acontecido. Ela não fez nenhuma menção à voz, mas repetiu quase que literalmente sua conversa com Christopher, lembrando-nos uma vez mais de sua tendência a ater-se aos fatos, sem fantasiá-los. Porém, havia uma única discrepância entre seu relato e a gravação — uma discrepância muito curiosa.

Janet nos contou que tinha chamado meu nome imediatamente antes de ver Christopher, ao passo que, na fita, é possível ouvi-la chamando Grosse com sua voz normal, logo depois de ter berrado meu nome no inconfundível tom da voz. O episódio como um todo parecia ter sido armado para nos confundir.

"A conexão entre Janet e a voz é obviamente muito grande", disse eu a Maurice. "Em várias ocasiões, ela disse coisas que era óbvio que a voz queria dizer, e vice-versa. Será que ela cometeria tantos deslizes se estivesse encenando tudo isso?"

"Ela não está encenando nada", respondeu Grosse. "Estou praticamente todos os dias com esta família já há três meses e meio. Sei quando Janet está fazendo suas brincadeiras e quando não está. Eu mesmo tive duas garotinhas em casa, lembra?"

"É o mesmo problema de sempre", falei. "Sabemos que este caso é genuíno. Veja todas as coisas que testemunhamos com nossos próprios olhos. Contudo, quando você consegue fazer descobertas positivas nesse campo, é chamado de ingênuo e incompetente. Se desmascarássemos este caso agora mesmo, seríamos heróis.

"Esse episódio com Christopher é típico do modo como as pessoas encontram o que procuram", prossegui. "Ele veio em busca de truques. Pelo menos, foi isso o que pedi que procurasse, e encontrou um. Tenho certeza de que acredita sinceramente que Janet teria arremessado alguma coisa lá embaixo se não o tivesse visto nas escadas. Mas não acredito nisso nem por um instante. Acho que ela estava assustada, sozinha, e queria dormir com os outros. Mas é claro que nem ela e nem eu podemos provar isso. Este maldito caso fica cada vez mais complicado!"

Concordamos que, dali em diante, convidaríamos outros pesquisadores apenas se estivessem preparados para fazer um estudo detalhado do caso e desenvolver um programa de pesquisa que exigisse várias visitas, como David Robertson vinha fazendo. (A única pessoa que aceitou nossas condições foi Carl Sargent, psicólogo de Cambridge, que realizou inúmeros testes com as crianças, aparentemente com alguns resultados positivos. Como tais testes não tinham sido publicados quando este livro foi para a impressão, seguirei a prática já estabelecida de não fazer comentários sobre eles.)

Percebemos que desvendar o mistério da síndrome poltergeist demandaria uma equipe de físicos, psicólogos e psiquiatras em tempo integral, mais uma quantidade enorme de equipamentos, além de muito tempo e dinheiro. Nós não tínhamos nada disso, mas ao menos estávamos fazendo progressos no aspecto físico do caso graças ao professor Hasted e a David Robertson. Portanto, restava-nos apenas prosseguir com os recursos que estavam a nossa disposição.

Era isso ou simplesmente abandonar o caso. Todavia, no final de 1977, desistir estava fora de cogitação. Levaríamos este caso até o fim.

RITUAL NOTURNO
capítulo 13

Aproximava-se o Natal de 1977, e estávamos todos interessados em ver que efeito isso surtiria sobre a família Harper e seu estranho tormento. Eles decoraram a sala de estar com muito cuidado, usando fitas de papel e luzes coloridas que quase cobriam as paredes e o teto. A grande árvore de Natal estava carregada de presentes, dentre eles uma caixa de bombons em que estava escrito: "Para Bill, Joe etc. Nosso Adeus". Eu a comprei depois que a voz ameaçara "comer todos os bombons" e, na parte de trás do embrulho, colei uma etiqueta de Natal do tipo "Em prol dos deficientes mentais", à qual acrescentei "e dos espíritos". Disse às crianças que poderiam comer os bombons depois do Natal, se não desaparecessem. Como o poltergeist perdeu o prazo, as crianças comeram todos.

Ao passo que a atmosfera alegre da sala de estar parecia exercer algum efeito sobre a atividade no andar térreo, o "ritual noturno", como a sra. Harper o chamava, continuava no quarto como antes, noite após noite, por horas a fio.

Depois de sua timidez inicial, a voz parecia não fazer objeção a que estivéssemos no quarto enquanto ela falava, e tivemos várias oportunidades de olhar atentamente para o rosto de Janet. Percebemos que, embora sua boca desse a impressão de se mover, seus lábios não tomavam as formas associadas à fala normal.

Conquanto a voz fosse uma tremenda chateação a maior parte do tempo, estávamos determinados a descobrir exatamente como ela era produzida e, na mesma medida, a extrair dela quaisquer informações úteis que pudéssemos. Essa era uma tarefa muito frustrante, já que uns 95% do que ela dizia eram bobagem trivial.

Porém, de quando em quando, ela nos dava algo que nos fazia refletir. Durante uma maratona de perguntas que durou mais de três horas, Grosse começava a se perguntar se valeria a pena continuar quando um comentário espontâneo da voz o fez parar de repente:

"OUÇO VOCÊ TOCANDO SUAS FITAS QUANDO DEIXA O RÁDIO LIGADO NA HORA DO CAFÉ DA MANHÃ", disse ela.

"É mesmo?", perguntou Grosse.

"É VERDADE. ONTEM DE MANHÃ. QUASE TODO DIA DE MANHÃ."

Isso era verdade, e Grosse nunca havia mencionado esse seu hábito diário a ninguém. É claro que poderia ter sido um golpe de sorte, visto que o café da manhã era praticamente a única ocasião que Grosse tinha para ouvir suas gravações. Contudo, em outra ocasião, um comentário casual da voz pareceu ir além do mero acaso ou palpite.

Grosse estava na sala de estar, após ter chegado mais tarde do que prometera. "Desculpe, me atrasei", disse ele à sra. Harper. "Tive um problema com o carro."

"FOI DEPRESSA DEMAIS." Esse comentário da voz foi imediato, e não poderia ter sido um palpite lógico. Se o carro tivesse corrido depressa demais, por que Grosse estaria atrasado? O que ocorreu foi o seguinte:

Como o dia estava frio, ele deu partida no carro e deixou o motor esquentar, funcionando em marcha lenta e regular por alguns instantes. Então, de súbito, o motor começou a acelerar descontroladamente, como se alguém estivesse pisando fundo no acelerador. Ele acelerava e desacelerava, como que aguardando a largada de um Grand Prix.

Grosse podia não entender os poltergeists, mas entendia muito de motores, e imediatamente abriu o capô do carro para checar o carburador, após verificar que o afogador e a borboleta estavam fechados. Nenhuma de suas partes mecânicas se movia. Intrigado com esse comportamento anormal, passou algum tempo examinando o motor, e isso fez com que ele se atrasasse.

Algumas semanas mais tarde, ocorreu um incidente semelhante, apesar de, então, ele já ter trocado o carburador, após ter ouvido dos fabricantes que a única explicação para o primeiro incidente seria o desgaste de uma agulha. No entanto, a mesma coisa se repetiu com o novo carburador.

Ocorreu-me que o poltergeist poderia ter começado a atormentar Grosse, pois eu soube de casos em que ocorrências estranhas haviam acontecido a investigadores fora do cenário da atividade. Contudo, a voz se recusou a dar qualquer outra informação, quer sobre a rotina de Grosse ao café da manhã, quer sobre seu carro.

"É típico", comentei. "Essas coisas falam apenas o suficiente para deixá-lo intrigado, e depois não dizem mais nada. É como se tudo que fizessem fosse planejado para provocar o máximo de dúvida e conflito possível. Sabe, às vezes, tenho a impressão de que essa coisa está nos investigando."

E poderia ser isso, como acontecimentos posteriores viriam a sugerir com ainda mais veemência. No entanto, continuamos mesmo assim. Colamos a boca de Janet com fita diversas vezes, pedíamos que ela a enchesse de água, e chegamos inclusive a amarrar o cachecol da menina em volta de sua cabeça enquanto ela usava seu aparelho ortodôntico. Nada disso fez a voz parar, embora certamente tenha-lhe dificultado as coisas. Grosse conseguiu fazê-la repetir a expressão *bottle of beer* [garrafa de cerveja, em tradução literal], sabendo que é algo difícil para ventríloquos, pois não se pode produzir o som do "b" sem fechar os lábios. A voz, porém, conseguiu, sem qualquer movimento perceptível dos lábios de Janet.

Enquanto tentávamos estudar a voz, sofremos todo tipo de distração, inclusive inúmeras ocasiões de "contatos imediatos" para acrescentar a nossa crescente coleção.

Certa noite, Grosse estava no quarto com todos os Harper, já deitados, quando ouviu um súbito zunido e um baque sob a cama de casal. Ele se ajoelhou no chão e descobriu que o carpete fora tirado do lugar, como que puxado com violência para a frente. Teria sido muito difícil que qualquer um ali fizesse aquilo pelos meios normais, ainda que tivesse rastejado para debaixo da cama.

Grosse pegou sua câmera e tirou uma fotografia do carpete. Ele estava de pé entre as duas camas, totalmente fora do alcance dos braços de qualquer um dos Harper. John Burcombe, que estava determinado a pegar qualquer uma das crianças que estivesse pregando peças — caso estivessem —, colocou-se de pé junto da porta, de onde podia ver todos no quarto.

Enquanto tirava as fotografias, Grosse sentiu algo fazer cócegas no alto da cabeça e, ao erguer a mão para sentir o que era, as garotas começaram a rir. Um lenço de papel aparentemente tinha descido flutuando do teto e pousado bem em cima da cabeça dele.

"Ah, esse foi um truque inteligente!", exclamou ele. Grosse não podia imaginar como algum dos presentes (quer dizer, dentre os visíveis) teria conseguido fazer aquilo, pois o lenço era leve demais para ser arremessado, e ele descera diretamente do alto sobre sua cabeça. A sra. Harper e John Burcombe presenciaram o incidente.

"Eu vi acontecer, ele desceu flutuando em cima da sua cabeça, como uma aranha", disse Burcombe.

Mais tarde, naquela noite (23 de dezembro de 1977), Grosse pôde testemunhar, em primeira mão, um truque ainda mais inteligente. Ele estava de pé entre as duas camas, as mãos de ambas as garotas fora de vista, quando viu um anel de luz cintilar pelo teto. Logo percebeu que o efeito era provocado pela sombra do abajur de mesa, que estava no chão, às costas dele, inclinando-se sozinho em um ângulo de uns 45 graus. E o objeto não estava ao alcance de ninguém.

Grosse virou a cabeça a fim de olhar para o abajur. A cúpula era bastante rígida, e não vergaria sozinha. Então, ele virou a cabeça outra vez e imediatamente o anel de luz se projetou no teto, como antes. A cúpula do abajur voltara para sua posição aprumada normal.

"Minha nossa, esse foi muito bom!", exclamou Grosse, sinceramente admirado. E mais tarde, ainda naquela noite, em um bis de sua performance, o poltergeist derrubou o abajur enquanto Grosse e Burcombe estavam no quarto. Mais uma vez, o objeto não estava ao alcance de ninguém.

Muitos de nossos colegas da SPR vinham perguntar por que nada semelhante jamais havia acontecido quando estiveram em Enfield. A resposta é bem simples. Eles não visitaram o local com a frequência necessária, não ficaram tempo suficiente quando estiveram lá, ou não mantiveram os olhos abertos. Em alguns casos, quando de fato acontecia algo, eles logo concluíam que as crianças estavam pregando peças, em geral sem verificar se isso era possível. Certa vez, um pesquisador que visitava casa estava sentado comigo na sala de estar quando a mesa da cozinha virou (coisa que eu sabia ser muito difícil de acontecer em condições normais), fazendo muito barulho. Meu colega não deu a menor atenção ao incidente. Sem dúvida, presumiu que, como havia uma criança na cozinha, ela devia ter virado a mesa de propósito. Sempre achei a reação das pessoas a tais incidentes tão interessantes quanto os incidentes em si.

A época de Natal foi marcada por alguns desdobramentos um tanto preocupantes. Pela primeira vez, tivemos um indício claro de franca agressão por parte do poltergeist.

Na manhã de 23 de dezembro, os dois peixinhos dourados foram encontrados mortos no aquário. Eles sempre foram bem alimentados e cuidados, e Janet tinha especial afeição por eles. A voz logo assumiu a responsabilidade.

"EU FIZ ISSO." Grosse lhe perguntou como e por quê. "ELETROCUTEI OS PEIXES POR ACIDENTE", foi a resposta. Grosse perguntou que tipo de energia fora usada. "ENERGIA DE ESPÍRITOS."

"E ela é elétrica?", indagou Grosse.

"NÃO. PODEROSA." Nós sabíamos disso, mas era evidente que a voz não nos daria uma aula sobre física interdimensional, e provavelmente não conseguiria fazê-lo.

Na manhã de Natal, o terceiro dos animais de estimação dos Harper, Whitey, o periquito-australiano, foi encontrado frio e imóvel em sua gaiola na sala de estar. Ele estivera um pouco doente por algum tempo, mas, mesmo assim, era estranho que os três animais de estimação tivessem morrido, o pássaro apenas dois dias depois dos peixes. Dessa vez, a voz não fez comentário algum. Então, ocorreu o incidente mais sinistro dentre todos, até aquele momento. O poltergeist atacou Janet.

Ela estava sentada junto à janela, na sala de estar, quando, de repente, levou as mãos à garganta e soltou um grito. Uma das cortinas se enrolara em seu pescoço e parecia estar tentando estrangulá-la. A menina parecia aterrorizada.

A sra. Harper também ficou muito assustada, e eu lhe garanti que poltergeists não matavam pessoas: eles apenas andavam por aí, pregando peças. Não lhe contei nada a respeito dos casos raros em que mortes inexplicáveis tinham ocorrido em tais situações, pois não queria que ela tivesse mais um motivo para preocupação.

Pouco depois do Natal, o incidente se repetiu. Dessa vez, havia duas testemunhas, e o gravador de Grosse captou o som do movimento rápido da cortina ao se soltar do alambre, de acordo com Rose e Peggy Nottingham, e se enrolar no pescoço de Janet, como que laçando um animal. Isso aconteceu oito vezes ao todo.

Em seguida, foi o roupão da garota. "Eu vi com meus próprios olhos", relatou a sra. Harper. "Ela mal tinha se aquietado para dormir, e ele girou o tronco dela, e se enrolou inteiro em seu corpo."

Um minuto depois, aconteceu a mesma coisa com o lençol. "O lençol de cima deu a impressão de se separar dos cobertores", contou a mãe logo em seguida, "e se enrolar nela." Então, aconteceu com o cobertor e, na sequência, com o lençol outra vez. Por fim, a sra. Harper perdeu a calma.

"Ah, seu filho da puta, maldito filho da puta!", exclamou ela. Então, acrescentou logo em seguida: "Ah, que boca a minha! Desculpe, isso vai sair em sua fita. Mas tive motivo para isso esta noite".

"É a primeira vez que ouço a senhora falar palavrão", disse Rose.

Mesmo depois que Janet já havia dormido, o incidente se repetiu ao menos outras três vezes. Era essa interminável repetição de incidentes o que realmente nos desgastava, embora a sra. Harper resistisse.

"Vou estar de pé às seis horas da manhã, mesmo que eu tenha que ficar acordada a noite toda", disse ela.

Aproveitamos os poucos períodos de tranquilidade no fim de dezembro de 1977 para tentar estudar a voz mais a fundo. Grosse colocou um microfone de contato em Janet, colando-o com fita atrás do pescoço da garota, para ver se as vibrações que ela afirmava sentir quando a voz falava podiam ser gravadas.

Enquanto o microfone esteve preso a Janet, Grosse, após fazer muitas perguntas, mas sem sucesso, conseguiu gravar um breve "OLÁ, SR. GROSSE", ao que ele pediu que Janet repetisse a frase em sua voz normal, e ela o fez.

A diferença na fita era impressionante. A voz soava muito mais alta que a voz normal de Janet e, quando falou, ocorreram vibrações que quase encobriram as palavras em si. Decidimos repetir o experimento com equipamentos melhores, o que acabamos fazendo, com resultados que comentarei posteriormente. O que descobrimos de imediato, porém, foi que Janet vinha dizendo a verdade com relação às "vibrações" que sentia e, em vista do fato de que as mencionara de forma espontânea, a descoberta fez com que nos inclinássemos mais a acreditar em outras coisas que ela nos contava.

Animado com esse êxito, decidi parar de dar atenção à voz, pois ela obviamente não tinha nada a me dizer, e deixei que Grosse a interrogasse. Afinal, a voz era "dele" — ele a solicitou, e foi atendido. Certa noite, quando Grosse não estava presente, pensei em testar uma teoria que um de nossos colegas da SPR nos propusera: que falar com a voz apenas a estimulava a aumentar sua atividade.

Pedi aos Harper que tentassem ignorá-la por completo e, depois que todos se deitaram, saí do quarto, deixando a porta escancarada.

"FECHE A PORTA", berrou logo a voz.

"Feche-a você mesmo", respondi, bem alto, enquanto descia as escadas. Imediatamente, uma das cortinas foi puxada para baixo, e aquela curiosa disposição do carpete debaixo da cama se repetiu.

"Por que você não pode ser um bom garoto, para variar?", perguntou Rose. "Você já causou pânico e destruição suficientes."

Então, a voz mandou que Rose saísse da cama e fechasse a porta e, quando a menina se recusou, ouviu-se um baque alto: a pilha de livros que eu colocara debaixo da cama de Janet para substituir as pernas quebradas, disparou dali, derrubando o pé da cama no chão. Logo depois disso, meu gravador aparentemente parou de gravar, embora estivesse do outro lado do quarto.

Fiquei no andar inferior, conversando com John Burcombe e Anita Gregory, que voltara para mais uma visita, sozinha. Ela subiu para dar boa-noite e, depois, foi embora. Janet ficou espiando pelas cortinas ao lado da cama, observando enquanto Anita partia com o carro. Nesse instante, a voz começou:

"AGORA, VOU LHES MOSTRAR ALGUNS TRUQUES", prometeu ela. Ninguém deu atenção, e Janet disse, de repente:

"A senhora gosta de Max Bygraves, mãe?"

"Sim, eu gosto de Max", respondeu a mãe. Nunca deixei de me surpreender com o modo como elas começavam a discutir questões cotidianas, mesmo no meio de um bombardeio de chinelos e travesseiros.

Em seguida, ouviu-se o som alto de um impacto quando o despertador que estava sob a cama de casal disparou pelo chão, quase acertando meu gravador.

"Você é um destruidorzinho nojento!", exclamou Rose. "Para não chamá-lo de coisa pior!"

"Por que não vai dormir?", perguntou a sra. Harper, cansada.

"CABELEIREIRA", respondeu a voz. Ela também se valia de um modo desconcertante de mudar de assunto de repente.

"Você esteve na cabeleireira?", perguntou a sra. Harper. Elas tinham ido ao salão naquele dia.

"SIMM... EU A BEIJEI", respondeu a voz, em tom lascivo. Isso não parecia vir de Janet, cuja mente consciente já estava firmemente fixa em garotos.

Poucos minutos depois, a voz vociferou, zangada:

"SAIA DAÍ, SR. PLAYFAIR. POSSO VÊ-LO NA PORTA." Isso não era verdade, pois, embora eu costumasse dar uma espiada em Janet pela fresta da porta entreaberta, eu ainda estava lá embaixo, na sala de estar, nesse momento. "SABEMOS QUE VOCÊ ESTÁ AÍ", continuou a voz.

No térreo, John Burcombe e eu ouvimos de imediato uma série de batidas que soavam por todo o teto acima de nós, seguidas por duas batidas na porta da frente. Pensando que a sra. Gregory pudesse ter voltado para buscar algo que esquecera, fui abrir a porta, mas não havia ninguém. (Isso aconteceu várias vezes e, em uma delas, quando cheguei e bati três vezes na porta, ela respondeu com três batidas, embora apenas a sra. Harper estivesse em casa na ocasião, e ela me assegurou que estava na cozinha quando bati.)

Voltei lá para cima. Os Nottingham estavam recebendo a visita de amigos, e era possível ouvir música pop vindo da direção da casa. "Está tendo uma festa no vizinho", disse Rose.

"Também estamos tendo uma festa aqui", respondeu a sra. Harper. "O ritual noturno. Às vezes, gostaria que a gente apenas pudesse ir para a cama e dormir."

"Não vai falar com a gente sobre cachorros e tal?", perguntou Janet, que me contou ter visto um enorme cão dinamarquês na rua, naquele dia. Ela obviamente sonhava em ter um cão, e cheguei a pensar em dar-lhe um no Natal, mas Grosse, militante defensor dos direitos dos animais, insistiu que eu esperasse até o problema terminar.

Em vez de falar sobre cães, contei às garotas a história do peixinho vermelho que vivia no lago particular de um homem rico e fugiu, um dia, espremendo-se entre as grades e passando para o rio, depois para o mar. Ele voltou ao lago para contar aos outros peixes o que vira, mas eles não acreditaram no que ele disse sobre palácios de coral no suposto "mar", então o peixinho se espremeu pelas grades outra vez e foi embora. Mais tarde, houve uma onda de calor, o lago secou, e todos os peixes morreram.

Havia muitos paralelos entre as aventuras do pequeno peixe e as de seres humanos que têm vislumbres de outras realidades, mas percebem que ninguém acreditará neles.

(Tendo sua origem no Egito Antigo, segundo dizem, essa história é citada por Joan Grant no romance *O Faraó Alado* e, parece que, autonomamente, pelo médium e autor brasileiro Francisco Cândido Xavier, no livro *Libertação*.)

Prometi a Janet que a vida seria muito mais interessante depois que aquele problema acabasse, e que Maurice e eu ainda estaríamos por perto: não iríamos nos esquecer deles. Perguntei se ela acreditava em mim.

"Sim", disse ela. "Mas, agora, só está cada vez mais chato." Duvido que qualquer outra pessoa teria descrito o que estava acontecendo como chato, mas entendi o que ela queria dizer.

Expliquei o que eram "médiuns": pessoas que veem e sentem coisas que outras não conseguem ver e sentir, e disse a Janet que ela provavelmente era médium. "Veja", disse eu, "se você é capaz de atrair todo esse lixo, também pode atrair algo melhor, se quiser. O fato é que tudo isso que vem acontecendo está obviamente relacionado a você."

"E a Rose", tornou Janet, indignada.

"Sim, mas acho que principalmente a você. Vocês duas juntas."

"Não estou fazendo isso de propósito", disse Janet.

"Eu sei que não. Se pensasse isso, não estaria aqui, não é?"

"Janet", disse-lhe a mãe, "você precisa tirar isso da cabeça, que as pessoas acham que você está fazendo de propósito. Elas não acham."

"Bem", falei, "temos que admitir, no entanto, que, às vezes, parece mesmo que está. Alguém a vê pulando na cama e agarrando a cortina: o que vão pensar?"

"Ah, claro", respondeu Janet. "Bem, eu não consigo fazer aquela voz."

"Com relação a isso, você também não pode provar que não consegue", tive que lembrá-la. "Isso faz parte da diversão. Eles gostam de nos deixar confusos."

"Eles não dão o nome verdadeiro, dão?", perguntou a sra. Harper.

"Eles provavelmente nem sequer o sabem", respondi. (Uma vez, a voz chegara mesmo a dizer "NÃO SEI QUEM EU SOU" e, mais tarde, "NÃO SEI DO QUE ESTOU FALANDO".) "Há pessoas tão ignorantes que, quando morrem, sua mente continua funcionando, como em um sonho", prossegui. "Elas não sabem quem são. Só conseguem pensar em vagar por aí, e não podem fazer isso sem encontrar uma fonte de energia."

"É", disse Rose, "como a gente!"

"Acontece que vocês são as pessoas mais próximas ao cemitério", comentei. Eu queria que os Harper sentissem que suas dificuldades eram acidentais, não consequências de algum erro da parte deles.

"Em outras palavras", disse a sra. Harper, pensativa, "minha família atraiu a fonte de energia?"

"Sim, mas sabe por quê? Porque tem mais crianças", respondeu Janet.

A sra. Harper parecia reconfortada com a ideia de que aquilo tudo era fruto do acaso. Eu não via razão para sugerir que Janet estivesse possuída por demônios. Ela estava justamente na idade em que essas coisas acontecem, mas superaria aquilo, assim como Matthew Manning havia superado.

Então, Janet lançou mão de mais uma de suas súbitas mudanças de assunto. "Quando o senhor acha que o mundo vai acabar?", perguntou-me.

"Não se preocupe com isso", respondi. "Acho que vai ser daqui uns quarenta bilhões de anos, quando o Sol morrer."

"Se eu morrer", disse Janet, "acho que gostaria que alguém me pregasse na cruz." Fiquei imaginando o que nossos amigos psicólogos pensariam desse comentário. Ele me fez lembrar novamente do flagrante contraste entre o positivo interesse de Janet por religião e a extrema hostilidade da voz com relação ao tema.

A primeira reação de Janet quando da visita de Matthew fora: "Uau, ele parece Deus!" De barba e cabelos longos na ocasião, Matthew de fato assemelhava-se ao retrato que normalmente se faz de Jesus Cristo. Quando, certa vez, perguntei-lhe qual era sua matéria favorita na escola, a garota respondeu "C.R.", que descobri significar Conhecimentos Religiosos. E ela ficara com uma impressão bastante favorável das freiras católicas que cuidaram dela em novembro, enquanto a sra. Harper descansava.

Como, então, explicaríamos comentários tão intrigantes como a resposta da voz quando Grosse lhe perguntou sobre os 68 cães que supostamente trazia consigo?

"PARA ME PROTEGER DE ORAÇÕES" foi o motivo alegado. Isso foi em uma de nossas primeiras sessões com a voz e, posteriormente, ela passou a referir-se com desdém a pessoas que a estavam sempre "bombardeando" orações.

"Bem", disse eu após nossa longa conversa sobre peixinhos e vida após a morte, e durante a qual a voz permaneceu absolutamente em silêncio, "vamos ver se todos nós conseguimos dormir cedo esta noite."

Houve alguns rosnados familiares quando deixei o quarto, mas eu os ignorei e desci as escadas para fazer sozinho um pouco de "bombardeio de orações".

Levara comigo meu exemplar de um livro que tinha um capítulo sobre "Poltergeists, Assombrações e Possessão", no qual o cônego J.D. Pearce-Higgins inserira uma série de orações que ele recomendava para apaziguar tais entidades. Eu as li em voz alta, com a porta fechada, de modo que não me ouvissem lá em cima, e terminei com a oração:

> Ó tu, espírito atormentado, que, ao abandonar as corrupções da carne, escolheste permanecer preso à terra e assombrar este lugar, segue teu caminho e alegra-te, pois as orações dos fiéis haverão de seguir-te, e tu poderás desfrutar do descanso eterno e encontrar teu lugar de direito junto ao Trono da Graça...

Feito isso, e estando tudo silencioso lá em cima, acomodei-me para reler o ensaio admiravelmente sensato do cônego. Tudo que ele dizia estava fundamentado em sua considerável experiência e fazia muito sentido para mim, diante dos acontecimentos recentes na casa em que me encontrava. Ele conhecia bem os problemas, de todos os ângulos: não só era um acadêmico clássico de Cambridge e ex-vice-reitor da Catedral de Southwark, como também membro ativo da SPR, e tinha trabalhado muito, na companhia de médiuns, em casos de assombrações e poltergeists.

Ele fazia uma clara distinção entre casos em que espíritos de pessoas falecidas pareciam estar envolvidos e aqueles em que não pareciam estar. Todos os casos, insistia ele, precisavam ser cautelosamente peneirados "a fim de se distinguir os fatores psíquicos genuínos dos psicopatológicos". No tocante a exorcismos, ele afirmava categoricamente que, em sua experiência, o clero mais prejudicou que auxiliou, embora pessoalmente não tivesse tempo para o "diabo", dedicando ainda algumas palavras mordazes aos "métodos rudimentares do suposto exorcismo de demônios" ainda usados em algumas igrejas.

Eu tinha motivos para acreditar que ele sabia do que estava falando; afinal, depois do absoluto fracasso de meus esforços para encontrar um médium espiritualista capaz de resolver o caso ou ao menos um que estivesse preparado para tentar, conforme mencionei no Capítulo 4, eu havia encaminhado a garota envolvida à casa do cônego Pearce-Higgins para uma única sessão com ele (à qual não estive presente). Após a visita, ela não teve mais os problemas que lhe causaram tamanha preocupação por três meses e deixaram totalmente perplexos os psiquiatras do hospital local.

Fiz uma visita ao cônego para agradecer por ter aparentemente tido êxito onde a psiquiatria e o espiritualismo haviam fracassado, e tive uma conversa muito animada com ele sobre o cenário espírita no Brasil, de onde acabara de regressar. "Bem, parece que falamos a mesma língua", disse-me ele, e perguntei-me por que deveria haver divergências entre a Igreja Anglicana e o movimento espírita fundado por Allan Kardec e ainda florescente no Brasil.

"Em noventa e nove de cada cem casos de poltergeists", disse-me ele, "os fenômenos são totalmente inofensivos. Ninguém vai se machucar. O que me preocupa muito é o medo introjetado na situação. Na maioria dos casos, você está apenas lidando com um ser humano angustiado a certa distância."

Perguntei-lhe por quê, em geral, isso não era aceito, sabendo que suas próprias opiniões estavam longe de ser populares em sua própria igreja.

"Bem", respondeu ele, "se você aceita isso, está comprando o ponto de vista espírita na íntegra, ou seja, que sobrevivemos como pessoas. Agora, alguma coisa deu errado na igreja cristã. Ela teme a personalidade. O clero sofre uma lavagem cerebral e uma doutrinação muito intensas no seminário." Como exemplo de tal "despersonalização", ele mencionou a linguagem que o clero deveria usar ao se dirigir a espíritos atormentados. "Qualquer demônio que estivesse sendo abordado com esse serviço precisaria ter um excelente diploma de teologia para conseguir compreender o que estavam lhe dizendo", queixou-se ele. "Sou a favor do inglês direto, puro e simples, que se acredita que entenderão, e não todo esse 'até agora, doravante e qualquer que seja'."

Seria nosso caso Enfield um exemplo genuíno de possessão espiritual, perguntei-me. Como eu poderia ter certeza? E se estávamos de fato lidando com um espírito preso à terra, de quem era, afinal? Nesses momentos de dúvida, sempre preferia lembrar-me daquilo que já se sabia sobre o caso, em vez de pensar no que não se sabia. Os mistérios que se desvendassem mais tarde.

De uma coisa eu tinha plena certeza: por quase quatro meses, a família Harper tinha passado por uma série de experiências totalmente inexplicáveis em termos da ciência ora conhecida. Coisas inacreditáveis ocorreram, e Maurice Grosse e eu sabíamos que de fato haviam ocorrido, algumas delas bem diante de nossos olhos. Todavia, o que tudo aquilo significava?

O aspecto triste daquilo era que pouquíssimas pessoas pareciam estar interessadas em descobri-lo. Foi uma tremenda sorte que Grosse tivesse aceitado o caso com tamanho entusiasmo e seguido em frente, apesar de todos os obstáculos. Se não tivesse agido assim, detesto imaginar em que estado os Harper poderiam se encontrar então.

Se ele e eu tivéssemos descoberto uma nova espécie de barata sob as tábuas do piso, não há dúvidas de que o mundo da ciência teria vindo em peso à nossa porta, entregando-nos cheques vultosos de fundos para pesquisas. Porém, quando aparecemos com indícios da existência de outro mundo fora do alcance dos cinco sentidos que conhecemos, o que aconteceu? Com umas poucas exceções notáveis, as pessoas riram ou simplesmente foram embora.

Fechei o livro e bocejei. Já passava de meia-noite e, de repente, percebi que não se ouvia um único barulho no andar de cima há pelo menos meia hora. Para os padrões de Enfield, isso era muito bom. Poderia ter alguma relação com as orações que eu recitara? Ou era apenas mais uma daquelas coincidências?

Desembrulhei meus sanduíches, abri uma lata de cerveja e comecei a ler o *Daily Mirror* dos Harper, perguntando-me por que ninguém na Grã-Bretanha do século xx parecia interessado em outra coisa além de salários, greves, futebol e sexo.

Em seguida, escovei os dentes e subi as escadas nas pontas dos pés, olhei por um instante para a bela família comum que dormia profundamente e em segurança em sua sossegada casa de subúrbio, e fui para o quarto dos fundos para ter minha própria noite de sono tranquilo.

INFELIZ ANO-NOVO
capítulo 14

O ano velho parecia estar acabando com razoável tranquilidade, mas então veio a noite da virada de ano, que a sra. Harper descreveu, na manhã seguinte, com estas palavras:

"Estávamos sozinhos aqui, e as crianças estavam dançando pela casa e se divertindo, mas eu não conseguia ficar calma. Estava me sentindo muito agitada e muito tensa. Tudo parecia sossegado até mais ou menos às 23h20 de ontem.

"Eu disse a Rose: 'Sinto-me muito tensa, acho que vamos ter problemas'. Então, ouvimos algumas pancadas, que pareciam vir da parede da sala de estar. Então, houve uma pausa de uns dez minutos, e depois recomeçou...

"Aquele armário no canto de lá começou a pular para a frente e para trás, como se alguém o estivesse batendo contra a parede. E continuou batendo por uns bons dez minutos. Então falei a Rose: 'Vá e diga à Peggy-vizinha que não fique assustada, é um armário batendo e não estamos conseguindo fazê-lo parar'."

Os Nottingham estavam tendo uma festa animada de Ano-Novo com alguns amigos e parentes.

"Bem", prosseguiu a sra. Harper, "depois de alguns minutos, Vic veio até aqui para dar uma olhada geral na casa, e trouxe outro sujeito com ele. Enquanto Vic estava lá em cima e o tal homem estava de pé na sala, o aparador comprido que fica perto da parede da sala de estar tombou."

"Quem estava na sala?", perguntei.

"As crianças estavam do lado de lá, e todos conversávamos com esse sujeito. Fui até o aparador e um dos quadros pendurados ali caiu e acertou minha cabeça. Então, uma tigela de frutas caiu no chão, algumas laranjas e maçãs começaram a vir para cima de mim, e eu deixei o canto livre porque o armário não queria parar de pular." O aparador a que ela se referia, e que tombara para a frente, tinha mais de dois metros. "E aquilo não o deixou satisfeito", continuou ela. "O canapé pulou e tombou, e as duas poltronas tombaram, e ele começou a remexer nas cortinas, empurrando o alambre, até que a cortina acabou caindo de um dos lados."

Já era quase meia-noite, e a sra. Harper persuadiu Vic a voltar à companhia dos amigos, na casa ao lado, e dar as boas-vindas ao ano de 1978 com eles.

"Então perguntei quem estava fazendo aquilo. Alguma coisa, uma pessoa a quem chamamos de Fred, disse que não era ele. Era Tommy." Tommy era supostamente um garotinho de cinco anos. "Falei para Fred: 'Diga a Tommy que pare, por favor', ao que ele respondeu: 'Vou tentar, mas não consigo encontrá-lo'.

"Passaram-se alguns minutos. Ficamos sentados ali, esperando a próxima movimentação, e a árvore de Natal se ergueu no ar e atravessou a sala."

"A senhora de fato a viu se mover?", perguntei.

"Eu a vi se mover", respondeu a sra. Harper. "Ela saltou da mesa e seguiu até o meio da sala. Então, não satisfeito, ele começou a atirar os livros pela sala, os livros e tudo mais disparavam para todo canto. Bem, no fim, ele virou o lugar de cabeça para baixo, e isso continuou até bem depois da uma da madrugada."

As decorações de Natal também foram arrancadas durante a celebração de Ano-Novo do poltergeist. Além disso, a sra. Harper e as meninas me contaram que levaram repetidos chutes e socos, e chegaram a ser apanhadas e arremessadas. A sra. Harper descrevia isso tudo como se tivesse sido um piquenique no campo. Eu me perguntava se alguma coisa ainda poderia surpreendê-la.

Lá em cima, no quarto, a sra. Harper perguntou à voz por que havia agido daquele modo justamente naquela noite.

"NÃO FUI EU, FOI TOMMY QUEM FEZ AQUILO", veio o rosnado baixo da direção de Janet, embora, como sempre, os lábios da garota mal parecessem se mover. Ela mesma parecia pouco interessada no que a voz dizia: "ELE NÃO GOSTA DOS EQUIPAMENTOS NO QUARTO". Tratava-se do equipamento de gravação de vídeo que David Robertson instalara na esperança de gravar alguma atividade ao vivo.

Janet já tinha passado três noites com a câmera de vídeo Pye no quarto sem fazer qualquer objeção, e fiquei imaginando por que a voz faria uma oposição tão intensa a isso justo agora. Também me perguntei por que a voz estava alegando ser duas pessoas diferentes, e achei estranho que, até então, todas as supostas entidades haviam sido homens ou meninos, nenhuma mulher. Como isso se coadunava com a teoria da "personalidade secundária" defendida pelos psicólogos?

De qualquer forma, ficou claro que a voz, quem quer ou o que quer que fosse, não gostava do equipamento de vídeo. "TIRE ESSA MERDA DAQUI", seguia vociferando, zangada. Isso era curioso, pois nunca havia feito uma única menção a nossos gravadores de áudio. *Talvez*, pensei, *poltergeists só tenham permissão de dar esse tipo de provas, de preferência inconclusivas.* Uma filmagem seria convincente demais, e eles preferem nos manter na dúvida e divertir-se com a controvérsia que seu comportamento provoca entre os pesquisadores.

Quando a voz afirmava ser Fred, parecia que de fato estava tentando ajudar a sra. Harper. Pouco antes de ela se recolher para dormir na madrugada de Ano-Novo, "Fred" de repente lhe disse, sem qualquer motivo aparente, para livrar-se de uma sacola plástica com facas que a sra. Harper tirara do depósito e levado para o andar inferior, colocando-as na gaveta da cozinha logo depois do Natal. As facas tinham vindo da casa, pouco acima na rua, onde a garotinha fora assassinada, juntamente com a mobília de que ela já se desfizera em setembro de 1977.

"TIRE-AS DE LÁ ANTES QUE TOMMY AS PEGUE. ELE PODE SER PERIGOSO COM UMA FACA", disse Fred. Porém, a sra. Harper não lhe deu atenção naquele momento. Ela já havia passado por coisas demais para um dia só.

No dia seguinte, todas as crianças acordaram tarde, o que não é de surpreender. A mãe, no entanto, acordou cedo, como sempre, e passava roupas na cozinha quando, por volta de 8h30, ouviu um barulho vindo do andar de cima. Ela pensou que as crianças ainda deviam estar dormindo, pois haviam ficado acordadas até umas três da madrugada.

O som era como o de algo metálico que tivesse sido arremessado, dentro do quarto. Então, ela ouviu passos e o som familiar de algo se arrastando, mas ninguém se remexeu no quarto até depois das dez da manhã, quando Janet desceu as escadas parecendo muito assustada.

"Tem uma faca me seguindo para todo lado", anunciou a garota.

A sra. Harper lidou tranquilamente com a situação, subindo de imediato a escada para procurar a faca. Ela não pensou que Janet estivesse fazendo alguma brincadeira; a garota parecia genuinamente assustada. A mãe vasculhou todos os quartos, mas não encontrou nada. Então, ao descer as escadas, viu ali uma faca. Tinha cabo de madeira e lâmina serrilhada, e pertencia ao conjunto que a sra. Harper colocara na gaveta da cozinha.

"Aquela faca não era um truque", contou-me a sra. Harper, "porque Janet desceu com uma expressão de puro pavor no rosto." Esta é a versão da menina do que aconteceu:

"Acordei por volta das 9h45, e esperei até depois das dez, e então vim bem devagar aqui para baixo. De repente, quando estava no meio da escada, aquela faca estava apontada para mim. Ela estava, tipo, dançando no ar, sozinha, e eu voltei lá para cima. E ela veio atrás de mim, entende? Tipo, começou a vir atrás de mim quando voltei lá para cima. Aí desci correndo para contar para a minha mãe."

Janet não tinha o hábito de querer chamar atenção com as coisas que via, e não pude ver nenhum motivo para que não estivesse dizendo a verdade, em especial quando ouvi o que se seguiu ao episódio, e que ocorreu enquanto os Harper faziam a ceia, naquela noite.

"Estava aqui pensando", disse Rose. "Parece tão ridículo ver uma faca flutuando por aí desse jeito."

Então, de súbito, ela deu um pulo. "O que foi?", perguntou a mãe.

"Minha faca sumiu!", exclamou ela. Lá estava Rose, segurando o garfo em uma das mãos, e nada na outra. A faca que ela usava desapareceu assim que a garota começou a falar sobre o incidente anterior. O talher estivera em sua mão direita um instante antes, e depois já não estava. Procuraram-na pela cozinha, sem sucesso, e Rose teve que pegar outra faca na gaveta para terminar sua refeição. (A faca nunca foi encontrada.)

Como nos incidentes anteriores em que coisas se enrolavam no pescoço de Janet, toda essa encenação com facas me deu a impressão de ser algo mais travesso que perigoso, e novamente assegurei à sra. Harper que, se a coisa quisesse machucar alguém, já teria feito há muito tempo. Tentei fazer parecer que eu de fato acreditava naquilo, embora não estivesse tão seguro assim.

Então, surgiu uma nova complicação: a voz começou a vir tanto da direção de Rose quanto de Janet, e soava muitíssimo semelhante com a desta última, embora a de Rose fosse mais fluente e comunicativa. Grosse perguntou o que ela sentia quando a voz falava através dela.

"Só a vibração no pescoço, como se ela estivesse logo atrás de mim", disse a garota. "Parece bobo, mas é essa a sensação."

A voz que vinha de Rose também alegava ser tanto Fred como Tommy. Aquilo estava ficando muito confuso. Pedi a ambas as garotas que tentassem resistir à voz e fazê-la parar, recusando-me eu mesmo a falar com ela e incentivando as garotas a não continuar com aquilo. Não surtiu efeito algum.

Tampouco houve redução na atividade física. Na verdade, aumentou em variedade e em frequência. Certo dia, nada menos que dez lâmpadas, a maioria novas, queimaram no quarto, embora a fiação elétrica estivesse em ordem. Um grande pedaço de papel de parede foi arrancado. Janet se queixou de que sua agulha de crochê insistia em vergar em sua mão quando ela tentava fazer os pontos. E toda a atividade corriqueira seguia noite após noite: roupas de cama eram puxadas de lado, as garotas eram derrubadas no chão repetidas vezes (ainda sem se machucarem), batidas e pancadas se tornaram tão comuns que eram praticamente ignoradas, e tudo isso ao constante som de fundo da tagarelice sem sentido das duas vozes.

A maior parte dessas atividades costumava ocorrer assim que Grosse e eu saíamos do quarto ou íamos embora, mas, de vez em quando, conseguíamos presenciar um pouco mais de ação ao vivo. Uma vez, Grosse observou, fascinado, o travesseiro sob a cabeça de Janet começar a deslizar de lado sobre o colchão, embora as mãos da garota estivessem sob o lençol. O travesseiro estava rígido, como se uma mão invisível o estivesse puxando de sob a cabeça da menina.

Então, no dia 15 de janeiro de 1978 (aniversário da sra. Harper), houve um desdobramento muitíssimo desagradável.

Às 18h30, Rose entrou no banheiro, saindo de lá em seguida aos berros, ainda vestida. "Qual é o problema agora?", perguntou-lhe a mãe.

Dentro do pequeno banheiro, na parede, estavam escritas as letras S, H, I e T [merda]. E elas tinham sido claramente escritas com o que comunicavam.

"Ele cutucou meu ombro", disse Rose, "e eu me virei, e lá estava aquilo na parede. Quase morri de susto!" Nenhum de nós podia imaginar Rose fazendo uma coisa daquelas de propósito, pois era uma garota limpa e asseada.

No dia seguinte, enquanto Rose passava uma capa de almofada, ela deixou o ferro de lado por um instante e se afastou da tábua de passar. A mãe então viu o ferro se erguer no ar e desabar no chão, quebrando o cabo plástico.

"Já derrubei o ferro no chão antes", contou-me ela, "mas nunca aconteceu isso. Deve ter sido uma força bem grande."

No mesmo dia, quando Grosse estava na casa, Rose entrou no banheiro e encontrou as palavras EU SOU FRED na parte de trás da porta do cômodo, escritas com tiras da fita isolante de David Robertson. Fazer aquilo deve ter levado algum tempo, pois a fita era muito resistente para ser rasgada à mão, e umas vinte tirinhas foram usadas.

O poltergeist, ou ao menos um deles, parecia ter senso de humor. Certa noite, os Harper assistiram, boquiabertos, a um chinelo realizar uma pequena dança, equilibrar-se na beirada da cabeceira da cama de Janet e dobrar-se ao meio, como se estivesse sendo manipulado como um fantoche. Em outra ocasião, um pôster que tinha se despregado da parede ergueu-se do chão, deslizando, e espiou por cima da mesma cabeceira.

Certa noite, eu estava sentado no patamar da escada, comendo um sanduíche o mais silenciosamente possível, quando, do quarto, uma das vozes de repente anunciou que queria um biscoito. A sra. Harper olhava para Janet, que estava bem coberta, com as mãos fora de vista, quando, para seu espanto, um biscoito apareceu, do nada, metido na boca de Janet.

Mais cedo, na mesma noite, assim que cheguei, Rose foi para a cozinha preparar uma xícara de chá para mim.

"Ei", ela chamou logo. "Tem queijo e torradas na grelha!"

"FUI EU QUE FIZ", veio de imediato a voz da direção de Janet.

"Bem, então por que não come?", respondi. "Não está com fome?"

Um pouco de queijo e manteiga fora espalhado de qualquer jeito sobre uma fatia de pão sobre a grelha, que ficava no alto, mas o aparelho não fora ligado. Então eu apanhei o pão.

"DEIXE AÍ", vociferou a voz prontamente. Eu deixei, para ver se o pão desapareceria, mas não desapareceu. Incidentes desse tipo eram bem divertidos, mas não havia nada de engraçado com relação ao que ocorrera pouco antes de minha chegada.

"Rose estava no banheiro", contou-me a sra. Harper, "e eu estava de pé, e peguei a cadeira e me sentei. A porta do banheiro estava fechada e, de repente, alguma coisa me acertou bem aqui." Ela indicou a lombar. "Peguei o objeto, que estava enrolado com muitas voltas de papel higiênico. Não preciso lhe dizer o que tinha lá dentro."

A sra. Harper, que estava na cozinha quando isso aconteceu, inspecionou as mãos de Rose assim que a garota saiu do banheiro. Elas estavam bastante limpas. "Acredite em mim", assegurou-me a mãe, "ela não poderia ter feito aquilo sem se sujar." E tinha certeza de que a porta do banheiro ficara fechada o tempo todo.

A sra. Harper não podia evitar a forte impressão de que existia alguém invisível na casa, como ela frequentemente nos dizia. Em 15 de janeiro de 1978, essa impressão se tornou ainda mais forte.

Ela estava levando o aspirador de pó para o andar de cima a fim de limpar os quartos. "Quando já estava no meio das escadas, vi essa... essa espécie de aparição da metade de baixo das calças de um homem e, ao erguer os olhos, consegui ver, em um relance muito rápido, e ele desapareceu por completo. As calças eram do tipo que meu pai usava, a barra virada ao estilo que ele costumava vestir por volta de 1945."

"De que cor eram?", perguntei.

"Eram escuras, tipo azul-marinho. Não vi sapatos." Então ela acrescentou: "É possível ver essas aparições parciais?"

Aquela era uma pergunta interessante. Ela não sabia que tais aparições parciais são, na verdade, tão comuns quanto as totais, ou até mais, e a sra. Harper tinha muita certeza de que de fato vira uma.

Ela também ainda sentia aquelas estranhas e súbitas dores de cabeça, que notara ser de dois tipos diferentes. Havia a do tipo "pressão frontal", que em geral significava que algo aconteceria, e a outra vinha às vezes, quando Janet ou Rose estavam perto dela. "É uma sensação de latejamento", disse-me ela. "Definitivamente, não é um tipo normal de dor de cabeça, é mais para o lado, e vem bem de repente, como uma dor de dente."

A sra. Harper também ainda sentia frequentes rajadas de ar frio pela casa. Essas são provavelmente as características mais comumente relatadas em todos os tipos de poltergeist e em casos comuns de fantasmas, e as crianças as tinham mencionado também, de maneira espontânea. Certa vez, em uma de suas visitas de fim de semana, Pete nos contava que alguma coisa lhe dera um chute no traseiro enquanto estava no banheiro. Então, ele acrescentou, sem qualquer sugestão alheia:

"Ah, e correu um vento frio lá dentro bem na hora! Estou com calor aqui fora, mas lá dentro sinto frio, porque alguma coisa se move em volta de você." Duas testemunhas externas também relataram experiências semelhantes, e de maneira independente. Uma delas, um cobrador da companhia de seguros, sentira uma lufada de ar frio à porta da frente, ficando bastante perturbado com a experiência, ao passo que a outra, uma amiga dos Burcombe, relatou espontaneamente "uma flagrante corrente de ar frio passando por ela" enquanto estava com os Harper. Maurice Grosse também sentiu uma dessas no início do caso, embora eu mesmo nunca as tenha sentido.

A essa altura, tínhamos tamanha quantidade de indícios e provas de fenômenos inquestionavelmente genuínos, inclusive relatos independentes, em primeira mão, de testemunhas externas, que não nos preocupamos muito quando enfim pegamos Janet pregando uma peça.

Eu deixara meu gravador no andar de cima enquanto estávamos todos sentados na cozinha, certa manhã, em janeiro de 1978. Janet e Jimmy foram lá para cima pegar alguma coisa, e logo desceram outra vez. Subi para pegar meu gravador e descobri que ele não estava onde eu o deixara.

Levei cerca de meio minuto para encontrá-lo, dentro do armário mais próximo. Rebobinei a fita e apertei o play, e ouvi sons inconfundíveis de Janet pegando o equipamento e escondendo-o. Em seguida, voltei lá para baixo com o gravador.

A expressão de Janet denunciou a brincadeira de imediato, mas eu não disse nada sobre o incidente. Mais tarde, naquele dia, Grosse lhe passou um belo sermão. Em seguida, ela permaneceu uma boa hora amuada no banheiro. Nunca mais mencionamos o ocorrido, e não creio que a menina tenha feito outra brincadeira desse tipo. O fato de ter notado o truque de pronto me animou a pensar que eu teria percebido truques anteriores, caso tivessem ocorrido, e o fato de Janet tê-lo confessado sem precisarmos pressioná-la demais sugeria que a garota não tinha tendência a mentir.

Alguns dias depois, surpreendi Rose comportando-se de forma um tanto suspeita. Eu estava de pé do lado de fora do quarto, bem perto da porta, quando vi a mão da garota saindo de trás da cabeceira que estava diante de mim, agarrando a beirada da porta e batendo-a com certa força.

Imediatamente estiquei o pé e impedi que a porta se fechasse. Então, eu a abri completamente outra vez. *Ahá*, pensei, *agora a peguei de surpresa!* Rose, porém, não teve reação alguma. Ela parecia dormir profundamente. Se tivesse feito aquilo de propósito, eu esperaria alguma reação de surpresa da parte dela quando a porta não se fechou e, ao lhe perguntar, mais tarde, por que havia fechado a porta, ela insistiu que não fizera nada nesse sentido. Foi um pouco difícil acreditar nisso naquela hora, mas, alguns dias depois, ela fez algo ainda mais estranho.

Estávamos nós dois na sala de estar, de pé, quando Rose de repente atirou diretamente em mim uma almofada que estava segurando. Quando perguntei o que ela pensava estar fazendo, a garota apenas me encarou com um olhar vazio e meneou a cabeça. Grosse e eu discutíamos com frequência a "motivação paranormal" pela qual, como era nossa impressão, as garotas pareciam estar sendo levadas a fazer coisas que não fariam normalmente, e esse incidente com certeza parecia um exemplo disso.

Apesar de tais incidentes, dos quais esses foram os únicos exemplos, conseguimos de fato começar a esclarecer a confusão em vez de aumentá-la ainda mais. Ao final de janeiro de 1978, depois de muitas dificuldades, John Burcombe conseguiu entrar em contato com uma fonoaudióloga profissional e levá-la à casa para ouvir as vozes. Aquela viria a ser uma de nossas melhores noites de pesquisa, pois parecia que as vozes não se opunham a atuar diante de uma profissional, e a terapeuta, uma jovem muito simpática, ficou claramente impressionada com o que ouviu.

David Robertson preparou seu equipamento de vídeo, nós sentamos as garotas no quarto dos fundos e deixamos a fonoaudióloga conversar com elas. Rosalind Morris também estava presente. Por meia hora, ambas as vozes tagarelaram animadamente enquanto uma especialista em fala incomum fazia seu estudo, e tudo foi gravado em vídeo. Quando a sessão terminou, pedimos de imediato que a fonoaudióloga nos desse sua opinião.

"Basicamente", disse ela, "apenas posso dizer que não sei de onde o som está vindo nem como está sendo sustentado." Ela observou que a voz normal de Janet e a de Rose eram totalmente apropriadas à idade das garotas, não mostrando nenhum sinal dos danos que esperaria caso estivessem produzindo os sons guturais de forma deliberada.

Ela pediu que cada uma das meninas tossisse, e elas atenderam. "Quando você tosse", explicou a terapeuta, "está, em essência, batendo as cordas vocais umas contra as outras, o que dá um indício de qual é o tom de sua voz. E não foi um som rascante, foi um tom normal para a idade e o sexo delas."

"Então, pelo que lhe consta", indagou Grosse, "essa voz continua sendo um mistério?"

"Sim, com certeza", respondeu a fonoaudióloga, que tinha seis anos de experiência em ouvir todo tipo de vozes incomuns. "Em minha opinião, é um som. Eu nem sequer identificaria isso como uma voz porque, quando falo em voz, estou pensando em termos de fonação produzida pelas cordas vocais, e não consigo identificar isso nela." No entanto, a fonoaudióloga disse que o som de fato tinha alguma semelhança com o que ela chamou de "tom de falsas cordas vocais". Esquecemo-nos de perguntar o que ela queria dizer com isso na ocasião, mas, diante de nossas descobertas posteriores, parece que ela tinha razão.

Suas opiniões, gravadas imediatamente depois de ela ter ouvido as vozes por meia hora, apresentavam um contraste interessante com as de nossos amigos psicólogos, que haviam concluído que as garotas estavam nos enganando. E foi muita sorte as termos gravado na ocasião, pois, já no dia seguinte, a terapeuta me telefonou, explicando, um tanto nervosa, que sentia muito, mas não podia fazer mais nada pela gente. Disse-me que aquilo poderia colocar seu emprego em risco, e implorou que não mencionássemos seu nome.

"Não é maravilhoso?", comentei com Maurice Grosse. "Hoje em dia, você pode dormir no horário de expediente, ou jogar um tijolo em seu chefe e ser demitido, que consegue ser readmitido sob a alegação de 'demissão injusta', com mais uma indenização de umas poucas mil libras esterlinas. Porém, se você é um cientista que se depara com uma coisa nova e interessante, perde o emprego e passa a ser considerado um maluco."

"Não se preocupe", respondeu ele. "Ela nos disse o que queríamos saber, querendo ou não." Também disse que David Robertson conseguira arranjar um instrumento chamado laringógrafo, com o qual imaginava ser possível descobrir exatamente como a controvertida voz era produzida.

Algum tempo depois que a fonoaudióloga foi embora, ouviu-se uma batida na porta. Janet espiou pelas cortinas e deixou escapar um gritinho de animação: era seu amigo predileto, Graham Morris, do *Daily Mirror*.

"Pensei em dar uma passada para ver como vocês estão", disse Graham. "Eu estava em outro caso de poltergeist não muito longe daqui."

"Mais um!", exclamei. "Exatamente do que precisamos. Como foi?"

"Bem parecido com o daqui, só que não com tanta atividade", respondeu ele. "É um casal com seus trinta e poucos anos, em um apartamento custeado pelo governo, na Holloway. Sem filhos."

"Sem filhos? O que anda acontecendo por lá?"

"Ah, batidas, mobília se movimentando... e uma coisa que vocês não tiveram aqui: focos de incêndio."

Eu quase acertei a cabeça de Graham por dizer aquilo. Ele não devia saber que eu vinha tomando o cuidado de evitar qualquer menção ao que poderia ocorrer em um caso poltergeist típico, para não dar à sra. Harper mais nada com que se preocupar além do que já tinha com que lidar. Contudo, eu sabia muito bem que misteriosos focos de incêndio eram bastante comuns em tais casos. Eu mesmo investigara dois deles no Brasil nos quais roupas de cama e peças de vestuário pegaram fogo sem razão aparente, uma vez na presença do delegado local. (Em outro caso, o interior da bolsa de uma colega começara a pegar fogo enquanto ela voltava para casa, depois de sair do cenário da atividade.) Eu só esperava que o poltergeist não estivesse ouvindo, pois Grosse e eu já tínhamos notado que bastava mencionar algo na casa para que logo acontecesse.

Grosse pediu a Graham o endereço desse novo caso e se surpreendeu ao descobrir que ficava a apenas alguns minutos a pé de seu escritório. Ele imediatamente organizou tudo para ir até lá no dia seguinte.

"Que legal ter um tão perto de casa", comentei.

E assim, bem no meio do caso Enfield, Grosse decidiu assumir outro. Concordei em ficar a cargo de Enfield e deixar o caso Holloway com ele.

Em pouco tempo, ficou evidente que os dois casos tinham mais em comum do que imaginávamos.

UM TRECHO DE NEVOEIRO
capítulo 15

Robert e Marilyn Winter* viviam em um apartamento em um prédio de propriedade estatal construído em 1974, em Holloway, zona norte de Londres. Robert era padeiro especializado em massas, doces e bolos, enquanto Marilyn cuidava do impecável apartamento durante o dia, tendo um cão e um gato como companhia, pois o casal era diferente da maioria das vítimas de poltergeist: não tinha filhos.

Ao longo dos três últimos meses de 1977, diversas vezes coisas estranhas aconteceram em sua residência. Luzes acendiam e apagavam sozinhas, almofadas e travesseiros voavam pelo quarto, frutas saltavam da fruteira, a torneira da banheira abria sozinha, a porta do refrigerador abria e fechava por conta própria, e uma poça d'água surgiu no piso do banheiro. Alguns desses incidentes eram réplicas exatas daqueles de Enfield.

O incidente mais incomum acontecera várias vezes. Um livro — *Modern Cake Decorating*, de Audrey Ellis — saía voando da estante e caía aberto ao chão, sempre na mesma página.

Maurice Grosse examinou o livro e notou que o objeto não tinha a tendência de se abrir em nenhuma página específica quando aberto ao acaso, como acontece com alguns livros.

"O senhor se lembra do número da página?", perguntou ele.

"Sim", respondeu Robert. "Página 177, toda vez." Grosse foi à página 177, que ficava perto do final do livro. Naquela e na página ao lado estavam duas receitas de bolos que pareciam muito apetitosos. Uma delas chamava-se *American Devil's Food*. Robert disse que nunca havia preparado aquela receita específica.

Em dada ocasião, nada menos que dezesseis livros foram encontrados no chão, organizadamente dispostos em volta do pufe, depois de os Winter terem saído juntos.

A sra. Winter, como a sra. Harper, também vira algo. No caso dela, era uma aparição muito nítida de um jovem rapaz vestindo um uniforme de soldado. Seu pai, que ela nunca conheceu, morrera na Segunda Guerra Mundial, e a aparição fez com que pensasse nele.

Porém, o pior de tudo eram os incêndios. A brigada local de bombeiros já havia sido chamada diversas vezes ao prédio, e o oficial de prevenção a incêndios daquela área começava a demonstrar um interesse especial no caso, que, como ele admitiu sem hesitar quando Grosse o entrevistou, realmente o deixava perplexo. Os objetos incendiados incluíam um suéter de Robert, um pano de prato, alguns jornais em uma caixa, e a colcha da cama, que ficara bastante queimada, embora o lençol e os cobertores sob ela tinham se mantido intactos. Grosse também examinou uma grande marca de queimadura na parede do banheiro, onde o calor deve ter sido intenso, pois um béquer de plástico em uma prateleira próxima fora parcialmente derretido.

"Simplesmente não há explicação", declarou o oficial de prevenção a incêndios. "Nenhum indício de como eles começaram." Sua conclusão oficial acerca dos incêndios testemunhados após sete visitas diferentes era: "Sem causa aparente". O que de fato espantava os bombeiros não era que os incêndios começassem sem nenhum motivo aparente, mas que também se extinguissem depois de causar danos relativamente pequenos. "Em meus seis anos de experiência", disse a Grosse o bombeiro local Tony Baker, "nunca vi nada parecido."

Grosse tirou muitas fotografias coloridas de objetos queimados no apartamento dos Winter. Assim que ele as mostrou a mim, lembrei-me de ter visto algo exatamente igual a pelo menos uma delas: a colcha de cama queimada em um dos casos brasileiros que ajudei a investigar. Essa também teve buracos das queimaduras, mas sem nenhum dano às roupas de cama debaixo dela. Lembrei-me ainda de que uma amiga descuidada que tive na faculdade deixara cair um cigarro em minha cama durante uma festa, e o fogo que se seguiu desceu queimando colchão adentro antes de conseguirmos apagá-lo.

"Parecem mais queimaduras por radiação", comentou Grosse. "É como se uma poderosa fonte de calor tivesse passado por ali e, então, simplesmente desaparecido."

"Bem", disse eu, "pelo menos esse é um fenômeno que ninguém pode negar. Nem os especialistas conseguem explicar. É muito melhor que um relato incidental de algo que não se viu."

Não dissemos nada aos Harper sobre o caso Winter, embora fosse evidente que eles já tivessem ouvido Graham Morris dizer que houvera focos de incêndio lá. Mas ele não lhes contara que tipo de incêndio era.

Uma semana depois, houve um foco de incêndio em Enfield.

E não apenas isso. Os Harper também tiveram uma reprise quase exata do incidente de Holloway em que os livros foram dispostos ao redor do pufe. Nós certamente não tínhamos mencionado isso a nenhum dos Harper.

Na verdade, Grosse estava na casa quando aconteceu. "Senti um cheiro de algo queimando por uns dez minutos", contou ele, "mas pensei que devia ser alguma coisa lá fora, no jardim, provavelmente um dos vizinhos fazendo uma fogueira. Então, Rose entrou na cozinha para ligar a chaleira e imediatamente gritou que alguma coisa estava pegando fogo. John Burcombe e eu corremos para lá e vimos muita fumaça saindo das gavetas fechadas. E havia uma caixa grande de fósforos na gaveta. Os fósforos não pegaram fogo, embora a caixa estivesse toda chamuscada por fora. Agora, como você interpreta isso?"

"Parece seu amigo de Holloway!", disse eu.

"Ah, eu me esqueci de contar. Aconteceu exatamente a mesma coisa com os Winter; uma caixa de fósforos em uma gaveta ficou chamuscada sem que os fósforos pegassem fogo."

"Os dois casos têm outra coisa em comum", comentei.

"E o que é?"

"Você!"

Grosse riu. "Você está me dizendo que poltergeists são contagiosos, como doenças?"

"Não podemos deixar isso de lado, podemos?" Parecia possível. O bombeiro de Holloway descartara totalmente a suspeita de incêndio criminoso. Incendiários, disse ele, normalmente fazem um serviço muito bem-feito. Eles não começam incêndios que se apagam de imediato em sete ocasiões diferentes. Na realidade, não conseguem fazer isso.

Os casos Enfield e Holloway tinham mais uma coisa em comum: ambos chegaram a nosso conhecimento pelo *Daily Mirror*, que soubera do último por uma pequena notícia em um jornal local. (Cujo fotógrafo, aliás, descobriu que todas as fotografias que ele havia tirado no apartamento não saíram.) Graham Morris seria porventura o hospedeiro? Ele saíra diretamente de Holloway para Enfield. Será que poltergeists eram mesmo contagiosos?

Maurice Grosse começou a ficar curioso após uma série de incidentes inexplicáveis que ocorreram em sua própria casa ou perto dela. Primeiro fora o episódio com o motor do carro, acelerando e desacelerando por conta própria, ao qual a voz aparentemente se referira de forma espontânea. Então, um dia, ele ouviu claramente passos no andar de cima, enquanto esperava a esposa se arrumar para sair com ele. Contudo, ao chamá-la, pedindo que se apressasse, ela prontamente apareceu — vinda da cozinha, no andar térreo. E, em outro dia, ele ouviu uma forte pancada enquanto estava em seu jardim. O som parecera muito próximo, e também era muito semelhante a um barulho que ouvira na cozinha dos Harper, algum tempo antes.

Os passos e a pancada não o preocuparam muito na ocasião, embora ele tivesse ficado extremamente intrigado com o comportamento de seu carro. Porém, como com os eventos que precederam e sucederam a morte de sua filha Janet, parecia que muitos desses incidentes estavam acontecendo.

Então, veio o quarto episódio, muito mais complexo, que de fato o fez refletir.

Certa noite, ele decidiu verificar as joias da esposa a fim de atualizar sua apólice de seguro. Ele olhou uma a uma, e se certificou de que todos os objetos de valor da mulher estavam onde deveriam estar, em uma gaveta na penteadeira. Grosse fez uma anotação específica sobre o objeto mais valioso da esposa: um anel com três diamantes. A joia era não apenas valiosa em si mesma, mas tinha um valor muito especial por ter sido deixado a Betty Grosse pela mãe, e teria sido herdado por Janet.

Um dia depois de Maurice ter verificado as joias de Betty, o anel de diamantes desapareceu.

Betty Grosse era uma mulher centrada, engajada em serviços sociais e de caridade, e não compartilhava do interesse que o marido sempre tivera no paranormal. Além disso, era uma pessoa de hábitos, e, no que dizia respeito a seus anéis, de hábitos muito cuidadosos. Ao chegar a casa, ela sempre tirava todos os anéis e os colocava em um cinzeiro, nunca os usava enquanto estivesse cozinhando ou lavando, e, ao recolher-se para dormir, levava-os para o quarto, no andar de cima, e os guardava sempre no mesmo lugar.

A perda do anel de diamantes foi um golpe duro para Betty. Ela e Maurice vasculharam a casa de cima a baixo, e, por várias vezes, esquadrinharam cada centímetro do quarto. Betty chegou até a esvaziar a lata de lixo e a repassar cada item dali.

Nem sinal do anel. Havia desaparecido por completo. Betty tinha absoluta certeza de tê-lo colocado na gaveta, bem como de que agora não estava lá.

Maurice me contou sobre o incidente dois dias depois, quando então já estava convencido de que o anel de fato desaparecera. Eu o submeti a um interrogatório bem intenso, pois era nosso costume questionar minuciosamente um ao outro a respeito de incidentes que apenas um de nós testemunhara, mas meus esforços de advogado do diabo foram inúteis. O anel de Betty havia desaparecido.

Exatamente seis semanas depois, Grosse decidiu, com relutância, escrever para sua seguradora solicitando uma compensação pela perda do anel, embora ele estivesse segurado por apenas cerca de um quarto de seu valor corrente. Grosse enviou a carta pelo último malote dos correios em uma sexta-feira à noite.

Na manhã seguinte, enquanto Maurice estava no banheiro, Betty Grosse se sentou diante da penteadeira e começou a colocar os brincos. Ela derrubou um deles, que caiu em uma das gavetas, aberta uns dez centímetros. Betty colocou a mão dentro da gaveta para pegar o brinco, abrindo-a um pouco mais. Foi quando, então, observou seu interior, no mais completo aturdimento.

Lá estava o anel de diamantes dado como perdido. Ele reaparecera praticamente diante de seus olhos. Não estava escondido por nenhuma de suas caixinhas de joias, mas ali, no fundo da gaveta, bem distante de qualquer outro objeto. Ela correu imediatamente para o banheiro para contar a Maurice, que me deu a notícia no dia seguinte.

Tentei pensar em uma explicação natural. "Ele não poderia ter ficado preso em algum lugar?"

"Guy, nós viramos a casa de cabeça para baixo procurando aquele anel. A gaveta foi o primeiro lugar que vasculhamos, e nós a vasculhamos várias vezes. Nós *sabíamos* que o anel não tinha sido perdido fora da casa, e *sabíamos* que ele não estava dentro da casa."

"Bem, ladrões..."

"O quê? Em nosso próprio quarto, sem nos acordar? Nem levar outra coisa? Faça-me o favor!"

Maurice ficou muitíssimo impressionado com o episódio. Eram coincidências demais. Betty perdera seu objeto mais valioso, e ele reaparecera no mesmo lugar onde normalmente estaria, seis semanas depois, justo quando a carta de Maurice teria chegado à seguradora. E o anel tinha uma forte ligação com Janet.

Um ou dois dias depois, quando voltávamos para Enfield, de carro, Grosse começou a falar sobre a filha, "minha Janet", como ele a chamava, para evitar confundi-la com Janet Harper.

"Você acha que ela poderia estar envolvida nisso tudo?", perguntou ele.

À época, julguei a sugestão um tanto improvável, e me perguntei se o trabalho excessivo dos últimos meses estaria começando a surtir efeitos sobre o juízo de Grosse.

"Bem", comecei com cautela, pois não queria ferir seus sentimentos, "por tudo que você me contou, sua Janet não tinha nada em comum com Janet Harper, além do nome. E ela não parece ser o tipo de garota que se envolveria em uma confusão assim."

"Eu não sei", tornou Maurice. "Ao longo deste caso, houve muitíssimas coincidências, e bastante significativas. Veja, o caso Enfield aparece poucas semanas depois de minha primeira visita à SPR para entregar minhas anotações sobre o falecimento de Janet e todas as coisas estranhas que aconteceram antes e depois dele. O *Daily Mirror* envia George Fallows, provavelmente o único homem da imprensa britânica que teria pensado em chamar a SPR. Por acaso, sou o único membro disponível que mora mais perto de Enfield, e vinha pedindo a Eleanor O'Keeffe que me desse um caso para investigar. E esse negócio do anel... são coisas demais."

"Coincidências estão sempre acontecendo", respondi, "mas estamos mais propensos a percebê-las só às vezes. No entanto, devo admitir que também as percebi. A primeira vez que ouvi sobre o caso foi naquela palestra sobre poltergeists em que aconteceu de estar sentado ao seu lado, embora eu o conhecesse pouco naquela época. E isso foi justamente um dia depois de eu ter entregue o manuscrito de meu livro. Se a palestra tivesse sido no dia anterior, eu não teria ido. E uma semana depois, eu estaria de férias. Então, ouvi quando você falou no rádio naquele domingo, por puro acaso. Você não mencionou nada a respeito e, de qualquer forma, não é sempre que ouço aquele programa."

Entramos em um daqueles trechos de nevoeiro denso que às vezes descem subitamente sobre a North Circular Road e, de repente, reduzem a visibilidade a quase zero. Maurice reduziu a velocidade e acendeu os potentes faróis de seu Jaguar.

"Sei que parece loucura", disse ele, "mas você acha que poderia ter sido minha Janet que atraiu nossa atenção para Enfield? Que ela esteja usando os fenômenos disponíveis ali como meio de comunicação? Afinal, não fazemos a menor ideia de como tudo isso funciona, e não esqueça que ela era jornalista, e muito curiosa também. Ela viajava bastante, e fazia várias histórias sobre coisas como meio ambiente, poluição e assistência à infância. Ela gostava de descobrir o que realmente estava acontecendo."

O nevoeiro já tinha nos cercado. Era como se tivéssemos entrado em outra dimensão.

"Haveria melhor maneira de provar a existência de todos aqueles fenômenos sobre os quais eu vinha lendo que me persuadir, de algum modo, a ir testemunhar por mim mesmo um caso fantástico como este?", prosseguiu Maurice.

O nevoeiro parecia simbolizar nosso súbito mergulho no mundo totalmente estranho do caso Enfield. Refleti, em silêncio, por alguns instantes. Maurice poderia ter razão? Àquela altura, eu já o conhecia bem o suficiente para saber que ele não era dado a fantasias extravagantes, apesar de sua ampla imaginação de inventor. Como ele costumava dizer, para ganhar a vida, era preciso criar coisas complicadas que *funcionassem*, e obviamente fizera isso muito bem. Ele vinha lidando com o caso Enfield de maneira absolutamente prática, e, em todas as nossas muitas discussões sobre o caso, sempre adotara uma abordagem lógica e racional, em vez de emocional. Se ele acreditava que sua Janet tivesse sobrevivido à morte física e estava, de algum modo, envolvida em nosso caso, então devia ter muito boas razões para ter essa impressão.

Tentei me colocar na posição de Janet Grosse. Ela tentara "comunicar-se" logo após a morte, e conduzira o pai com sucesso a Enfield. Quanto a mim — bem, ela era jornalista, e eu também, ou ao menos tinha sido. Talvez ela quisesse alguém ali que pudesse escrever toda a história? (Àquela época, eu não pensava em escrever um livro exclusivamente sobre o caso. Planejara fazer um relatório factual para a revista da SPR, como sentia que era nossa obrigação fazer, e pelo qual eu sabia que não receberíamos pagamento algum.)

De que outra maneira eu poderia explicar o extraordinário envolvimento que Maurice claramente tivera com o caso Enfield desde o primeiro dia em que estivera lá? Não há dúvidas de que pegara o caso como se houvesse algum forte motivo pessoal para que estivesse ali, algo muito mais profundo e fascinante que um mero interesse acadêmico em questões físicas.

Fiz algum comentário solidário, mas evasivo, e então o nevoeiro se dispersou, tão de repente quanto havia descido. O motor de pouco mais de quatro litros roncou sob o capô quando Maurice trocou rapidamente a marcha, e eu mudei de assunto.

"Sabe, essa coisa está se estendendo demais", disse a ele. "Precisamos dar um jeito de pará-la. Talvez devêssemos nos afastar um pouco."

"Já tentamos fazer isso", respondeu ele, "quando fiquei de cama por causa do resfriado. Não fez diferença alguma. Eles ainda me ligavam no meio da noite, em absoluto desespero, porque não tinham mais ninguém a quem pudessem recorrer. O que vou dizer a eles? 'Desculpem, mas já não posso ir aí porque, se eu for, talvez esteja encorajando o fenômeno a continuar?'"

"É nisso que alguns de nossos colegas psicólogos nos fariam acreditar", falei.

"Ah, que ótimo!", exclamou Grosse, com desdém. "Não preciso do conselho de psicólogos. Eles podem vir e me falar sobre seus próprios problemas e preconceitos, mas não nos disseram nada sobre este caso, disseram? E já tivemos quantos? Quatro."

"Gostaria de tentar outro médium", disse eu. "Também já tivemos quatro deles: os Shaw e meus amigos brasileiros."

"Não faço objeção", respondeu, "mas o que eles realmente sabem? Todos nos disseram coisas diferentes."

"Eu sei, mas todos também fizeram algum bem, não é?"

Assim, concordamos que eu deveria contatar um homem cujo nome me fora indicado por Maurice Barbanell, da *Psychic News*, e também por Tony Ortzen, um de seus repórteres.

Chegamos à estação Bounds Green do metrô bem a tempo de eu pegar o último trem para o centro de Londres. A composição permaneceu praticamente vazia até chegar a Piccadilly Circus, quando de repente se encheu de pessoas animadas vindas do teatro, segurando folhetos de programação e falando animadamente sobre o espetáculo a que tinham acabado de assistir. Invejei-as, de certo modo, embora também estivesse voltando para casa depois do espetáculo que vinha frequentando, duas ou três vezes por semana, por quase seis meses. "Espetáculo" é uma palavra adequada, pois era evidente que o poltergeist, quem ou o que quer que fosse, precisava de plateia, e eu precisava admitir que ele tinha um senso de sincronia e um controle de sua audiência que fariam inveja a qualquer ator profissional.

E, no entanto, pensei, enquanto ouvia as vozes alegres a minha volta, se, quando as cortinas por fim descerem sobre Enfield, caso algum dia o façam, terei muito mais em que pensar do que se eu tivesse passado uma noite fora, em West End.

Gerry Sherrick, o médium que me foi recomendado por Maurice Barbanell e Tony Ortzen, acabou revelando-se um sujeito divertido. Ele era um extrovertido exuberante, com uma visão original e prática em relação aos fenômenos psíquicos, e me senti à vontade antes mesmo de ter ficado cinco minutos em seu apartamento confortável e aconchegante em Walthamstow.

Ele era não só uma daquelas raridades, um médium que recusava qualquer forma de pagamento por seus serviços, como também um taxista londrino em tempo integral e um prolífico poeta amador, que, na semana em que o conheci, estava fazendo um filme para a televisão baseado em seus poemas sobre Londres.

Eu ainda não tinha contado praticamente nada sobre o caso Enfield, mas ele foi logo ao assunto.

"Deixe-me explicar como trabalho", disse ele. "Eu deixo que meu guia me mostre a situação na casa e, então, sob seu controle, entro em transe e permito que ele traga quem quer que esteja causando o problema, para que possamos conversar e tentar ajudá-lo. Temos que jogar uma boia salva-vidas para eles, sabe." Fiquei contente em ouvir que ele queria ajudar o poltergeist em vez de lançá-lo às trevas exteriores. "Mais duas coisas", continuou ele. "Você deve dizer à família que vou até lá apenas uma vez. Se eles pensarem que estou disponível dia e noite, nunca vão me deixar em paz. E a outra coisa: eu não aceito nada por meu trabalho, nem mesmo uma barra de chocolate. Devemos dar de graça o que nos é dado."

Partimos para Enfield junto com o filho de Gerry e um colega que regularmente trabalhava com ele. Antes mesmo de chegarmos lá, Gerry começou a dizer:

"Sabe, tem mais de uma entidade envolvida. É uma situação bem séria. Agora mesmo, estou captando uma mulher enlouquecida, demente. Você se lembra do filme *Jane Eyre*, em que o sr. Rochester mantinha a esposa trancafiada? Uma situação terrível."

Chegamos, e eu mal havia feito as apresentações quando Gerry mergulhou em uma vívida explicação sobre o funcionamento do mundo espiritual, da mediunidade e da reencarnação, coisas em que ele acreditava com firmeza. A sra. Harper ouviu com interesse, e as garotas se comportaram muito bem. Mesmo o pequeno Jimmy, que estava tendo um pequeno acesso de raiva quando chegamos, acalmou-se e permaneceu em absoluto silêncio por todo o tempo em que Gerry ficou na casa.

"Muitas vidas atrás, vocês estavam juntos", disse Gerry aos Harper. "Vocês, meninas, eram irmãs, e sua mãe era uma senhora da cidade que as aconselhava a não mexer com bruxaria, o que vocês costumavam fazer. Agora, ela recebeu permissão de voltar na família de vocês para atuar como um estabilizador, para mantê-las juntas. Vocês morreram, adormeceram e, quando renasceram, a personalidade dominante assumiu o controle." Ele olhou para Janet. "Sabem", prosseguiu ele, "algumas pessoas nascem com a capacidade de ver e ouvir coisas que outras não conseguem ver nem ouvir. Nós as chamamos de médiuns. Eu sou um; vocês também são. E vocês ainda são capazes de atrair todas essas coisas desagradáveis. Vocês as estão trazendo para cá, subconscientemente. Elas não estão vindo até vocês; vocês as estão trazendo para cá."

"O que foi que eu disse?", interrompeu a sra. Harper. Ela de fato tinha chegado sozinha à mesma conclusão, algum tempo antes, sem qualquer sugestão de minha parte.

Gerry explicou que as garotas eram como rádios cujo sintonizador estava com defeito. "Em vez de captar o show do Jimmy Young, ou qualquer programa que queiram, vocês estão captando tudo ao mesmo tempo.

"Tudo o que acontece nesta casa é culpa de vocês, e só de vocês", continuou ele, enfático, mas não rude, "porque vocês não conseguem controlar o dom que têm. Agora, se conseguirem controlá-lo, podem se transformar em boas médiuns, ajudar pessoas e curá-las." Fiquei feliz ao ouvi-lo repetir com tamanha autoridade o que os Shaw e eu tantas vezes disséramos às garotas.

Gerry fez uma careta de repugnância. "Enquanto estou aqui falando", explicou ele, "estou captando a impressão de uma velha horrível. Ela está levantando a saia para mim... Alguém anda escrevendo na parede, usando linguajar chulo e fazendo coisas terríveis..."

Na mosca. Interrompi para assegurar à sra. Harper que eu não dera a Gerry quaisquer detalhes dos incidentes. Ela, por sua vez, garantiu ao médium que sabia muito bem a que ele se referia.

"Aquela mulher", prosseguiu ele, "vivera perto do mercado Spitalfields." Eles já haviam sentido cheiros ruins pela casa, como de legumes e verduras podres? "Ah, sim", disse a sra. Harper. (Eu sabia que ela sempre mantinha a cozinha limpa e arrumada.)

Então, Gerry anunciou que entraria em transe para deixar que seu guia Nuvem Branca tomasse seu corpo e falasse com a família. "Ele é um índio", explicou Gerry, "e os índios não são como são mostrados na TV. Eles vivem perto da natureza e compreendem o mundo espiritual.

Não são como algumas pessoas, em especial os bêbados e degenerados, que não percebem que estão mortos e apavorados demais para aceitar a vida após a morte."

O médium permaneceu sentado, imóvel, por alguns instantes, respirando profundamente. Em seguida, de sua boca saiu um urro que assustou a todos nós. Nuvem Branca assumira o controle.

"BÊNÇÃOS... A VOCÊS... MEUS AMIGOS!" A voz era muito diferente da voz normal de Gerry, que tem um tom meio agudo. Era uma voz retumbante que teria preenchido a sala de concertos Royal Albert Hall, e parecia vir de algum ponto do fundo de seu peito. Fiquei intrigado ao notar que, a princípio, ele falava de maneira sincopada, hesitante, exatamente como a voz de Janet fizera em uma de nossas primeiras sessões com ela.

Nuvem Branca anunciou que viera para ajudar, mas que primeiro nos deixaria ouvir a mulher que estava causando todo o transtorno. Fez-se uma pausa, e então ouvimos a voz muito clara de uma mulher idosa: "Venho aqui quando eu quiser... Não estou morta coisa nenhuma, e não vou embora..." Ela parecia mesmo ser muito desagradável.

Em seguida, Nuvem Branca nos apresentou um galês chamado sr. Dai, que atuaria como porteiro, para manter espíritos zombeteiros longe da casa. As garotas deveriam pedir sua ajuda se e quando precisassem. O sr. Dai fez um rápido discurso, terminando com uma frase em uma língua que parecia ser o galês, da qual Gerry mais tarde me garantiu não ter qualquer conhecimento.

Havia um forte componente teatral naquilo tudo, e teria sido fácil para um cético sugerir que Gerry estivesse fazendo uma encenação. No entanto, eu achava isso muitíssimo improvável. Por que ele abriria mão de sua tarde de domingo para fazer uma encenação em benefício de uma família que nunca vira e provavelmente jamais tornaria a ver? Ele não precisava se exibir para mim, e também não precisava de publicidade se tivesse mesmo um bom relacionamento com a equipe da *Psychic News*. Ele não nos deixou nem pagar pela gasolina. Por fim, se pudesse atuar tão bem assim, deveria estar nos palcos, não dirigindo um táxi.

Assim que saiu de seu curto transe, Gerry enunciou uma sequência de nomes. "Estou ouvindo os nomes Lil e Tessie", disse ele. Eram nomes de vizinhos próximos dos Harper. "E alguém está chamando a senhora de Madge", disse ele à sra. Harper.

"Que interessante", respondeu ela. "Costumavam me chamar de Madge quando eu trabalhava no hospital. Isso foi há vinte anos. Nunca soube por quê. Afinal, não é meu nome."

"E tem alguém chamada Dolly", continuou Gerry. "E a senhora conhecia alguém que costumava beber muito?"

"Ah, sim", respondeu a sra. Harper, com certa emoção. Ela trabalhara com uma garota chamada Dolly e, à época, estava saindo com um homem que bebia muito. Ela acreditava que ele já estivesse morto.

"E tem um Alfred aqui, e uma Alice..."

"Alfred era o nome de meu pai, e a mãe dele se chamava Alice", revelou a sra. Harper. Gerry Sherrick acertara sete vezes em sequência, o que, para mim, indicava ser algo mais que palpites aleatórios.

Ela estava obviamente impressionada. Eu sabia que a sra. Harper tinha fortes intuições sobre as pessoas assim que as conhecia, e também que não era muito paciente com idiotas.

"Agora que tive essa conversa com você, tudo ficou muito mais claro", disse ela, com óbvia sinceridade. Ela contou a Gerry sobre um ou dois incidentes recentes na casa, e ele disse também ter vivenciado perturbações poltergeist depois da morte de um amigo próximo, e que ele e o filho já avistaram vívidas aparições.

"Ele sabe como fechar a porta, entende?", explicou. E acrescentou: "Está em vocês a capacidade de fazer parar todas essas coisas".

Por fim, ele aplicou" "toques curativos" aos Harper, colocando as mãos sobre a cabeça e a coluna de cada um deles, perguntando-lhes se sentiam um calor emanando de suas mãos. Todos disseram que sim, e isso eu mesmo já havia vivenciado durante um tratamento com o círculo de cura dirigido pelo major Bruce Macmanaway, na Escócia. Em meu caso, a poderosa sensação de calor foi ainda mais impressionante por ter sido totalmente inesperada. Ninguém me perguntou se eu a sentia; eu apenas senti.

Após a visita de Gerry Sherrick, os Harper desfrutaram de um período de paz quase absoluta. Pela terceira vez, médiuns haviam tido uma influência inquestionavelmente favorável sobre os eventos da casa.

Porém, novamente, isso não seria duradouro, embora Grosse e eu tenhamos usado todas as habilidades de persuasão de que pudemos lançar mão para sugerir que o problema terminara. Rose parecia estar tendo algum êxito em "fechar a porta", fazendo apelos frequentes ao sr. Dai para ajudá-la, e a voz relacionada a ela foi a primeira a cessar por completo. Janet, por outro lado, parecia ter absorvido pouco do que Gerry dissera, e depois de duas semanas de relativa normalidade (para os padrões de Enfield), o problema recomeçou.

O espetáculo parecia estar preparado para uma sessão estendida.

"ONDE ESTÁ O CONHECIMENTO?"
capítulo 16

"Vou ser franca com você", disse-me a sra. Harper, certo dia. "Acho que isso não vai parar. Só vai continuar acontecendo e, no fim, vamos ter que separar as crianças. Essa é minha opinião."

Eu tinha certeza de que ela era sempre franca comigo, e fiquei alarmado com esse novo sentimento de resignação, que era compartilhado até mesmo por Maurice Grosse.

"Isso vai parar quando chegar a hora de parar", disse ele. "Já tentamos de tudo: médiuns, psicólogos, assistentes sociais, médicos, orações... Tudo o que você imaginar."

É verdade que havíamos conseguido fazer o problema parar temporariamente em diversas ocasiões: quando a família tirou férias, quando as crianças ficaram no abrigo para menores, depois de cada visita de médiuns. No entanto, ele sempre recomeçava, quer imediatamente, como no dia em que voltaram das férias, quer de maneira mais gradual, como foi após a visita de Gerry Sherrick.

E era muito semelhante à atividade anterior, com mobília tombando, pequenos objetos voando pela casa, e o caos de sempre no quarto, com batidas, baques e a monótona tagarelice de bobagens chulas das vozes.

O pior de tudo era que os aparecimentos de excremento se tornavam mais frequentes. Um dia, a sra. Harper entrou no banheiro para ajudar Jimmy no banho.

"Tinha até atrás das torneiras", lembrou-se ela, com nojo. "Espalhado pela parede, e também na água da banheira. Era como se alguém tivesse rabiscado com aquilo. Jimmy não se atreveria a fazer uma coisa dessas."

Porém, alguém estava fazendo. Além disso, havia as poças no piso, em geral da cozinha ou do banheiro. Encontrando uma poça anormalmente grande e fedorenta certo dia, John Burcombe conseguiu coletar um pouco do líquido em um frasco e convencer um colega do hospital onde trabalhava a analisá-lo.

"Você está de sacanagem comigo?", disse o colega, mais tarde. "Isso é mijo de gato!"

Ambas as vozes agora seguiam tagarelando o tempo todo, a qualquer hora do dia ou da noite, e já não pareciam preocupadas que a porta estivesse fechada ou se estávamos olhando para o rosto das meninas enquanto falavam. Conseguimos fazer algumas gravações de boa qualidade de ambas as vozes que vinham de Janet e de Rose, usando vários microfones de contato e, certo dia, enquanto ouvia uma de suas fitas, Grosse teve a impressão de que mais uma voz estava presente.

Ele se perguntou se aquele podia ser um exemplo da chamada voz Raudive,[1] batizada em homenagem a um letão que aparentemente gravara em fita cassete milhares de vozes de pessoas supostamente mortas, alegação também feita, de modo independente (e anterior), por Friedrich Jürgenson, na Suécia, e por Raymond Bayless, na Califórnia. Em janeiro de 1978, junto com um pesquisador norte-americano em visita a Londres, de nome Charles A. Moses, Grosse decidiu fazer um "teste Raudive".

Isso é bem fácil de fazer. Basta deixar um gravador em um cômodo vazio, fazer os ritos considerados apropriados, tal como pedir a qualquer entidade desencarnada que esteja por ali que, por favor, diga algumas palavras, e em seguida ouvir a fita para ver o que foi gravado. Os resultados tendem a gerar controvérsias, e passei a ser um pouco cético desde que descobri que um de meus gravadores captava uma estação de rádio local sempre que eu rebobinava a fita. Essa captação anormal de ondas de rádio é bastante comum; pessoas ouvem trechos de transmissões de rádio em seus fogões, máquinas de lavar e até supostamente nos próprios ouvidos.

Apesar das contestações, Grosse e eu gravamos, separadamente, alguns barulhos muito estranhos em Enfield. Ele e Moses identificaram com clareza a palavra "Bum" em seu teste de gravação, e quando Grosse, mais tarde, fez um teste por conta própria na cozinha vazia, aconteceu o seguinte:

---

[1] Também chamadas vozes eletrônicas, são supostas vozes identificadas geralmente em gravações com estática. [NT]

Ele colocou seu gravador sobre a mesa e disse em voz alta: "Se houver alguma entidade aqui, poderia me fazer o favor de se comunicar falando diretamente no microfone?" Poucos segundos depois, veio a resposta, em um sussurro audível: "Não".

Decidi repetir na mesma hora esse experimento, de modo que levei meu gravador para o quarto dos fundos, no andar de cima, liguei-o, fechei a porta e voltei lá para baixo. Fiquei na cozinha com os Harper, conversando com a sra. Harper, durante todo o período de vinte minutos do teste. As crianças tagarelavam pelo cômodo, mas não ouvi nenhuma voz da direção delas. Na fita, porém, consegui compreender uma frase bastante inequívoca, que era uma das favoritas da voz: "AQUI VOU EU!". Havia também um suave "OLÁ". Essas duas falas eram consideravelmente mais altas que o murmúrio de vozes normais soando através das tábuas do piso. Não pude ter certeza de que havia gravado uma voz desencarnada, mas era um som incomum, sem dúvida, dadas as circunstâncias.

Grosse e eu também gravamos, em muitas ocasiões, outros sons não identificáveis: diversos assobios, grunhidos e palavras formadas parcialmente, e também os cliques e os zunidos intrigantes que eram ouvidos quase sempre que um objeto era arremessado no ar. Apesar das várias tentativas, nunca conseguimos repetir tais sons quando nós mesmos arremessávamos objetos.

Um dia, Grosse notou um detalhe curioso enquanto a voz que vinha da direção de Janet rosnava sem parar, detalhe ao qual eu não dera muita atenção. O queixo da garota estava bem erguido e seu pescoço, totalmente esticado. "Tente imitar aquele som com o pescoço desse jeito", disse ele. Eu tentei, e não consegui chegar nem perto de um som parecido. Percebemos que, quando imitávamos a voz, nosso queixo automaticamente era forçado para baixo e nosso pescoço se contraía. Também ficávamos com a garganta muito dolorida em poucos segundos. Apesar disso, ali estavam aquelas duas garotas, sustentando-a hora após hora, produzindo o som de um velho.

Conseguimos, por fim, realizar alguns testes usando o laringógrafo que o professor Hasted tomara emprestado do projetista do aparelho, o professor A.J. Fourcin, da College University, em Londres. Trata-se de um instrumento com o qual se pode estudar a atividade básica da laringe na produção da fala humana, registrando-se padrões criados por frequências de rádio transmitidas pela garganta. Esperávamos que isso solucionasse ao menos a questão de *como* a voz era produzida, e o professor Hasted prometeu preparar sua análise para uma conferência que seria realizada em Cambridge no mês de março, e para a qual havíamos sido convidados a apresentar um simpósio sobre o caso Enfield.

Enquanto isso, não havia muito mais que pudéssemos fazer com nossas vozes, exceto desejar que se calassem e desaparecessem — o que não fizeram.

George Fallows, do *Daily Mirror*, fizera uma visita aos Harper no Natal para levar-lhes alguns presentes e ver como estavam. Ele ficara surpreso ao perceber como o caso se agravara, e decidiu que seu jornal deveria publicar uma matéria com os desdobramentos. Assim, o jornalista Bryan Rimmer foi designado para escrever a matéria.

Rimmer fez um trabalho bastante minucioso. Ele foi várias vezes à casa, entrevistou demoradamente todos os envolvidos e fez muitíssimas anotações. Grosse e eu passamos algumas horas conversando com ele, pois concluímos que, como o jornalista faria a história de qualquer forma, também poderíamos colaborar, em especial por ter sido o *Daily Mirror* que nos levara inicialmente ao caso.

Ele me convidou para um almoço delicioso em um pequeno restaurante muito requintado perto da Fleet Street e ouviu tudo que eu tinha para lhe dizer. Voltei com ele para seu escritório e passei mais duas horas escrevendo uma declaração do que eu vira pessoalmente ao longo do caso.

Fora de seu escritório, encontramos um homem grande e robusto que parecia um jogador de rúgbi. Rimmer o apresentou como Neil Bentley, assistente pessoal do editor. Bentley me lançou um olhar estranho, mas não disse nada sobre Enfield.

Alguns dias depois, fui ao escritório de Grosse para uma de nossas regulares reuniões de discussão do caso. Assim que cheguei, pude perceber que alguma coisa o preocupava.

"Bryan Rimmer acabou de ligar", disse ele. "Disse que Rose lhe contou, ontem à noite, que ela e Janet estiveram produzindo as vozes, fingindo o tempo todo apenas para que o caso continue. O que acha disso?"

Antes que eu tivesse tempo de pensar alguma coisa a esse respeito, o telefone tocou. Era Rimmer de novo, querendo saber minha reação diante da "confissão".

"Se é uma confissão verdadeira, fico feliz que você a tenha conseguido", disse. "Estou interessado na verdade e, se essa é a verdade, então é informação útil. Pena que você a tenha conseguido antes de nós, mas, ainda assim... A propósito, ela disse como conseguia produzir a voz?"

"Disse sim", respondeu Rimmer. "Com o diafragma."

Aquilo me pareceu estranho. Eu tinha certeza de que Rose não fazia ideia do que era um diafragma.

Rimmer me contou que levara consigo para Enfield um famoso ventríloquo de palco chamado Ray Alan, junto com o misterioso sr. Bentley. Ray Alan havia aparentemente solucionado o mistério das vozes antes mesmo de chegar a Enfield, e parecia que a teoria do diafragma fora ideia dele, não de Rose. Mas a garota concordara.

"Essa história tem causado certa discórdia dentro do *Mirror*", contou Rimmer. "Qualquer sombra de fraude, e ela está fora." Tendo trabalhado eu mesmo em jornais, tive uma boa ideia do que provavelmente ocorrera. Eu sabia que editores tendiam a ser ou muito receptivos ao paranormal, ou extremamente hostis. Adivinhei que havia um editor de cada tipo no *Mirror*, e nenhuma das facções tinha vencido o conflito ainda. Rimmer ficou em meio ao fogo cruzado.

"De quem foi a ideia de levar Ray Alan?", perguntei.

"Ah, foi de Clifford Davis."

"E quem é ele?"

"Um de nossos críticos de TV. Ele também é mágico."

Havia algo errado naquilo. O que todos esses mágicos e críticos de TV estavam tramando? Assim que terminei minha conversa com Rimmer, Grosse decidiu ir diretamente a Enfield para descobrir. Lá ele encontrou a família Harper muito aflita, e Peggy Nottingham furiosa. A versão que eles deram sobre o ocorrido na noite anterior foi mais detalhada que a de Rimmer.

O dia havia sido agitado para todos na casa. Uma equipe de televisão da BBC escocesa fizera filmagens o dia inteiro. Grosse e eu participamos: fomos filmados conversando com a voz da direção de Janet, a qual se mostrou muito ativa, e, embora os escoceses, liderados pelo produtor David Martin, fossem agradáveis e atenciosos, fora um trabalho cansativo. Grosse e eu saíramos de lá às sete da noite. Agora, Grosse ligava seu gravador e perguntava à sra. Harper o que havia acontecido em seguida.

"Deve ter sido por volta das oito da noite", disse ela. "Bateram na porta. Meu irmão John a abriu e eles entraram todos se atropelando. Eu não estava esperando ninguém. Nem ao menos me avisaram." Eram cinco pessoas, disse ela: Bryan Rimmer, Graham Morris, Ray Alan, Clifford Davis e o sr. Bentley. "Parei ali no meio da sala", continuou a sra. Harper, "e disse: 'Já entendi, vocês são do *Mirror*'. E eles simplesmente ficaram olhando para mim."

De acordo com ela, os cinco homens conversavam entre si, aparentemente sem tempo para as cortesias de uma visita social, e, em seguida, Ray Alan entrou na cozinha, onde Rose terminava de jantar. Grosse pediu que a garota contasse sua versão do que Alan lhe dissera.

"Ele veio dizendo... eu não sei o que ele estava dizendo", começou Rose. Então, começou a chorar. Mesmo quase 24 horas após o evento, ainda era evidente que a garota estava totalmente perturbada. "Ele dizia só coisas que eu não entendia", continuou ela, lutando para não chorar. "Todas aquelas palavras bobas. Eu estava sonhando acordada, pensando no que eu precisava para a escola amanhã. Simplesmente não estava ouvindo o que ele dizia, e eu só ficava assim, fazendo que sim com a cabeça." Eu costumava notar que Rose fazia isso. Ela agia de um jeito que dava a impressão de estar entendendo o que você dizia, mesmo quando claramente não estava.

"Ele está dizendo que você falou que fingiu as vozes com Janet", disse Grosse.

"Não, eu *não* disse isso!", respondeu Rose, com indignação. "Mesmo se eu estivesse fazendo que sim com a cabeça, porque eu não estava ouvindo nem uma palavra do que ele dizia, pensei: 'Ah, que se dane'..."

Grosse a pressionou com paciência, pedindo detalhes do que Alan havia realmente dito.

"Teve uma coisa que eu entendi, sim", disse Rose. "Ele disse: 'É igual ao Papai Noel em seu trenó, voando pelo céu. Não é de verdade, só vocês duas se unindo para fazer coisas imaginárias'."

"O que ele queria dizer com isso?", perguntou Grosse.

"Não faço a menor ideia", respondeu Rose. Estava muito claro para Grosse que Rose não pretendera confessar nada a ninguém. Ele então se voltou para Janet.

"Eu não disse nada", foi a resposta da menina, com sua franqueza habitual. "Eles nem mesmo me perguntaram e, de qualquer forma, eu não fingi a voz."

Peggy Nottingham contou a Grosse que Janet e Rose foram até sua casa enquanto os homens do *Mirror* ainda estavam lá. "Elas entraram correndo na minha casa, chorando muito", disse. "Ele as assustou, porque foi muito agressivo. Simplesmente partiu para cima delas. As meninas não tiveram chance de explicar coisa alguma." Ela depois disse que não se referia a Ray Alan, mas ao sr. Bentley, que depois fora em pessoa falar com ela, levando algumas das primeiras fotos de Graham Morris, inclusive a sequência que mostrava os travesseiros voando.

Peggy prosseguiu. "Ele me disse: 'Vou deixar estas fotos com a senhora. A senhora tentaria arrancar das meninas que uma delas atirou os travesseiros?'." Peggy se lembrava de mais algumas coisas sobre sua conversa com o sr. Bentley, as quais não posso repetir aqui, pois eram, como ela mesma falou, altamente difamatórias para ele. Ela deixou claro a Grosse que se sentiu absolutamente enojada diante do que tomou como uma tentativa de pressioná-la a trair seus vizinhos. Peggy também disse que enfatizara ao sr. Bentley que, na primeira foto, dois travesseiros estavam voando, mas as mãos das duas meninas estavam sob os lençóis.

No dia seguinte, fui com Grosse até seu escritório para ouvir a gravação da entrevista mencionada há pouco. Ele estava quase tão aborrecido quanto as pessoas em Enfield devido àquela situação toda, e estava no pior humor em que já o vi. Quando terminei de ouvir a declaração de Peggy Nottingham, peguei o telefone, liguei para Bryan Rimmer e disse-lhe boa parte do que eu pensava a respeito daquilo.

Não conseguia acreditar que Rimmer tivesse sido responsável pelo episódio. Sempre fora educado e amigável com os Harper, e pesquisara sua história com grande minúcia e objetividade. Após dizer-lhe o que eu pensava sobre os eventos do dia anterior, assegurei-lhe que ainda estava interessado em descobrir a verdade sobre o caso, como tinha a impressão de que ele também, e que uma maneira de conseguirmos isso seria por hipnose.

A única sessão de hipnose do dr. Fletcher com Janet, que descrevi no Capítulo 9, deixara-me bastante impressionado. Eu sentia que estávamos chegando a algum lugar; se tivéssemos conseguido dar continuidade ao trabalho, quem sabe o que poderia ter vindo à tona? No entanto, também sabia o suficiente sobre hipnose para estar bem ciente dos perigos de seu uso incorreto. Por isso, insisti que qualquer outra sessão de hipnose deveria ser feita pelo dr. Fletcher, e ninguém mais.

Rimmer concordou e imediatamente se ofereceu para tomar todas as providências necessárias se eu conseguisse persuadir o dr. Fletcher a realizar a sessão, e Janet, a deixar-se hipnotizar outra vez. Eu sabia que isso não seria fácil, mas valia a pena tentar.

Todavia, novamente, não tivemos sorte. O dr. Fletcher estava às vésperas de uma viagem profissional internacional e simplesmente não tinha um único minuto livre. Rimmer conseguiu trocar umas palavras com ele antes de o médico deixar o país, e, no artigo que será mencionado no próximo capítulo, o jornalista diz que ele declarou: "Com base nos indícios que tenho, não posso crer que esse caso seja uma fraude".

Desse modo, Grosse e eu nos vimos, mais uma vez, em um beco sem saída. Não conseguíamos encontrar a pessoa certa no momento correto, um problema que nos atormentou ao longo de todo o caso.

A essa altura, Maurice Grosse partiu para uma merecida viagem de férias de duas semanas, tempo em que fiquei longe de Enfield para ver que efeitos nossa ausência conjunta poderia ter. Aparentemente, não teve nenhum.

No dia seguinte à partida de Grosse, batidas puderam ser ouvidas pela casa inteira, duas cadeiras tombaram, uma planta saltou do peitoril da janela da cozinha dentro da pia, as almofadas do sofá deslizaram para os cantos e se colocaram de pé, uma caixa de lenços de papel se moveu por conta própria e uma poça de líquido e dois montes de excremento foram encontrados no chão. Uma pilha de cubos de gelo também apareceu no piso da cozinha, embora não estivesse faltando nenhum na geladeira. A voz que vinha da direção de Janet anunciou, então, que os cubos de gelo tinham vindo da casa vizinha, mas também não faltava nenhum na geladeira de Peggy.

E, um dia, apareceu uma construção elaboradíssima sobre a mesa da cozinha. Ela era formada por duas xícaras, um copo, a lata de açúcar, o pote de chá, a manteigueira, uma flanela e um pano de prato, todos empilhados uns sobre os outros. A voz anunciou orgulhosamente "EU FIZ ISSO", mas não deu outras informações.

Enquanto Grosse estava fora, fiz uma única visita a Enfield, na companhia do dr. Fletcher, que retornara de sua viagem. Eu havia decidido seguir por conta própria com a ideia da sessão de hipnose, sem informar ao *Mirror*. Infelizmente, Janet estava em um estado de espírito péssimo e não quis colaborar, recusando-se firmemente a ser hipnotizada outra vez, mas o dr. Fletcher conseguiu ter uma longa conversa a sós com a garota. Pouco antes disso, enquanto estávamos todos na sala de estar, entrei na cozinha em meu caminho até o banheiro e vi que um vaso de flor havia caído do peitoril da janela dentro da pia, tal como relatado anteriormente, e a torneira tinha sido aberta sobre ele. Estava convencido de que ninguém entrara na cozinha desde a última vez em que eu a vira, mas nem o dr. Fletcher e nem eu podíamos ter certeza disso. Essa ainda por cima foi justamente uma das ocasiões em que eu não estava com meu gravador ligado.

Quando Grosse voltou de viagem, começamos a preparar nosso simpósio para a Segunda Conferência Internacional organizada pela SPR em Cambridge, que aconteceu na última semana de março de 1978.

Cambridge era o lugar certo para uma conferência desse tipo, pois já existia quase cem anos antes do surgimento da SPR. Aconteceu certa noite, quando Frederic Myers, um jovem acadêmico clássico brilhante, e o professor Henry Sidgwick caminhavam pela bela extensão de terreno ao lado do rio Cam, conhecida como The Backs. Myers deu a ideia e, em 1882, a SPR foi fundada, tendo Sidgwick como seu primeiro presidente.

Uma hora antes de nosso simpósio, decidi dar um passeio sozinho pela The Backs, em homenagem a Myers, que veio a se tornar o mais notável pesquisador de fenômenos psíquicos de todos os tempos. Era apenas minha segunda visita a Cambridge desde que me graduei, vinte anos antes, e muitas lembranças agradáveis da vida estudantil voltaram. Parei e olhei para a magnífica biblioteca Wren, da Trinity College, onde eram mantidos os escritos particulares de Myers, registros de muitas batalhas anteriores com forças invisíveis. Então, uma lufada do ar úmido de Cambridge me fez estremecer, lembrando-me do motivo por que eu tinha emigrado para o Brasil.

Nosso simpósio ocorreu no austero Divinity Building, e tivemos uma bela plateia de mais de cem pessoas. Avistei ali o professor Hans Bender, da Alemanha, a maior autoridade europeia em poltergeists, e o professor Archie Roy, de Glasgow, que estivera investigando um caso semelhante ao nosso em muitos aspectos.

Até aquele momento, a conferência fora bastante tediosa, com artigo seguido de artigo sobre experimentos em laboratório, mais enfadonhos que qualquer aula a que eu já assistira durante a graduação. Grosse e eu decidimos que tentaríamos animar as coisas.

Ele começou com um relato bastante conciso e factual do caso até então, resumindo em dezessete tópicos os tipos de fenômenos que havíamos observado ou registrado a partir de relatos de testemunhas oculares. Os tópicos incluíam batidas, movimentação de objetos pequenos e grandes, ocorrências anormais envolvendo roupas de cama, surgimento de água, aparições, levitação de pessoas, ataques físicos de diversos tipos, automatismo, perturbações psicológicas, mau funcionamento de equipamentos e outras falhas, matéria atravessando matéria, fenômenos vocais não identificáveis, com corpo e sem corpo, e combustão espontânea.

Enquanto ele enunciava essa lista, corri os olhos pela plateia. Alguns, como o professor Bender, ouviam atentamente, ao passo que, em outras partes, vi um grande número de sobrancelhas erguidas. Aquilo era obviamente um pouco demais para alguns membros da SPR que nunca tinham testemunhado nada paranormal em toda a sua vida.

Prevendo essa reação, cada um de nós apresentou uma relação de incidentes que presenciáramos efetivamente. Tivemos enorme cuidado ao fazer a seleção para nossas listas, incluindo tão somente aqueles incidentes para os quais nenhum de nós podia sugerir uma explicação natural. (O recente episódio do vaso de flor na cozinha não preenchia tais exigências, pois eu não podia ter certeza de que ninguém estivera na cozinha depois que vi o vaso em seu lugar normal.)

Grosse contou à plateia que vira bolinhas de gude e outros objetos voando a velocidades inexplicavelmente altas e descrevendo trajetórias inusitadas; que vira um bule de chá bamboleando por conta própria; que vira chinelos, travesseiros, portas, gavetas, o carpete, os sinos da campainha e um lenço de papel movimentando-se sem qualquer causa física evidente; que vira a cúpula de um abajur inclinar-se; e que uma caixa de papelão acertara em cheio seu rosto. Os certificados de participação em eventos esportivos haviam disparado da parede às suas costas, e o sofá tombara bem diante de seus olhos. Janet fora arremessada de uma cadeira, também diante de seus olhos, junto com a almofada em que ela estava sentada, e John Burcombe fora rodopiado para fora de sua cadeira e jogado ao chão. Ele frequentemente ouvia passos e sons de portas abrindo ou fechando quando não havia ninguém presente no lugar em questão. Ele vira uma moeda cair diretamente do teto; ouvira muitas batidas, que respondiam de maneira inteligente a suas perguntas, e, é claro, ouvira a controvertida voz. Houvera ainda inúmeros incidentes que ele não vira ocorrer, tais como os focos de incêndio e o surgimento de água, mas ele não podia considerar que tinham ocorrido por causas naturais.

Ele enfatizou que existiam duas espécies de convicção: a intelectual e a emocional. "Embora possamos nos convencer intelectualmente de que um fato ocorreu", explicou ele, "não conseguimos experimentar a convicção emocional até termos visto algo por nós mesmos. Nós dois podemos afirmar com confiança que estamos emocionalmente convencidos de que incidentes inexplicáveis ocorreram em Enfield."

Em seguida, apresentei minha lista: eu vira uma poltrona tombar enquanto a única pessoa perto dela estava totalmente em meu campo de visão. Ouvira a mesa da cozinha cair enquanto a única pessoa no cômodo estava visivelmente longe dela. Vira um chinelo passar por cima de uma porta e aparecer no andar de baixo, sobre o capacho da porta, depois de uma minuciosa busca no local onde se poderia esperar que tivesse caído. Meu próprio caderno de anotações saltara da cama bem debaixo de meu nariz e deslizara em direção à única pessoa a seu alcance, que simplesmente não se movera. Em diversas ocasiões, ouvira batidas aparentemente inteligentes e me comunicara de forma limitada com sua fonte, mesmo fora do alcance da audição da família, e estivera presente em todos os estágios do desenvolvimento da voz, que eu não considerava normal. Também descrevi o incidente do livro que saiu voando de um quarto, atingindo a porta, e que encontrei, poucos segundos depois, de pé, no outro quarto, descrevendo assim uma trajetória totalmente inexplicável.

Depois disso, falei sobre nossos métodos de pesquisa e os equipamentos que usávamos, enfatizando que já havíamos gravado seis horas de relatos de testemunhas oculares, e cerca de cento e quarenta horas de atividade ao vivo na casa, as quais incluíam descrições imediatas de muitos dos incidentes que acabáramos de enunciar. Então, fiz a leitura de nossas conclusões conjuntas (que sintetizarei aqui):

"O caso Enfield, tal como nos chegou, parece ter saído diretamente de um manual. Ele apresenta praticamente todas as características dos casos poltergeist tradicionais e já se estende por mais que o dobro do tempo que duram em média. Conseguimos começar a investigá-lo depois de uma semana de seu início, e acreditamos que um estudo detalhado dele contribuirá para a compreensão futura de um fenômeno que provoca muita angústia e, portanto, merece ser tão meticulosamente pesquisado como uma enfermidade física ou mental."

Fiz um resumo das duas principais teorias sobre o que de fato são poltergeists: espíritos dos mortos ou fragmentos dissociados da personalidade ou consciência da pessoa que é o foco do problema — neste caso, Janet. Insisti que, embora houvesse boas razões para sustentar ambos os pontos de vista, a verdade provavelmente estaria em uma combinação de ambas. Era certo que poltergeists agiam como se fossem espíritos ou entidades individuais dotadas de algum tipo de inteligência, mas, por outro lado, a íntima conexão com a personalidade da pessoa-foco costumava ser surpreendente. Mencionei os episódios que haviam acompanhado a menarca de Janet e as perguntas insistentes da voz que vinha da direção da garota, querendo saber por que meninas menstruavam, como um claro exemplo de tal conexão.

Quis acrescentar que havíamos feito o possível para conseguir a ajuda de psicólogos e psiquiatras quanto a esse aspecto do caso, e que fracassáramos completamente, pois quatro membros da SPR, psicólogos que visitaram Enfield, não nos disseram nada. Porém, como os quatro estavam na conferência, decidi deixar aquilo para um momento oportuno.

"Encerraremos com um forte apelo para que o fenômeno poltergeist seja investigado mais a fundo", concluí, "principalmente por psicólogos e físicos, pois parece que temos aqui uma oportunidade única de estudar as interações entre mente e matéria, relação que vem intrigando a humanidade desde que o conhecimento começou a ser registrado. Quando tivermos compreendido a verdadeira natureza da atividade poltergeist, poderemos então direcionar os mecanismos envolvidos nela para fins mais úteis.

"Essa pesquisa deve ser interdisciplinar e precisa ser financiada adequadamente", continuei. "Há um limite para o volume de trabalho que pesquisadores voluntários em tempo parcial, como nós, podem realizar. Pedimos aos membros que nos ajudem a traçar planos para a investida final em uma área da experiência humana que permanece inexplorada há tempo demais."

Então, reproduzimos alguns trechos selecionados de nossas gravações em fita cassete, e o sombrio Divinity Hall reverberou com sons que, estou certo, o lugar nunca ouvira antes. Havíamos escolhido alguns de nossos melhores incidentes, inclusive a íntegra da sequência em que a caixa de papelão fora atirada no rosto de Grosse e aquele em que Janet fora arrastada para fora da cama até a metade das escadas.

Isso foi demais para um dos membros, que interrompeu o comentário de Grosse com a pergunta: "Com licença, onde estava Rose quando Janet saiu pela porta?"

"Ela estava na cama", respondeu ele. Então, desenhei um esboço no quadro negro, mostrando a movimentação aproximada de Janet, deixando claro que, para Rose ter aberto a porta, ela precisaria ter saído da cama. Além disso, não havia espaço, no trecho do vão da porta, para duas pessoas, pois a porta quase tocava a cabeceira da cama de Rose, quando aberta. E ele realmente acreditava que a sra. Harper não teria visto a filha?

Isso não convenceu nosso colega. "Ela poderia facilmente ter aberto a porta", insistiu ele. Grosse respondeu que a garota estava dormindo. "Como você sabe que ela estava dormindo?" *Ah, meu Deus*, pensei. Por que ele não poderia esperar pela sessão de perguntas, como todos os demais? Vi a discussão estendendo-se pela noite toda. O homem acabara de ouvir a sra. Harper declarar não menos de *dez vezes*, na gravação, que a porta se abrira sozinha. Que mais ele queria?

Porém, conseguimos prosseguir com nossa exposição sem outras interrupções, e o professor Hasted fez, em seguida, uma breve e precisa exposição dos resultados de seu estudo das fitas gravadas durante o experimento com o laringógrafo. Ouvi ansiosamente, pois ainda não conhecia os resultados.

A voz, disse o professor Hasted, estava sendo produzida pelas "falsas pregas vocais", não pelas cordas vocais verdadeiras. (Essas falsas pregas são uma espécie de aparato auxiliar que protege a traqueia de impurezas invasoras.)

"Este é um efeito vocal conhecido como *plica ventricularis*", explicou ele, "e normalmente não pode ser feito por alguém sem grande esforço. Isso deixa a garganta dolorida em um ou dois minutos, porque não há líquido suficiente para lubrificar as falsas pregas vocais, de modo que se inflamam mais depressa." Então, o professor Hasted apresentou um slide que mostrava o formato das ondas da voz normal de Janet e das de sua voz profunda, que eram muitíssimo diferentes. (Veja a Fig. 4b.)

(Quando, mais tarde, questionei o professor Fourcin a respeito da voz, ele não se mostrou disposto a afirmar que a produção da voz fosse, em si, inexplicável. Crianças, assegurou-me ele, podem produzir sons extraordinários, e nossos sistemas de lubrificação podem apresentar enormes variações. Estritamente falando, portanto, não posso afirmar que a voz em si seja paranormal; o que Grosse e eu continuamos a considerar inexplicável é o fato de duas garotas conseguirem imitar homens idosos de forma convincente por um longo período, e o professor Fourcin admite que essa questão está além de seu campo de conhecimento especializado.)

Por fim, chegamos à sessão de discussão e perguntas. A meu pedido, o professor Roy fez um relato de seu caso poltergeist escocês, que tinha praticamente todas as características do nosso, inclusive uma curta amostra de vozes profundas semelhantes.

O único aspecto de nosso caso sobre o qual a maioria dos membros parecia querer perguntar a respeito era o que eles insistiam em chamar de "fraude", embora Anita Gregory gentilmente ressaltasse que essa era a palavra errada para o contexto, visto que ela implicava um embuste deliberado para ganhos comerciais. Certamente não se podia cogitar isso em Enfield.

Conforme membro após membro fazia seu discurso monótono, expressando suas obsessões particulares, fui ficando completamente farto daquilo. Assegurei ao auditório que a primeira questão que Grosse e eu havíamos investigado no caso fora a possibilidade de fraude, e a havíamos descartado totalmente como explicação para as ocorrências. Havíamos apresentado em detalhes nada menos que 26 incidentes que nenhuma hipótese de fraude poderia explicar. Isso não era suficiente?

Aparentemente não, pois um dos participantes quis saber exatamente quantos dos incidentes, que cautelosamente estimamos terem atingido a marca de 1.500 ao final de março de 1978, haviam sido observados por testemunhas externas. Respondi-lhe que não fazia ideia, e o convidei a dizer-me como exatamente se podia esperar que registrássemos detalhes precisos quando as coisas estavam acontecendo mais depressa do que poderíamos anotá-las, como ocorria com frequência.

A certa altura da discussão que se seguiu, declarei: "Alguns de vocês não querem aceitar o fato de que os fenômenos que esta Sociedade foi fundada para investigar realmente existem. Sendo assim, não sei por que fazem parte desta Sociedade, afinal." Pensei que havíamos apresentado um relato preciso e detalhado de um caso extraordinário, um caso que merecia ser estudado como um todo, não como uma mera cadeia de incidentes separados. Não obstante, a reação de cada pessoa que fazia uma pergunta era totalmente negativa: estavam todas interessadas apenas em fraude e estatísticas.

Consegui encerrar o encontro lembrando ao presidente da mesa que os bares logo fechariam. Estivéramos no palco por exatas duas horas, e eu não conseguia pensar em nada além de uma boa caneca da cerveja amarga de Cambridge. Por sorte, o presidente da mesa estava de acordo comigo.

No bar da Trinity College, encontrei um colega da SPR, da Escócia, que me contou que um colega seu, psiquiatra, tinha uma gravação de um efeito vocal muito semelhante ao presente em nossas gravações. Ele disse tratar-se de uma reconhecida característica de algo chamado síndrome de Gilles de la Tourette (SGT). Anotei o nome e peguei o endereço do psiquiatra, a quem mais tarde escrevi duas vezes propondo uma troca de fitas, mas nunca recebi resposta. (Por razões que explicarei mais adiante, passaram-se alguns meses antes de eu enfim descobrir o que era essa síndrome.)

"Bem", disse eu a Maurice Grosse em nosso trajeto de carro de volta a Londres, "o que me diz disso tudo? Nós com certeza agitamos as coisas, pelo menos!"

"Acho que existe muito medo envolvido, principalmente entre os acadêmicos", respondeu ele. "Veja, estamos ameaçando sua segurança ao apresentar-lhes fatos que não conseguem explicar. Então se recusam a admiti-lo, embora milhares de casos semelhantes ao nosso tenham sido registrados no mundo todo, ao longo dos séculos." Maurice parecia estar ainda sobre o palco, dando sua palestra, envolvido no tema. E prosseguiu: "Essa recusa poderia parecer, a princípio, uma atitude prudente diante de um assunto difícil. Porém, como esse tipo de lógica se aplica a outras ciências? Pense na psicologia, em que teorias aceitas costumam ter pouco que as torne aceitáveis quando testadas na prática. Ou a astronomia, em que teorias estabelecidas sobre a origem e a formação do universo são invalidadas quase que diariamente. E quanto à neurologia? Não sabemos quase nada sobre a verdadeira natureza do cérebro e sua relação com a mente; mesmo assim, o cirurgião ainda permanece pronto para sair cortando o cérebro, nem sempre com bons resultados. Os geneticistas podem nos dizer muita coisa sobre como os genes funcionam

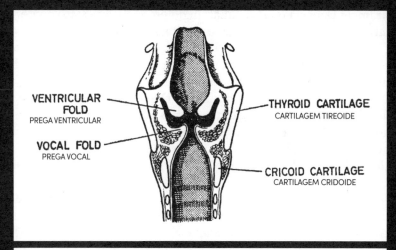

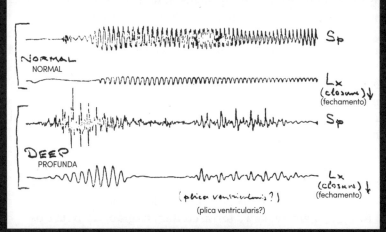

Fig. 4a. Seção frontal da laringe humana, mostrando as paredes de cartilagem e as pregas de membranas mucosas que envolvem as cordas vocais. As pregas ventriculares, ou "falsas", não atuam na fala normal. **Fig. 4b.** Resultados do experimento com o laringógrafo. A voz normal de Janet (acima) e a voz profunda (abaixo) mostrando o sinal de áudio (Sp) e a detecção do laringógrafo (Lx). Observe o período consideravelmente mais longo do sinal Lx da voz profunda. (Cortesia do professor A.J. Fourcin)

e sobre os fantásticos mecanismos da molécula de DNA, mas o que eles sabem do *controle* que faz tudo isso funcionar?".

"Onde está o conhecimento que perdemos nas informações?", interrompi. "T.S. Eliot. Você sabe: 'os ciclos do céu em vinte séculos nos afastaram de Deus e nos aproximaram do pó'. E ele disso isso quarenta anos atrás, muito antes da era da precipitação radioativa."

"E como ele tinha razão", tornou Maurice. "Todo o mundo está ocupado hoje em dia trabalhando na mecânica deste ou daquele problema científico, mas quem está interessado no grandioso pensamento, na ordem e na lei que fazem tudo se encaixar? Sei que a contemplação filosófica está fora de moda atualmente, mas acho que é a falta dela que leva ao materialismo, o que, por sua vez, leva ao ceticismo. E o ceticismo leva a lugar nenhum, como acabamos de ver."

"Ele me levou ao bar, correndo", disse eu. "Mas entendo o que quer dizer. Continue."

"Veja nosso problema", disse Maurice. "A atividade poltergeist é uma síndrome ou uma reunião de eventos individuais para formar um evento complexo. Cada um daqueles eventos precisa ser estudado por um tipo diferente de especialista, mas o problema com alguns de nossos colegas é que, em parapsicologia, ou pesquisa psíquica, especialistas demais aplicam sua especialização a apenas um aspecto do assunto. Eles podem nos dizer muita coisa sobre as árvores, mas nada sobre a floresta."

Continuamos dirigindo em silêncio. As palavras de Maurice me fizeram lembrar de uma passagem de um dos livros psicografados por escrita automática pelo médium espírita brasileiro Chico Xavier. Ao chegar em casa, logo fui procurá-lo:

> Os pesquisadores, atualmente batizados como metapsiquistas, são estranhos lavradores que enxameiam no campo de serviço sem nada produzirem de fundamentalmente útil. Inclinam-se para a terra, contam os grãos de areia e os vermes invasores, determinam o grau de calor e estudam a longitude, observam as disposições climáticas e anotam as variações atmosféricas, mas, com grande surpresa para os trabalhadores sinceros, desprezam a semente.[2]

---

2 Francisco Cândido Xavier. *Os mensageiros*. Rio de Janeiro: F.E.B., 1944. p. 233.

ENGANAR O DIABO
capítulo 17

A matéria do *Daily Mirror* que noticiava os desdobramentos de nosso caso foi publicada no dia seguinte ao simpósio em Cambridge. *Bryan Rimmer*, pensei, *fizera um bom trabalho*. A matéria ocupava uma página inteira, e as fotografias dos travesseiros voando, feitas por Graham Morris, renderam boas duas páginas duplas. As palavras de Grosse e as minhas foram citadas com exatidão e na íntegra, e os comentários apresentados pelo dr. Fletcher pareciam sustentar o que dizíamos.

Os mágicos que estiveram em Enfield, porém, não estavam dispostos a tolerar aquilo. Milbourne Christopher, em Nova York, falando com Rimmer (por sugestão minha) ao telefone, declarou que não existiam espíritos envolvidos no caso, mas a espirituosidade das meninas. O ventríloquo Ray Alan, por sua vez, parecia seguro de ter desvendado o caso todo depois de uma única visita ao local.

"É muito triste", assim foram reproduzidas suas palavras na matéria, "mas aquelas garotinhas obviamente adoraram toda a atenção que recebiam quando objetos se moviam de forma misteriosa pela casa, e decidiram sustentar a coisa toda inventando a tal voz." Ele se esqueceu de que fora Grosse, não as garotas, quem "inventara" a voz. Rimmer destacou, com muita propriedade, que ainda que a voz fosse uma farsa, isso não explicava os outros acontecimentos estranhos.

Vários outros repórteres fizeram a cobertura da conferência em Cambridge, que fora aberta ao público. O jornal *News of the World* publicou uma matéria de meia página sob o título CAÇADORES DE FANTASMAS DIVERGEM SOBRE MISTÉRIO DE ASSOMBRAÇÃO OU CRIANÇAS LEVADAS, a qual noticiava que o dr. Beloff ainda sustentava a opinião de que as vozes profundas eram invenção das próprias garotas, enquanto outro membro da SPR declarava que "pesquisadores confiáveis (anônimos) não estavam impressionados, porque conseguiam produzir sons semelhantes", e que nossa investigação não era "suficientemente cuidadosa".

A melhor citação foi a de uma frase da sra. Harper: "Você não pode desvendar esse tipo de coisa direito se só esteve aqui por cinco minutos".

Para aumentar nosso já gordo arquivo de coberturas da imprensa, o *Daily Express* publicou uma matéria profunda de Richard Grant, que estava mais interessado no histórico psicológico do caso do que em seus aspectos sensacionalistas. Infelizmente, seu texto foi ilustrado com uma fotografia de Linda Blair como a garota da versão cinematográfica de *O Exorcista*. Sua semelhança com Janet era alarmante, e eu esperava que as semelhanças entre os dois casos parassem por aí.

As feições contorcidas da própria Janet acabaram aparecendo na capa da *Esotera*, uma excelente revista alemã. Dois de seus editores vieram à Inglaterra especialmente para testemunhar por si mesmos o caso, e a matéria foi escrita por Peter Andreas, um jornalista alemão que conhecia o cenário psíquico britânico tão bem quanto eu. Ele e os colegas foram recompensados com um acontecimento realmente impressionante enquanto estavam no interior da casa: uma escova plástica entrara voando na sala pela porta da cozinha, caindo a seus pés. Andreas observou que, embora uma das garotas estivesse na cozinha, ela não poderia ter atirado a escova sem ser vista.

Poucos dias depois da conferência em Cambridge, fiz uma visita ao professor Hans Bender em seu hotel, em Londres. Ele estava bastante interessado no caso e queria saber tudo a respeito, principalmente sobre os transes violentos de Janet, que não tínhamos mencionado em Cambridge.

"Essa é a fenomenologia da possessão", disse-me ele, quando terminei meu relato. "Você com certeza fez um ótimo trabalho, mas o problema agora é realmente como fazer o fenômeno parar." Concordei e pedi seu conselho. À exceção de William Roll, nos Estados Unidos, e Hernani G. Andrade, no Brasil, provavelmente não havia ninguém no mundo com mais experiência em casos de poltergeist, dos quais ele já tinha investigado mais de quarenta.

"Eu estaria inclinado a tentar um exorcismo", disse o professor Bender, para minha surpresa. "Não estou convencido de que um agente desencarnado esteja envolvido, mas nunca se pode prová-lo."

Respondi que estava relutante em envolver-me com exorcistas, como também o estavam Maurice Grosse e a sra. Harper, em especial diante do pavoroso caso Michel, na Alemanha, ao qual já mencionei.

"Ah, o *rituale* católico é desastroso", tornou ele, "porque é uma forma mecânica de realizar um ritual, sem a menor compreensão do histórico psicológico. Você *cria* demônios, sabe, forçando-os a dizer o nome. Bem, é terrível!" Ele pensava que seria melhor examinar o estado psicológico da família e talvez deixar um ministro da Igreja Anglicana tentar ajudar.

Ressaltei que vínhamos tentando encontrar um psicólogo que estivesse preparado para examinar qualquer coisa que tivesse relação com o caso, mas que todas as nossas tentativas fracassaram, e o psiquiatra local de assistência ao menor chegara mesmo a nos dizer para ir embora.

Por mais uma estranha coincidência, enquanto estávamos ali conversando, um exorcista estava a caminho de Enfield. Eu não soube disso até falar com Grosse, mais tarde, naquele dia, depois de minha conversa com o professor Bender.

Maurice me contou que fora a Enfield um pouco antes para contar aos Harper sobre a conferência e, ao chegar, encontrou um homem do *National Enquirer*, que havia levado consigo dom Robert Petitpierre, um monge anglicano e grande autoridade em exorcismo.

"Foi realmente muito constrangedor", disse-me Grosse. "Chamei o monge de lado e lhe expliquei a posição da sra. Harper com relação a exorcismos, e disse que eu teria que pedir que fosse embora. Ele foi muito solícito com relação a isso e foi embora. Francamente, a que ponto chegam os truques desses repórteres!"

Por fim, a controvérsia de "assombração ou travessura" perdeu força, a imprensa nos deixou em paz e voltamos ao trabalho. Ainda havia muita atividade ocorrendo em Enfield, mas reduzimos nossas visitas a pedido do dr. Sacks, um psiquiatra de Enfield (não aquele mencionado anteriormente) a quem John Burcombe conseguira fazer interessar-se pelo caso. O dr. Sacks examinou as garotas e foi muito gentil ao tranquilizar a sra. Harper, mas sua opinião sobre o problema parecia ser que ele cessaria apenas se deixássemos a família em paz. Infelizmente, isso não aconteceu, e Burcombe nos pediu, de forma específica e falando como membro da família, para voltarmos.

No mês de abril, durante o qual deixamos a família quase que totalmente sozinha, a sra. Harper anotou 155 incidentes distintos em seu diário. Alguns deles, que ela nos descreveu posteriormente com mais detalhes, eram bastante engenhosos. Certa vez, estava preparando o jantar quando ouviu uma batida na porta da frente. Ela foi ver quem era, junto com todas as crianças, e voltou para a cozinha, onde viu que um punhado de lenços de papel havia sido colocado entre a panela e a chama do gás. "A casa podia ter pegado fogo", disse ela.

Um incidente muito semelhante se repetiu posteriormente, quando Grosse estava na casa, mas, dessa vez, os lenços foram apenas chamuscados, embora estivessem bem acima das chamas.

As aparições de formas humanas se tornaram mais frequentes.

"Eu estava lá em cima ontem", disse Janet, "na cama. De repente, vi uma pessoa atravessar o quarto. Parecia um homem, e ele estava usando algo como calça marrom, sabe? E ele usava suspensórios e uma camisa esfarrapada, rasgada, e estava tentando me assustar. Ele tinha umas unhas compridas."

"Eu também vi", disse Rose.

"Vocês têm certeza de que não estão imaginando isso?", perguntou Grosse.

"Não", insistiu Janet, "porque eu vim gritando aqui para baixo. Ele não queria me deixar sair da cama, ficava tentando me puxar de volta para lá."

A sra. Harper defendeu Janet, algo que nunca fazia quando qualquer incidente era passível de dúvida. "Do jeito que desceu as escadas, ela estava muito agitada. Normalmente está rindo, como vocês sabem. Só que quando está chorando em geral é porque a coisa é séria." E foi a própria sra. Harper quem relatou ter visto a aparição mais nítida até então.

Devo enfatizar aqui, correndo o risco de ser repetitivo, que, de todas as muitas pessoas que conheceram a sra. Harper ao longo do caso, inclusive inúmeros jornalistas (e até mesmo pesquisadores) muitíssimo céticos, *nem uma sequer* jamais sugeriu que ela tenha passado outra impressão que a de uma pessoa absolutamente honesta com o hábito de descrever as coisas exatamente como as via.

"Estávamos todos nos aprontando para ir às compras, e decidi ir ao banheiro antes de sairmos. Enquanto eu estava lá dentro, ouvi um 'tum-tum-tum' do lado de fora da porta, como se alguém estivesse batendo nela com os pés. Então ouvi alguma coisa entrando na saleta da banheira, e fui até lá. Não havia ninguém, e me virei para voltar, para dar a descarga. A porta do meio estava aberta, e vi um menino...

"Pensei que ele estivesse andando", prosseguiu a sra. Harper, "mas ele devia estar *flutuando* pela cozinha. Era um garoto mais ou menos do tamanho de Jimmy e, por uma fração de segundo, dava para afirmar que era mesmo Jimmy. Mas percebi que não era, porque o menino não estava vestido como meu filho. Ele parecia estar usando um tipo de camisola e flutuava, como que deslizando."

"Tivemos um irmão", disse John Burcombe, quando ouviu a história. "Ele morreu aos cinco anos. E ele era bem parecido com Jimmy." Então, outra coisa lhe ocorreu. Em seu trabalho no hospital, ele geralmente tinha de lidar com cadáveres. "Quando uma criança morre", disse ele, "vestem-na com uma camisola branca comprida, que é conhecida como mortalha."

"Pensei comigo mesma, existiria alguma ligação? Ou estou exagerando?", disse a sra. Harper.

John Burcombe, que, como a irmã, passava a todos que o conheciam a impressão de ser a mais confiável das testemunhas, relatou ter visto, ele mesmo, várias aparições. Elas incluíam diversos vultos sombrios e impossíveis de identificar, nas escadas e na janela, um vulto que ele tomou por Janet olhando por uma das janelas do andar superior, embora a garota estivesse no andar de baixo na ocasião, e, por fim, talvez a aparição mais espetacular de todas, que descreverei no próximo capítulo.

Além das sombras e dos vultos, havia as luzes, que a sra. Harper viu em uma parede, certa tarde. Eram quatro luzes, duas redondas e duas em formato "como de chaves". Elas desapareceram depois de dois minutos, e reapareceram em seguida.

E havia ainda os escritos que apareciam regularmente nas paredes e no espelho do banheiro. Eram, em geral, mensagens algo inspiradoras, tais como EU SOU FRED ou apenas MERDA, mas, um dia, surgiu uma palavra estranhíssima, escrita com sabão no espelho do banheiro. Sua grafia era bem clara: Q, U, L, I, T. Grosse viu a palavra e a copiou ali mesmo, mas não conseguiu encontrá-la em nenhum de seus dicionários. Eu também não consegui encontrar a palavra, mas, quando fui à biblioteca para consultar o grande dicionário Oxford, encontrei a palavra QUILLET, a única que se assemelhava a QULIT.

Dizia o livro que aquela era provavelmente uma abreviação de QUILLITY, e apresentava um exemplo de seu uso, extraído de Shakespeare:

Alguns truques, alguns trocadilhos [quillets]
para enganar o Diabo.

Aquilo era estranho, bem como o fato de que uma grafia alternativa para essa hoje obsoleta palavra inglesa fosse *quilit*. Além disso, era igualmente estranho que o significado da palavra (truque ou gracejo, trocadilho) traduzisse exatamente o que fora o aparecimento da palavra. Teríamos um fantasma erudito em nossas mãos?

Por certo, não havia outros indícios disso. Um dia, porém, enquanto ouvia mais uma vez algumas de nossas primeiras fitas, Grosse notou mais um curioso exemplo da aparente erudição do poltergeist. Ele foi gravado durante o diálogo entre Matthew Manning e a voz, e dizia assim:

Matthew: "Você nem sequer sabe qual é meu nome. Qual é meu nome?"
Voz: "MATTHEW MANNING."
Matthew: "Pois não é. Esse é só um pseudônimo."
Voz: "ATÉ PARECE!"

Algum tempo depois, Grosse pediu a John Burcombe que perguntasse a Janet se ela sabia o que significava a palavra "pseudônimo", e ela garantiu que não fazia ideia e que nunca a ouvira antes. No entanto, a voz respondera de chofre ao comentário de Matthew, como se soubesse o significado. Se Janet estivesse produzindo a voz deliberadamente, teríamos esperado que ela dissesse "O que é isso?" em vez de "Até parece!". É verdade que o significado da palavra ficou bastante claro a partir do modo como foi usada naquele contexto, mas a reação imediata da voz pareceu-nos curiosa.

Esse era um bom exemplo de como um incidente relativamente insignificante acabava por revelar-se tão intrigante como algo maior, tal como sofás tombando. Outro exemplo ocorreu pouco depois do incidente com a palavra "quilit". Grosse de repente sentiu um fedor horrível, como de repolho podre, na casa. Isso o surpreendeu, pois a sra. Harper mantinha a cozinha sempre limpa, e ele não conseguia encontrar nada que estivesse liberando aquele odor.

"Que interessante", disse eu, quando ele me contou a respeito. "Quando Gerry Sherrick esteve aqui, ele disse que uma das entidades presentes era uma velha megera do mercado Spitalfields." Procurei a fita específica e encontrei o que queria.

"A senhora já sentiu algum cheiro horrível, como de legumes e verduras podres?", perguntava Gerry à sra. Harper. Isso fora exatamente um mês antes da experiência de Grosse.

"Ele deve ter dito isso depois que fui embora, naquele dia", comentou Grosse, "porque esta é a primeira vez que ouço isso. Ora, ora!"

"E, a propósito", disse eu, "a sra. Harper falou que sim, já havia sentido."

A partir de nosso ponto de vista, incidentes como esses, que envolviam alguém que não tinha ligação nenhuma com a família Harper, eram especialmente valiosos como provas. Muitos deles haviam ocorrido em diversas lojas e supermercados locais, também em ônibus e na rua. Após uma visita a um oculista, Rose disse que uma caixa de lentes começou a tremer quando ela e Janet passaram pelo objeto, e a porta da sala em que estavam se abriu e se fechou sozinha. Passou a ser difícil para Janet ir às compras sem que frutas, legumes e verduras saíssem de suas caixas e rolassem pelo chão. E, certa vez, quando os Harper atravessavam o parque, um grande tijolo caiu diante deles, embora não houvesse ninguém perto o suficiente para tê-lo atirado.

Com certo pesar, não examinamos nenhum desses incidentes "públicos" locais, à exceção daqueles descritos no Capítulo 2. Percebemos que, se o fizéssemos, estaríamos atraindo atenção para os Harper e seu problema, o que em nada facilitaria a vida da família. Lembramos como casos de poltergeist podem ser angustiantes quando os Winter, de Holloway, receberam uma série de cartas anônimas extremamente desagradáveis, uma das quais vale a pena transcrever na íntegra para que se tenha uma ideia do transtorno adicional que algumas vítimas de poltergeists têm que suportar, graças ao tipo de gente capaz de escrever tal coisa:

SAIAM DESTA PROPRIEDADE. NÃO QUEREMOS CONVIVER COM BRUXAS E DIABOS COMO VOCÊS, VOCÊS FIZERAM SEU APARTAMENTO PEGAR FOGO. QUANDO DEIXAREM SEU GATO E SEU CACHORRO PARA FORA, PORQUE VAMOS PEGÁ-LOS, É MELHOR VIGIAR ONDE ELES ESTÃO. NÓS QUEBRAMOS O FAROL DO SEU CARRO NA OUTRA NOITE. DA PRÓXIMA VEZ, VAMOS ARREBENTAR VOCÊS LÁ DENTRO. DOS IQUILINOS [SIC] DE [ENDEREÇO OMITIDO].

Não arriscaríamos que nada parecido acontecesse em Enfield.

Contudo, investigamos vários incidentes em que nenhum dos Harper estava envolvido. Muitos dos melhores deles envolviam membros da família Nottingham, e é difícil que qualquer um converse por cinco minutos com Vic, Peggy ou o filho do casal e não fique com a impressão de que são pessoas absolutamente honestas e normais.

Um dia, Vic saíra para fazer um serviço em um telhado e deixara seu furgão ali perto, com a chave na ignição. Eis como ele descreve o que aconteceu em seguida:

"Quando entrei de novo no automóvel, a chave tinha desaparecido. Refizemos nossos passos, passamos por todos os lugares em que havíamos trabalhado, e não encontramos a chave em lugar algum. Desistimos, porque vimos que não ia adiantar continuar procurando. De qualquer forma, meu velho furgão liga com qualquer coisa, então usei uma chave de fenda para dar a partida e irmos para casa. Usei essa chave de fenda por três dias, porque não conseguia encontrar uma chave desse número específico. No dia em que consegui arranjar a chave, voltei para dentro do furgão e lá estava a minha chave antiga, no assoalho.

Bem debaixo de meu pedal, e eu havia revirado o furgão. Não tinha como ela ter ido parar ali."

Mas lá estava ela, e ficamos impressionados com a semelhança desse incidente com aquele envolvendo o anel de Betty Grosse, que reaparecera exatamente um dia depois de Maurice ter escrito para pedir ao seguro ressarcimento pelo objeto.

Uma tarde, o filho de Vic, Garry, serviu-se de um pouco de limonada e saiu com o copo para o jardim dos fundos. Ele o deixou o em um canto, virou-se por um segundo e, quando foi pegá-lo, o copo estava vazio.

Vários dos amigos e parentes dos Nottingham passaram por experiências estranhas enquanto estavam na casa da família. A namorada de Garry, por exemplo: "Fui lá para cima pegar um disco", contou-nos ela, "e ele era o último da pilha. Quando fui pegá-lo, senti a mão de alguém me tocando, atrás de mim. Pensei que fosse Garry passando por ali, mas, quando me virei, não havia ninguém, daí gritei e desci as escadas chorando."

E isso não foi tudo. "No dia seguinte, ouvimos uma batida em nossa porta. Minha mãe foi até lá ver quem era, mas não tinha ninguém."

O sr. Richardson, pai de Peggy, apresentou a nós um relato bastante gráfico e bem-humorado de algo que lhe aconteceu. Ele estava lavando a louça do jantar na pia da cozinha, e Vic ainda estava sentado à mesa, do outro lado do cômodo. Na pia, ele havia colocado um escorredor verde de massas em cima de uma xícara e um pires. Sobre essa pilha, havia uma grande travessa de metal.

"Eu ainda estava lavando as outras coisas e, de repente, essa travessa de cima subiu a esta altura", disse ele indicando uma distância de uns quinze centímetros no ar. "E, quando vi, o escorredor já estava nesta altura — a xícara e o pires não se moveram — e foi para o chão. Acabou debaixo da cadeira." Esse foi um "truque" absolutamente típico de um poltergeist.

A reação do sr. Richardson foi imediata. Ele disse: "Dá o fora!", recorda-se, indignado.

"Agora o senhor está convencido de que essas coisas acontecem?", perguntou-lhe Grosse.

"Bem, agora eu estou, mas só depois de ter visto aquilo", respondeu ele. "Sem qualquer sombra de dúvida." Então, acrescentou: "Mas não acreditaria se alguém me contasse".

Os Nottingham eram uma família sociável, e estavam sempre recebendo amigos em casa para um jogo de dardos. Um de seus parentes próximos os visitara todas as quintas-feiras pelos três anos anteriores, mas parou de ir à casa depois que começou o problema com o poltergeist.

"Ele tem medo de levá-lo para casa", comentou Peggy.

Essa era uma reação comum. Uma senhora que estava hospedada na casa de número 86 ouviu alguns barulhos estranhos certa noite, mas se recusou a demonstrá-lo porque tinha medo de que "ele" voltasse com ela para Leeds.

Um dos incidentes mais testemunhados de todos, desde os episódios da almofada e da levitação em dezembro de 1977, ocorreu em 30 de maio de 1978, a segunda vez em que o poltergeist deu um espetáculo público em plena luz do dia e diante de várias testemunhas.

As crianças Harper estavam tendo uma discussão com as crianças do número 86 por cima do muro do jardim quando, de repente, uma chuva de pedras caiu no jardim dos Harper. Antes que alguém pudesse acusar os garotos do número 86 de tê-las atirado, veio outra batelada de pedras — da direção oposta. Para aumentar a confusão, o homem do número 90 foi até lá muito zangado, queixando-se de que alguém estava atirando pedras *nele*. Depois disso, começou um impressionante bombardeio de pedras, garrafas de leite, tijolos e torrões de gramado, objetos voando em todas as direções e caindo em pelo menos cinco jardins diferentes. Em pouco tempo, o tumulto era total na Wood Lane, vizinhos entrando e saindo depressa das casas uns dos outros para tentar descobrir o que estava acontecendo. O que quer que fosse, não eram as crianças Harper pregando peças, pois o fenômeno continuou mesmo depois de a sra. Harper tê-las reunido todas dentro de casa.

Maurice Grosse fez o possível na tentativa de desvendar o que tinha acontecido, tomando diversas declarações no dia e local da ocorrência. Uma das crianças do número 86 lhe contou que pedras da rua haviam subido ao telhado de sua casa, enquanto todos os Harper estavam plenamente em seu campo de visão. "Não foram eles", afirmou a garota com convicção.

Nem um único membro de nenhuma das cinco famílias que Grosse entrevistou podia de fato dizer que vira alguém atirando algo, e a descrição mais clara de todas veio do irmão de Peggy Nottingham, Jack Richardson, que estava fazendo uma refeição na cozinha da irmã, onde ele contou a Grosse o que vira:

"Eu estava bem aqui onde estou agora, jantando, e tem uma janela na minha frente. E houve um impacto muito violento, e a velocidade daquilo que entrou por ali..." Uma massa de terra havia colidido contra a porta dos fundos, abrindo-a. "E então eu olhei, e a vi voando naquela direção!" Ele apontou para o fundo do jardim dos Nottingham.

"É mesmo? Afastando-se da casa?", perguntou Grosse.

"Afastando-se da casa, diretamente", respondeu Jack Richardson, com firmeza. "Ela estava voando muito depressa e então simplesmente caiu. Era um torrão redondo, e encontramos os restos dele. Aquilo me fez tremer de medo. Foi a primeira vez que vi alguma coisa acontecer aqui." Ele estava visivelmente impressionado com o ocorrido. Afinal, se você olha por sua janela e vê alguma coisa voando para longe, na direção oposta, e sabe perfeitamente bem que não a atirou, o que se esperava que pensasse?

E o que se esperava que Brenda Burcombe pensasse no dia em que sua torta de carne de porco desapareceu? Ela a havia comprado para o almoço e a levado para casa, deixando-a sobre a mesa da cozinha. Pouco depois, a torta simplesmente desapareceu, e Brenda nunca a encontrou, embora tenha chegado a voltar à loja para ver se não a tinha deixado lá. Mais tarde naquele dia, uma mensagem apareceu rabiscada no espelho do banheiro dos Harper: "PEGUEI SUA TORTA DE PORCO". Rose, que não sabia nada a respeito do almoço desaparecido de Brenda, limpou o espelho quando chegou da escola, mas, depois de terminar seu chá, foi ao banheiro e encontrou exatamente a mesma mensagem no mesmo lugar.

Grosse e eu ficamos perplexos que tantos homens e mulheres comuns, além das famílias Harper, Nottingham e Burcombe, acabassem convencendo-se da realidade do poltergeist a partir daquilo que viram com os próprios olhos. Não obstante, quase toda vez que levamos ao local algum colega membro da SPR, não acontecia absolutamente nada, e eles achavam difícil acreditar que algo já tivesse acontecido, embora a maioria deles fosse obrigada a admitir que considerava igualmente difícil não acreditar nas testemunhas em questão.

No entanto, esse nem sempre foi o caso com visitantes que estiveram várias vezes na casa. Uma dessas pessoas foi Rosalind Morris, da rádio BBC, que, como nós, começou a ter problemas com seus gravadores. Um dia, ao chegar a Enfield, ela notou que seu equipamento de gravação não estava funcionando, pois um de seus botões parecia ter sido pressionado com tanta força que havia emperrado. O equipamento estivera funcionando perfeitamente bem antes de ela sair de sua casa, e Rosalind tinha certeza de que ninguém batera em sua bolsa no trem.

Em outra visita, ela levou consigo um dos melhores aparelhos da BBC, um gravador de fita em rolo, normalmente considerado um dos mais confiáveis já fabricados. Ela estava bastante habituada a ele, carregou-o com cuidado, começando a gravar em seguida, quando então a fita se enrolou e emperrou, sem poder avançar nem retroceder.

No dia seguinte, ela levou o equipamento para que um engenheiro da BBC, Don Hitch, o examinasse. Ele descobriu que o que acontecera foi que a fita tinha torcido durante a gravação, depois de algumas voltas dela terem saltado para fora do carretel de alimentação, quase exatamente a mesma coisa que acontecera à câmera de vídeo Pye.

"Embora eu não possa afirmar categoricamente que isso não poderia ter acontecido em circunstâncias normais", disse o sr. Hitch em uma declaração assinada de próprio punho, "não consigo me lembrar de um caso semelhante em meus sete ou oito anos de experiência com esses equipamentos. Para mim, esse incidente em particular permanece sem explicação."

Houve uma única exceção à aparente regra do poltergeist de que membros da SPR não deveriam testemunhar nada em sua primeira visita. Foi o professor Hasted, que, apesar de nutrir um vivo interesse no caso há vários meses, proporcionando-nos não só equipamentos importantes e conselhos igualmente valiosos, mas também a ajuda em tempo integral de David Robertson, esteve uma única vez em Enfield.

Os Harper estavam se recolhendo para dormir, todos já no quarto, à exceção de Rose, que permanecia ao pé das escadas, totalmente à vista do professor Hasted. Ouviu-se, então, um estrondo na sala de estar. Todos foram até lá e encontraram uma cadeira tombada e a lâmpada do teto balançando de um lado para outro. A lâmpada havia quebrado, e de uma maneira muito incomum. O professor Hasted a levou consigo para examiná-la e descobriu que um dos suportes de vidro em que se encaixava o filamento estava partido. "Isso é muito raro", contou-me ele.

Foi estranho que isso acontecesse na presença de um investigador que pensaria em examinar a lâmpada para descobrir exatamente como ela se quebrara. Peguei-me novamente tomado de um pensamento que me ocorrera no início do caso: Estávamos investigando um poltergeist ou ele estava nos investigando?

MINHA CABECINHA
capítulo 18

"Quero ir embora daqui", disse Janet, certo dia, em junho de 1978, época em que o espetáculo Enfield já se desenrolava havia nove meses, sem dar sinais de encerramento. "Essa coisa, essa *coisa*..."

"Estou muito preocupada com Janet", disse-nos a sra. Harper. "Agora acredito que ela esteja fazendo algumas dessas coisas, mas não sabe que as está fazendo. Andei observando-a com muita atenção." Ela se lembrou da noite do primeiro transe violento de Janet, em outubro. "Acho que aconteceu alguma mudança nela naquele dia. Será possível que esteja possuída por outro espírito, lá dentro? E ele esteja dizendo para ela fazer essas coisas? Sei que parece uma coisa horrível, mas é como vejo."

O principal motivo de sua preocupação foi ver Janet sair do banheiro com uma expressão estranha no rosto. Como se ela não estivesse "com ele", disse a mãe.

"O que estava fazendo lá dentro, Janet?", perguntara a sra. Harper.

"Não sei o que fazer com isto. Estava na pia", respondeu Janet. A mãe não precisou perguntar o que era "isto".

"Quando olhei", contou-nos ela, "parte do excremento estava na pia, e a outra parte parecia estar na flanela. Não posso dizer que a vi fazer isso, porque a porta estava fechada, mas tive uma sensação de que ela fez e, depois, percebeu que tinha alguma coisa errada, e meio que não sabia o que fazer com aquilo."

Mesmo que Janet fosse capaz de um comportamento tão repugnante, coisa que eu não podia acreditar, ela se permitiria ser pega tão facilmente? Contudo, independentemente do quê ou de quem houvesse "entrado" nela, Janet com certeza não foi conscientemente responsável por um incidente que ocorreu dois dias depois.

Ela estava descascando batatas quando a tigela com as cascas de repente saltou para o chão. Grosse estava na sala de estar, o gravador ligado, e tinha a garota totalmente em seu campo de visão. Ela não havia jogado a tigela.

"O que foi isso?", perguntou ele.

"Ah, a tigela pulou", respondeu Janet, como se aquilo fosse a coisa mais normal do mundo. Grosse, como sempre fazia em tais ocasiões, gravou um relato do testemunho ocular, aproveitando que seu gravador já estava ali.

"A tigela pulou da pia da cozinha para o chão, ao lado da pia", disse ele. "Agora, eu ouvi claramente acontecer, e ela não estava perto o suficiente. Ela estava completamente em meu campo de visão." Grosse teve certeza de que esse era mais um incidente genuíno.

A coisa parecia gostar muito de batatas. Certa tarde, em que era a vez de Rose descascá-las, assim que a garota colocou a panela com as batatas em cima do fogão, o utensílio se ergueu no ar, disparou pelo cômodo e colidiu com a porta, espalhando batatas pela cozinha inteira. Rose notou um detalhe curioso.

"Ela estava girando de cabeça para baixo", disse a menina, "mas as batatas continuaram lá dentro... aconteceu tão depressa." Mesmo enquanto estavam todos limpando a bagunça, a centrífuga de roupas que ficava no corredor começou a pular. "Era como se ela estivesse tentando se atirar em Janet", disse Rose.

"Ela se mexia como uma máquina elétrica ou alguma coisa do tipo", foi a versão de Janet. "Então, deu um estalo alto e tentou vir para cima de mim."

O poltergeist, como uma criança travessa, gostava de jogar coisas ao chão e adorava principalmente usar artigos de cozinha como tijolinhos de brinquedo. Um dia, quando John Burcombe estava na casa, todos eles ouviram um retinir na cozinha. John chegou lá primeiro.

"Estávamos aqui dentro", disse ele, "e ouvimos a garrafa de leite bater no chão, e saí com todo mundo." Ninguém estivera na cozinha, na ocasião. O que todos eles encontraram ali foi uma bela exibição: quatro plantas do peitoril da janela formando um triângulo, com uma delas no meio, e a garrafa de leite ao lado, mais uma caixa de lenços e um recipiente plástico de pé sobre um dos lados e uma tigela vermelha emborcada.

Certo dia, a coisa, só para variar, chegou mesmo a dar uma mãozinha para a sra. Harper enquanto ela cozinhava. Ela fazia um bolo e estava prestes a colocar açúcar na tigela em que misturava os ingredientes quando ouviu claramente uma voz em seu ouvido, dizendo:

"Você não tem açúcar suficiente aí, mãe!" O som parecia o de uma das vozes, mas nenhuma das crianças estava em casa e, ao verificar, ela descobriu, é claro, que de fato não tinha açúcar suficiente para sua receita de costume.

Embora incidentes como esses restaurassem nossa convicção de que Janet não estivesse diretamente envolvida em todos os aspectos da atividade, estávamos começando a compartilhar da preocupação da sra. Harper com relação ao comportamento geral da garota. Ela ainda tinha grande dificuldade em deitar-se para dormir sem ser arremessada para fora da cama e, apesar de geralmente nos dar a impressão de que adorava essa ginástica noturna, um incidente em particular nesse período revelou um detalhe extraordinário, quando Grosse quis saber da sra. Harper detalhes minuciosos sobre ele. Ela contava como vira Janet erguer-se da cama.

"Sessenta ou noventa centímetros, no começo", dizia ela, "e, então, duas vezes ela como que rolou, e depois levitou algumas vezes, muito alto, quase chegando ao teto."

"Ela estava deitada?", perguntou Grosse.

"Sim, tentando voltar para a cama."

"Na horizontal?"

"Sim", insistiu a sra. Harper. "Ela estava deitada, entrando debaixo das cobertas." Alguma coisa parecia anormalmente estranha para Grosse.

"Ela subiu com as cobertas?", perguntou ele.

"Não", respondeu ela, enfática.

"Não", concordou Janet. "Eu só subi. As cobertas não se mexeram."

"Espere um instante", disse Grosse. "Ouça com muita atenção. Você estava deitada, sob os cobertores e então levitou para o alto, mas os cobertores não foram com você. O que está dizendo é que simplesmente atravessou os cobertores!"

"Não sei", tornou Janet.

"Foi o que me pareceu", disse a sra. Harper. "A cama não pareceu ficar desarrumada."

Isso era um pouco demais. A essa altura, tínhamos que acreditar na levitação, mas em levitação *através dos cobertores*?

Bolamos um plano que esperávamos nos permitisse ver aquilo por nós mesmos. David Robertson instalou o equipamento de filmagem, fixando a câmera na parede do quarto e colocando o gravador e o monitor no quarto dos fundos, que ele deixou trancado. Então, na hora de dormir, envolvemo-nos todos em uma elaborada encenação que tínhamos ensaiado cuidadosamente mais cedo.

Estando as garotas na cama, David entrou no quarto dos fundos com Grosse. "Isso não é nada bom", disse ele, alto, "não está funcionando." Então, seguiu-se uma longa discussão técnica, para que as meninas ouvissem.

"Conheço um camarada aqui na rua que deve ter a peça de que precisamos", disse Grosse. Em seguida, ele e David saíram da casa, pegaram o carro, dobraram a esquina e ficaram lá parados por meia hora, tempo em que o sistema de vídeo obviamente ficou ligado, funcionando perfeitamente bem.

A ideia foi minha. Pensei que talvez conseguíssemos gravar alguma atividade real em vídeo caso as garotas não soubessem que estavam sendo filmadas. Além da questão de elas estarem ou não pregando peças, argumentei que o poltergeist parecia fazer uso dos sentidos das garotas e, assim, se elas não soubessem que estavam na "câmera escondida", ele também não saberia.

Pareceu uma ótima ideia na ocasião, mas foi um fracasso total. Assim que Maurice e David deixaram a casa, Janet saltou para fora da cama por nenhuma razão aparente e espiou pelo buraco da fechadura do quarto dos fundos. E, por uma coincidência particularmente infeliz, o monitor de televisão e o carretel do gravador, que estava girando, estavam diretamente alinhados com o buraco da fechadura. Janet os viu e logo soube que o equipamento estava funcionando. Ela percebeu que tentávamos pregar uma peça nela. Desse modo, nada aconteceu. Posteriormente, Janet me contou que havia suspeitado de nosso truque já de início.

Por fim, todos nós chegamos à conclusão de que Janet simplesmente tinha que sair da casa, como ela mesma sugerira. Grosse e o professor Hasted procuraram o dr. Sacks, o psiquiatra local que vinha acompanhando a família havia já algum tempo, e, após uma longa discussão, eles concordaram que Janet deveria voltar ao abrigo dirigido pelas freiras católicas.

Ela saiu de casa no dia 16 de junho de 1978, e, tão logo partiu, fiz outra tentativa de conseguir interná-la no Hospital Maudsley. Tinha certeza de que o dr. Sacks cooperaria mais do que o outro psiquiatra, quando de minha primeira tentativa, no ano anterior. Ao contatar o dr. Fenwick no Maudsley, tive duas surpresas agradáveis: ele não só ainda estava interessado no caso como conhecia o dr. Sacks pessoalmente e estava seguro de que não teria problemas em conseguir a papelada necessária.

Assim, em 25 de julho, Janet finalmente viajou para a região sul do rio Tâmisa pela primeira vez na vida e se instalou em um quarto iluminado e agradável no Instituto Maudsley de Neuropsiquiatria. Não conseguíramos visitá-la durante as seis semanas em que esteve no abrigo das freiras, mas elas obviamente haviam cuidado muitíssimo bem da menina, pois ela parecia ter melhorado bastante, tanto em termos físicos quanto mentais.

Foi um grande dia para mim. Janet, enfim, estava onde, alguns meses antes, eu queria que ela estivesse — em um dos melhores hospitais do gênero no mundo, sob a supervisão pessoal de um psiquiatra que parecia ter interesse genuíno no caso. E fiquei lisonjeado e muito satisfeito quando o dr. Fenwick pediu que Grosse e eu fôssemos até lá para colocar os médicos a par da situação antes de sua próxima ronda pela ala, quando então conheceria Janet. Passamos uma semana trabalhando em uma apresentação bastante concisa do caso como um todo, e ficamos um tanto surpresos quando chegamos ao hospital e encontramos uma sala cheia de médicos que aguardavam para nos ouvir falar sobre poltergeists.

Grosse fez a leitura do relatório que havíamos preparado com cuidado, destacando as principais características do caso enquanto os onze médicos ouviam atentamente. Eles eram, em sua maioria, psiquiatras, e pareciam muito distintos. Havia também dois africanos, que pareciam um pouco constrangidos. Suspeitei que aquilo que estavam ouvindo não era exatamente o que tinham vindo aprender na Europa.

Maurice lembrou aos médicos que casos do tipo poltergeist já desconcertavam o mundo havia pelo menos 1.500 anos, e que nunca foram adequadamente estudados por especialistas tão qualificados como eles. Apresentou um resumo das abordagens espírita e freudiana com relação a teorias explanatórias, lembrando rapidamente os ouvintes de que fora a Sociedade de Pesquisas Psíquicas que fizera a primeira menção, em inglês, em seu periódico, ao trabalho de Freud. (Coloquei isso em nosso roteiro para mostrar que a SPR tinha uma história bastante respeitável e não se tratava meramente de um bando de malucos caçadores de fantasmas.)

Tal como em Cambridge, ele concluiu a exposição com um apelo por uma abordagem interdisciplinar do problema. "Casos desse tipo, qualquer que seja sua verdadeira natureza, são de grande interesse porque envolvem indiscutíveis interações entre mente e matéria. Portanto, parecem ser o campo para o físico e o psiquiatra." O professor Hasted estava cuidando da física, e nós esperávamos que eles pudessem descobrir algo sobre o outro aspecto do problema — a mente de Janet.

Quando Grosse terminou seu relatório, fez-se absoluto silêncio. Eu tinha certeza de que nunca antes se ouvira nada parecido no Maudsley, pois embora eu soubesse que duas das vítimas de poltergeists estudadas pelo professor Bender haviam sido examinadas por psiquiatras, não consegui encontrar nenhum registro de que isso já tivesse sido feito na Grã-Bretanha, com a possível exceção do caso escocês, sobre o qual não pude encontrar mais detalhe algum, exceto de que ele tivera um fenômeno envolvendo uma voz semelhante à nossa.

O dr. Fenwick quebrou o silêncio levemente constrangedor com um pedido de mais detalhes sobre os estados alterados de consciência de Janet, e por fim a reunião, que esperávamos que duraria quinze minutos, prosseguiu por mais de meia hora, embora alguns dos médicos presentes permanecessem em silêncio durante todo o tempo. Suspeitei que tivessem sido pegos de surpresa e simplesmente não soubessem o que dizer.

No entanto, certamente sabiam o que fazer, e fomos informados de que Janet seria submetida a um tratamento completo, inclusive com exames físicos e psicológicos detalhados. Se houvesse algo errado com ela, tínhamos certeza de que eles descobririam.

Enquanto isso, em Enfield, houve apenas um problema. Agimos com base na suposição de que Janet era o principal foco da atividade poltergeist e que, se a afastássemos de casa, o problema cessaria. Contudo, não cessou.

Poucos dias depois de ela ter ido para o abrigo das freiras, John Burcombe fez uma de suas regulares visitas aos Harper. Ele abriu o trinco do portão do jardim e avançou até a porta da casa; assim que a alcançou, a porta se abriu. Ele entrou, pensando que uma das crianças a abrira e estivesse de pé, atrás da porta, mas uma vez lá dentro ele ficou chocado. Não havia absolutamente ninguém em casa.

Embora Burcombe já estivesse acostumado a ocorrências estranhas tanto na casa da irmã quanto na própria, ele se sentia mais que um pouco perturbado quando algo desse tipo acontecia, estando ele sozinho. E mais duas surpresas estavam a sua espera.

A primeira ocorreu poucos dias depois. Grosse e eu havíamos combinado de assistir a uma palestra sobre discos voadores na SPR. Mal se podia ouvir o palestrante no fundo do auditório, e minha mente começou a vaguear. Então, ouvi a menção do palestrante à palavra "poltergeist" e me voltei para Maurice.

"É tudo de que precisamos em Enfield", sussurrei. "Um disco voador."

Mais ou menos no momento em que eu falei isso, John Burcombe estava à porta da sala de estar dos Harper, já saindo depois de um bate-papo com a irmã. Então, ambos ouviram um barulho estranho.

"Você ouviu isso?", perguntou a sra. Harper.

"Parece uma criança rindo", respondeu Burcombe. Ele teve a impressão de que o som vinha da cozinha. Ah, bem, nada com que se preocupar, pensou ele, e colocou a mão na maçaneta da porta da sala de estar que leva ao pequeno corredor. Foi nesse instante que aconteceu. "De repente, senti uma forte corrente de ar às minhas costas", contou-nos ele, no dia seguinte. (A porta da frente estava fechada.) "Eu me senti sendo empurrado para a frente. Eu tinha total consciência do ambiente em que estava, mas, assim que aquela corrente de ar passou, senti... eu sabia onde estava, mas era como estar cercado por... nada."

Grosse e eu considerávamos John Burcombe a melhor das testemunhas. Ele sempre procurava as palavras certas para dar uma descrição exata dos muitos incidentes que tinha testemunhado ao longo de todo o caso.

"Suponho que se possa dizer que era um vácuo", continuou ele. "Mas não poderia ser, porque tudo estaria em absoluto silêncio. E eu conseguia ouvir as coisas. Foi uma sensação muito esquisita, era como... como estar em algum lugar... você sabia onde estava, mas estava perdido, cercado por nada. Separado de tudo."

Ele calculava que a experiência tivesse durado cerca de trinta segundos, e não disse nada a respeito na ocasião. Ao caminhar de volta para a própria casa, sentiu-se cansado de repente. Ao chegar, ele preparou uma xícara de chá, tomou um gole e adormeceu imediatamente, acordando setenta minutos depois.

"Consigo dormir em qualquer lugar", disse ele. "Consigo dormir em um varal. Mas, normalmente, quando se tira um cochilo, você tem consciência disso. Só que dessa vez veio assim!", e ele estalou os dedos.

Teria ele sido pego no rasto de um disco voador que passava por ali? Quem sabe? É provável que qualquer explicação do que aconteceu em Enfield em 1977 e 1978 seja absolutamente fantástica em termos de nosso conhecimento atual. (A propósito, houve inúmeros relatos de avistamentos de óvnis na região de Enfield durante o caso, mas nem nós e nem os Harper nunca mencionamos o assunto.)

A terceira experiência de John Burcombe enquanto Janet esteve fora realmente o deixou muito assustado. Dessa vez, não só não havia ninguém na casa como a família Harper inteira estava a uns oitenta quilômetros do local. Eles estavam em uma viagem de férias na costa de Essex, com Janet, que recebera permissão de deixar o Maudsley para a ocasião. Como antes, John ficava de olho na casa enquanto eles estivessem fora.

"Nesse dia", contou-nos ele, "entrei na sala, parei, olhei pela janela, para as pessoas que estavam passando, e então virei para minha direita, olhando diretamente para a cozinha. E lá eu o vi, sentado à mesa da sala de estar: um homem.

"Ele estava sentado em uma cadeira à mesa", continuou Burcombe, "de costas para mim, apenas sentado ali. Mantinha um dos seus braços sobre a mesa. Roupas? Estava vestindo uma camisa branca com listras azuis, sem colarinho. Era o tipo de camisa — não dessas camisas novas — antiga, como se vestia nos anos 1930. Mangas enroladas para cima, calças pretas, cinto de couro, cabelo grisalho, não muito cheio, meio ralo.

"O susto que eu levei vendo isso!", desabafou Burcombe. "Ele não se moveu, e parecia, para mim, um intruso. Olhei para ele, e passou pela minha cabeça dizer: 'Qual é a sua, meu chapa? O que você está fazendo aqui dentro?'

"O sujeito estava de costas para mim, a cabeça erguida, olhando diretamente para a frente. Eu me preparei para dizer alguma coisa, mas então me dei conta de onde estava. Fechei os olhos, como que piscando, por uns dois segundos. Então eu os abri — e ele havia sumido!"

"Ele parecia totalmente sólido?", perguntou Grosse.

"Era exatamente como você agora", respondeu Burcombe, sem hesitar. "Como uma pessoa absolutamente normal, sentada à mesa. Nenhuma nebulosidade, nada. Nítido." Isso acontecera por volta das cinco horas, em uma tarde de verão, ou seja, em plena luz do dia.

"Saí de lá feito um foguete", prosseguiu ele. "Fiquei apavorado. Voltei para a casa e disse a minha esposa: 'Sinto muito, mas não volto a entrar sozinho naquela casa de jeito nenhum. O maldito lugar é mal-assombrado!'."

Mais tarde, naquela mesma noite, a filha de John, Brenda, também voltou para casa parecendo muito assustada. Ela era igualmente uma veterana da campanha de Enfield, tendo testemunhado vários incidentes tanto na própria casa como na casa dos Harper. Era uma garota centrada, sem propensão à histeria ou a uma imaginação fértil.

"O que aconteceu?", perguntou-lhe o pai. Ele não contou nada à filha sobre sua própria experiência.

"Bem", respondeu Brenda, "acabei de passar pela casa de Peggy Nottingham, e vi uma sombra atravessando a sala de estar dela, por dentro." A jovem deve ter passado pela casa algumas centenas de vezes desde agosto de 1977, mas nunca testemunhara nada parecido. Ela não conseguiu fazer uma descrição clara do que vira, mas não restavam dúvidas de que, fosse o que fosse, dera-lhe um belo susto, e tendo ocorrido logo depois da experiência do pai na casa ao lado, aquilo nos fez pensar.

Vic Nottingham ficou intrigado com o relato de Burcombe sobre a aparição em sua casa. Perguntamos a Vic, com cautela, se ele achava que poderia ser seu pai. (A voz costumava afirmar ser Fred Nottingham, alegação que não conseguíamos levar a sério porque, de acordo com todos os relatos, ele fora um homem gentil que as meninas Harper tinham conhecido e do qual gostavam.)

"Parece mais meu avô", disse Vic. "Ele era um homem que costumava ficar ali sentado, sem colarinho. Era peão de obra e sempre usava cinto." Então, ele se lembrou de outra coisa. Os avós tiveram um filho, um garotinho que morrera aos quatro anos, depois de cair em uma lareira.

"Poderia ter algo a ver com a lareira que foi arrancada naquela noite", sugeriu Peggy. Embora o incidente tivesse ocorrido em uma casa diferente, isso nos forneceu mais uma coincidência que poderia ou não ser significativa. (Rose, que não sabia nada sobre a morte do garoto, contara-nos, alguns meses antes, que vira um garotinho saltar para fora da lareira.)

Estaria tudo finalmente começando a fazer sentido? Por vezes, parecia que sim, mas era como um enorme quebra-cabeça do qual havíamos conseguido encaixar duas ou três peças dentre as outras mil. Tive inveja de Jimmy, que conseguia transformar uma imensa pilha de tijolos de Lego em um pequeno prédio muito bem-feito em pouquíssimo tempo.

Para confundir ainda mais as coisas, certo dia Rose comentou que uma das aparições que afirmava ter observado era uma que vira quatro anos antes. Ela e alguns amigos da escola, segundo me contou, andaram brincando com um tabuleiro Ouija em um galpão.

"Todos nós colocamos nosso nome em volta dele", contou a garota, "e dissemos que, se o copo tombasse, estava assombrado; se não tombasse, não estava assombrado. Fizemos isso. A gente não sabia direito o que estava fazendo na época, porque eu só tinha dez anos."

Ela falou que foi ideia de uma amiga que já tinha lido algo a respeito em um livro.

"E, quando fizemos, o copo tombou, e vimos o rosto desse homem na janela", continuou Rose. "E eu o vi outro dia, à noite: o mesmo homem."

Perguntei se tinha certeza.

"Certeza absoluta, porque era o mesmo rosto, e o mesmo tipo de olhos também." Continuei fazendo perguntas a ela, cautelosamente, por um longo tempo, evitando questões sugestivas diante das circunstâncias de sua "confissão" forçada para a tropa de choque do *Daily Mirror*. Porém, ela insistiu ferrenhamente em sua história, e me garantiu que nunca mais brincaria com tabuleiros Ouija outra vez.

Aproveitei a oportunidade para perguntar se ela lera *O Exorcista* ou assistira a qualquer um dos filmes baseados nele. Ela disse que não, e não pareceu interessada. (Cerca de um ano depois, a sra. Harper pegou emprestado na biblioteca um livro sobre fantasmas, mas em pouco tempo desistiu da leitura. "Nada disso é novo para mim", contou-me ela.)

As coincidências continuaram a aumentar. Um dia, Maurice Grosse telefonou para John Burcombe, como costumava fazer, para perguntar se estava tudo bem. Ele anotou o horário: 19h20. Burcombe disse que tudo estava tranquilo.

"Nesse caso, não irei até aí esta noite", disse Grosse. Mais tarde, naquela noite, ele me contou que teve a sensação de que Burcombe talvez estivesse errado, e, às 19h35, seu telefone tocou.

"Tive uma sensação instintiva de que era John ligando para me dizer que alguma coisa tinha acontecido", contou ele. "Quando atendi o telefone, de fato era John, e ele me disse que exatamente às 19h20, quando eu havia telefonado para ele, coisas começaram a acontecer na casa dos Harper."

Tampouco foram incidentes insignificantes. A sra. Harper deu os detalhes posteriormente, naquela mesma noite.

Eles estavam todos sentados na sala de estar. A sra. Harper sentiu uma de suas dores de cabeça premonitórias começar e mencionou o fato a Rose, que disse, de repente, estar com frio. Então, a sra. Harper se levantou e foi à cozinha, onde encontrou uma xícara, um prato e uma colher colocados sobre o tapete do chão.

"Ah, limpe isto!", disse ela, cansada. Rose foi até lá para ajudar. Em seguida, as duas ouviram um baque. A cadeira junto da janela havia tombado, embora não tivesse ninguém perto dela.

"Eu estava ali de pé, literalmente tremendo", contou-nos ela, mais tarde, naquela noite, "e, de repente, ouvi um baita estrondo. O aparador comprido perto da parede tinha saído do lugar, e dessa vez estávamos na cozinha."

Quer dizer, todos, à exceção de Janet. Ela estava a pouco mais de trinta quilômetros dali, no Hospital Maudsley.

"Se começar tudo outra vez", disse a sra. Harper, "não vou aguentar." Havia recomeçado, se é que, na verdade, chegara a parar. Os fenômenos certamente diminuíram após a partida de Janet, mas não cessado por completo. Nunca saberemos o que aconteceu de fato nos meses de julho e agosto de 1978, pois pedimos à sra. Harper que parasse de fazer suas anotações diárias, pensando que isso, de algum modo, pudesse desencorajar o prosseguimento da atividade. Usamos toda a nossa capacidade de persuasão para sugerir que o caso havia terminado agora que Janet estava fora do caminho, embora fosse bastante óbvio que estávamos enganados.

Tentamos de tudo, até mesmo conseguir o melhor tratamento psiquiátrico possível para Janet, e nada teve resultados, ao menos não permanentes. Contudo, todos os médiuns a quem recorrêramos tinham feito certo bem, de modo que procurei outros dois.

A primeira foi Ena Twigg, provavelmente a mais célebre médium britânica, que disse ter uma demanda tão grande de seus serviços que simplesmente não poderia sair de casa por algum tempo. Não obstante, ao telefone, ela me deu uma mostra impressionante e espontânea de seus lendários dons de clarividência.

"Vejo um livro de orações judaicas, escrito em hebraico", disse ela. "Está aberto mais ou menos na metade." Eu não lhe dissera absolutamente nada específico sobre o caso. Telefonei na hora para Grosse a fim de dar essa informação.

"Isso é muito interessante", disse ele. "Levei, de fato, meu livro de orações para lá semana passada, para fazer uma oração especial. E ela ficava bem no meio do livro." Eu sabia que ele costumava recitar orações na casa, mas nunca discutíramos o assunto, pelo respeito mútuo que tínhamos pela religião um do outro, mas nunca o vira com um livro de orações.

Poucos dias depois disso, discuti longamente o caso Enfield com Rose Gladden, no plácido cenário do solar Ickwell Bury, "vilarejo de exposição" no Festival Britânico de 1951, onde ambos estávamos dando palestras na maravilhosa sede da Fundação Ioga para Saúde. Era o cenário errado para um assunto tão desagradável, mas descobri que Rose, a quem eu conhecia apenas como terapeuta, tivera vivências pessoais de tudo com o que havíamos lidado em Enfield, inclusive as vozes, e pessoalmente se envolveu em vários casos sérios de poltergeists.

"Existe muita maldade voltando para a Terra neste momento", disse ela. "Eles querem assumir o controle. Aqueles que estão por trás disso são os verdadeiros malfeitores, demônios ou seja lá qual for o nome que quisermos dar a eles. Eles usam outros para fazer seu trabalho." Isso era exatamente o que George e Annie Shaw haviam dito.

Rose se ofereceu para ajudar em Enfield, mas ela estava partindo em uma viagem para os Estados Unidos, por isso concordei em entrar em contato quando ela voltasse, caso a situação ainda fosse séria. Todavia, por motivos que vão ficar evidentes no próximo capítulo, eu nunca recorri a seus serviços, mas certamente o farei se, Deus não permita, eu me envolva em outro caso de poltergeist.

Em 29 de julho de 1978, fui ao Hospital Maudsley, na companhia de Rosalind Morris, para visitar Janet.

Eu mal a reconheci. Ela parecia muito bem alimentada, tranquila, e um ano mais velha que da última vez em que a vira, dois meses antes. Janet estava sendo muito bem-cuidada, e seu relacionamento era bom tanto com funcionários como com pacientes, inclusive com um ou dois dos últimos que claramente tinham severas perturbações mentais.

Ela apontou, pela janela, para um homem caminhando depressa pelo agradável jardim que servia de pátio. Ele estava usando um chapéu preto sobre a farta barba negra e o casaco branco.

"Ele é um rabino judeu?", perguntou a garota. Expliquei que o homem era aparentemente um judeu chassídico, e descobri que ele era um dos médicos que a examinara. Ela disse que gostava do homem. Era gentil, e engraçado também.

Isso contrastava radicalmente com a hostilidade que sua voz havia mostrado repetidas vezes para com Grosse, a quem sempre se referia como um "rabino judeu", em tom de insulto.

Perguntei a Janet se havia acontecido alguma coisa enquanto ela estivera no abrigo das freiras.

"Sim", disse ela. "Subi ao banheiro, uma noite, e não queria acordar todo mundo, então não dei a descarga. Mas aí, quando eu estava saindo pela porta, a descarga acionou sozinha!" Uma pequena caixa também havia disparado do peitoril da janela de seu quarto em sua segunda noite ali, disse ela, acrescentando: "As freiras disseram que era minha imaginação". Então me mostrou um pedaço de uma régua plástica que, segundo ela, se partira em três sobre sua carteira, na escola. Esse foi um dos pouquíssimos incidentes que alegou ter acontecido na escola. Embora possam ter ocorrido outros, nós decidimos não sondar fatos ali, pois não queríamos que Janet ganhasse a fama de aberração da instituição, nem perante os funcionários, nem perante os outros alunos.

Rosalind e eu percebemos que nunca tínhamos estado a sós com Janet, então decidimos aproveitar ao máximo a oportunidade de questioná-la mais detidamente sobre alguns dos incidentes iniciais em Enfield. Ela se mostrou cooperativa, mas claramente não muito interessada no passado recente, e aproveitava cada chance de mudar de assunto. Em dado momento, apontou para uma grande rachadura no teto, em cima de sua cama. "O teto vai cair", disse ela.

"Ah, está tudo bem", tornei eu. "As construções sempre caem quando Janet Harper está por perto." Então, perguntei como ela se sentia com relação a todo o problema.

"Posso garantir que nada vai acontecer agora", respondeu ela, com seriedade. "É só a sensação que tenho." Ela disse que, quando voltasse para casa, iria redecorar seu antigo quarto e dormir sozinha.

"Quando está no outro quarto com Rose e sua mãe", perguntei, "você sente aquela força?"

"Aumentando, sim!", interrompeu ela. Pedi mais detalhes.

Janet pareceu confusa. "Sim, bem, minha mãe fica agitada, gritando um pouco comigo, porque está acontecendo perto de mim. É o que eu digo, ele vem atrás de mim. Sabe", acrescentou ela, solenemente, "as pessoas dizem que tenho muita energia."

Soltei uma gargalhada. "Você percebeu isso!", comentei. Aquele tinha que ser o maior eufemismo de todos os tempos.

Perguntei se algum incidente acontecera desde que chegara ao hospital. Então ela fez um relato detalhado de como a mesa de chá começara a oscilar, fazendo pratos escorregarem para todo lado, mas ela mesma examinou o fato e logo descobriu que um dos pés da mesa era muito curto. Certamente, essa teria sido a oportunidade perfeita para pregar uma peça, mas Janet encontrou por si só a explicação natural para um efeito que deixara bastante alarmado um dos demais pacientes. Mais uma vez, tive a impressão de que Janet não era uma menina que precisasse inventar fenômenos para impressionar pesquisadores, e novamente ela nos disse que tinha certeza de que nada aconteceria no Maudsley.

"Porque estou sozinha", explicou ela. "O poder não pode aumentar até explodir, porque não tem mais ninguém para ajudá-lo a aumentar, não é?"

"Foi isso que as irmãs lhe disseram?", perguntei. Aquele parecia um insight psicológico incrivelmente profundo para uma garota de sua idade.

"Não", respondeu ela, "foi o que eu concluí, enquanto estive pensando a respeito."

Rosalind Morris perguntou, em seguida, o que estavam fazendo a ela no hospital.

"Hum, cérebro, sabe, todas aquelas coisinhas grudadas na sua cabeça", disse a menina. "E eu estava deitada em uma cama, e tinha essa luz acendendo e apagando, e eu precisava fechar os olhos e depois abri-los. Padrões, o tempo todo." Ela estava claramente achando aquilo tudo muito divertido.

"Bem, é por isso que você está aqui", falei. "Para descobrir se tem alguma coisa acontecendo em seu cérebro que não deveria estar acontecendo."

"Eles não vão encontrar nada, não é?", tornou Janet. "Todo mundo acha que está tudo na minha cabecinha, mas não está. Eu sei que não está."

Gostaria de ter explorado melhor isso, mas nesse momento a porta se abriu e a menina mais linda que já vi na vida entrou no quarto. Tinha por volta de sete ou oito anos, usava um vestido com lindos bordados, tinha longos cabelos escuros e grandes olhos castanhos; disse que era hora do chá.

"Esta é a pequena Samaya", disse Janet. "Ela vem do Hebraico, ou algum lugar assim. Ela tem um skate maravilhoso. Custou umas 280 libras. E tem aquela doença."

Samaya sorriu timidamente para nós, e isso quase cortou meu coração. Quaisquer que fossem os problemas que Janet pudesse ter, sua vida não parecia estar em risco.

Janet pegou a mão daquele anjinho e elas saíram para o chá. Rosalind e eu fomos embora, aliviados por parecer que Janet, ao menos, estava livre de seus problemas.

No entanto, Rosalind ainda teve os dela, pois mais tarde, naquele dia, constatou que, pela terceira vez no caso Enfield, seu gravador havia manifestado algum defeito e parado inexplicavelmente de gravar na metade da fita. Por sorte, meu Sony surrado tinha gravado nossa sessão.

E, como vim a saber no dia seguinte, a família Harper também teve um problema: um problema novo e extremamente alarmante.

"UMA PRESENÇA ESTRANHA"
capítulo 19

Com relação a qualquer outro membro da família, Jimmy Harper fora o menos afetado pelo poltergeist. Ele invariavelmente dormia como uma pedra, ou feito uma "tempestade de neve", como dizia Janet, a cabeça bem enrolada no pijama e dormindo profundamente ao longo de incontáveis rituais noturnos, e, durante o dia, estava muito mais interessado em seu Lego que em mesas tombando.

Porém, certa noite, em agosto de 1978, ele começou a gemer enquanto dormia, e tinha algo no som de seus gemidos que fez a mãe ter arrepios na espinha. Parecia muito com o modo como os transes violentos de Janet haviam começado.

"Ai, meu Deus do céu", disse ela. "Não é possível que vamos ter uma repetição do que aconteceu com Janet." Havia apenas uns poucos minutos que Jimmy adormecera, mas ela teve que sacudi-lo com força para acordá-lo.

"Estou com medo", disse o menino quando enfim acordou. Não disse do que estava com medo e imediatamente caiu no sono outra vez. Os gemidos recomeçaram, e a sra. Harper o acordou mais uma vez.

"Estou com medo de fechar os olhos", disse ele. Quando algo perturbava Jimmy, ele conseguia falar com muita clareza. Rose fora dormir na casa de uma amiga, Pete estava no internato, e Janet estava no hospital, de modo que estavam apenas mãe e filho na casa.

"Preciso de mais alguém comigo", decidiu a sra. Harper. Então tirou Jimmy da cama e foram ambos para a casa dos Burcombe a fim de passar a noite.

Felizmente, o breve início de transe de Jimmy nunca se repetiu, mas, certa vez, ele se comportou de maneira muito estranha durante o dia. John Burcombe fora até lá para visitar a sra. Harper, e Jimmy, como de costume, estava brincando com seu Lego, totalmente absorto no que fazia.

"Como foi a noite?", perguntou Burcombe.

"Tão tranquila que chegou a ser irritante", respondeu a irmã.

"Bem, provou uma coisa, pelo menos, não é? Não tem nada a ver com vocês dois."

"POR QUE NÃO VAI SE FODER?"

Jimmy estava totalmente dentro do campo de visão de Burcombe.

"O que você disse, Jimmy?", perguntou a sra. Harper, perplexa.

"Nada", respondeu o garoto, sem tirar os olhos de seu Lego.

"O que me impressionou foi que eu poderia jurar que Janet estivesse ali, porque soou igualzinho àquela voz", contou-nos ele. Burcombe, naturalmente, referia-se à voz.

E Burcombe viria a ter outro choque. Certa noite, quando novamente a sra. Harper e Jimmy foram dormir em sua casa, ele foi até a casa da irmã para buscar o despertador.

"A casa estava às escuras", contou-nos ele. "Subi as escadas para entrar no quarto e pegar o relógio e, quando cheguei à porta, ela se abriu sozinha, por completo, para que eu pudesse passar. O que me pareceu mais bizarro foi que vi a maçaneta da porta girar, como se alguém a estivesse girando do outro lado. Isso por si só foi um pouco assustador, mas, conhecendo a casa, eu meio que dei de ombros e disse: 'Onde está o despertador? Só quero dar o fora daqui!'."

"Quando entrei no quarto, a porta se fechou atrás de mim. Não com uma batida, como uma porta se fechando sozinha. Peguei o despertador, dei meia-volta, caminhei em direção à porta, e a maçaneta girou por si mesma e a porta se abriu o suficiente para eu sair normalmente."

"Desci depressa as escadas e disparei de volta para casa. Sinceramente, acho que, se não conhecesse a história daquela casa eu teria pulado pela janela." No todo, Burcombe testemunhou portas se abrindo inexplicavelmente em três ocasiões diferentes. Ele pode ter sido enganado uma vez, embora duvidemos até disso, mas não três vezes.

Em outra situação, a sra. Harper acordou no meio da noite ao ouvir uma criança chamando "mamãe, mamãe", em um tom de voz choroso. Jimmy dormia profundamente. De qualquer forma, ele sempre a chamava de mãe, como todos os filhos. A única vez que fora chamada de mamãe foi quando Janet teve aqueles seus transes...

Então, deu-se mais um desdobramento que a sra. Harper bem poderia ter dispensado.

Dada manhã, ela subia pela rua com Pete, que voltara para as férias de verão.

"Ele nunca havia desmaiado na vida", contou-nos ela, mais tarde naquele dia. Ela trabalhara em um hospital na juventude e estava familiarizada com uma grande variedade de doenças e males físicos.

"Olhei para Pete e disse a mim mesma 'Tem alguma coisa errada com ele'. Seus olhos pareceram "subir", "entrando" na cabeça, e girar. Eu nunca tinha visto nada parecido, e já vi pessoas desmaiarem, em seus acessos."

Ela correu ao farmacêutico, que deu um remédio para Pete.

"Ai, Deus", pensou ela. "O que mais vai nos acontecer?" Pete, no entanto, logo se recuperou.

"Estou sentindo meus braços e pernas formigarem", ele disse.

Com Janet segura no hospital, e tendo Rose aparentemente aprendido a resistir à Coisa, como exortara Gerry Sherrick, será que agora a tal entidade começava a atuar sobre os dois garotos? Deveríamos ter mandado a família inteira para o Maudsley? Mais uma vez, tive a impressão de estarmos de volta à estaca zero.

A essa altura, já havia ficado evidente que Janet não poderia ser a causa imediata do poltergeist, pois a atividade ainda continuava, apesar da ausência da menina. Assim, não foi uma grande surpresa descobrir que não havia nada de errado com ela. Os médicos do Maudsley constaram que a inteligência, a estrutura cerebral, a personalidade e os raios X da garota estavam todos absolutamente normais, e eles não só não encontraram quaisquer indícios de danos em seu cérebro como também nenhum sinal de epilepsia.

Como me dissera a própria Janet: "Todo mundo acha que está tudo na minha cabecinha, mas não está." Nada havia de errado com sua cabecinha. Na realidade, ela e a mãe pareciam compreender, por intuição, que a situação geral da família era o que havia provocado o surgimento do problema, ou ao menos facilitado o processo. Era aquela "infelicidade cada vez maior" que a própria Janet sugerira ao dr. Fletcher durante sua única sessão de hipnose.

Eu tinha esperanças de descobrir mais sobre o caso por meio de hipnose, e conversei com um membro da British Society of Medical and Dental Hypnotists [Sociedade Britânica de Hipnotizadores Médicos e Dentários] recomendado pelo dr. Fenwick. O dr. Ashburn, como o chamarei, demonstrou grande interesse no caso, mas não gostou de minha ideia de usar regressão com uma garota da idade de Janet. Ele me contou sobre dois casos em que pacientes haviam feito regressão a acontecimentos particularmente perturbadores de sua vida e, como resultado direto disso, sofreram colapsos nervosos.

"É perigoso demais", disse o dr. Ashburn, "e eu pessoalmente não o faria." Ele deixou claro que nenhum de seus colegas aceitaria a tarefa, e foi enfático ao aconselhar-me a não procurar um hipnotista sem qualificações médicas. Desse modo, desisti do plano.

Agora parece praticamente inquestionável que poltergeists precisam de uma atmosfera de tensão grupal em que atuar, e que psiquiatras podem ajudar bastante, fazendo tal tensão diminuir. Todavia, deve ficar ao encargo do físico identificar a força que faz tombar mesas e, como observou o dr. Fenwick, depois que fiz a descrição de alguns dos fenômenos físicos:

"Você precisa reescrever as leis da física." Assegurei-lhe de que o professor Hasted não se importaria de fazê-lo: ele já havia escrito muitos volumes grossos sobre as leis conhecidas e, diferentemente de alguns de seus colegas, não tinha medo de aceitar a existência de forças e dimensões ainda fora do alcance de nossos atuais instrumentos de medição. No entanto, levaria algum tempo até que ele pudesse pelo menos começar a esboçar as novas leis.

Janet voltou para casa em setembro de 1978, depois de ter passado quase três meses fora. A mãe ficou muito satisfeita ao ver como a menina parecia saudável, e ela dava a impressão de ter crescido muito, bem como de estar recuperada de quaisquer problemas mentais que pudesse ter tido.

Ainda assim, não fazia nem meia hora que estava em casa quando viu algo.

"Era um garotinho, na cozinha", disse ela. "Para mim, parecia o Jimmy."

"Acha que viu um vulto parecido com o Jimmy?", perguntou Grosse.

"Eu não acho que vi, eu sei que vi", respondeu a garota, com firmeza. Sua descrição lembrava muito aquela da aparição relatada alguns meses antes pela mãe.

Rose e Jimmy também relataram numerosos avistamentos de uma variedade de idosos, ao passo que, para desespero da sra. Harper, e nosso, boa parte da antiga atividade recomeçou, sobretudo as batidas. Uma ou duas cadeiras ou mesas tombavam de quando em quando, e, embora os incidentes físicos não fossem tão sérios quanto antes, eram suficientemente sérios.

"Agora, em geral, acho tudo isso um absoluto tormento", disse a sra. Harper. "Às vezes, acordo e penso: o que eu gostaria agora, mais que qualquer coisa? Nunca pedi demais da vida, mas seria bom acordar um dia e dizer: graças a Deus por isso; o que quer que essa coisa queria, ela conseguiu e foi embora."

Ela e as crianças estavam visivelmente fartas. Afastar Janet tinha ajudado, mas não fizera o problema desaparecer por completo. E eu começava a me perguntar se passaria o resto da vida em um caso que já me mantivera ocupado por um ano inteiro quando recebi uma carta de um jornalista holandês chamado Peter Liefhebber.

O jornalista dizia ser editor de um novo semanário holandês chamado *Extra,* especializado em temas relacionados a pesquisas psíquicas. Será que ele poderia vir à Inglaterra e fazer uma matéria sobre o caso Enfield?

Ah, Deus, pensei, *outro não!* Eu estava ficando cansado de passar horas e horas relatando o caso a jornalistas e eles acabarem entendendo tudo errado. Contudo, sempre tive simpatia pela Holanda e pelos holandeses, de modo que telefonei para Peter e tive uma longa conversa com ele, que pareceu genuinamente interessado no caso, e com certeza se havia informado bastante a seu respeito. Disse-me que gostaria de trazer consigo um médium holandês que, segundo ele, tentaria fazer a atividade parar.

"Ah, agora estamos nos entendendo!", falei. "Você é o primeiro jornalista que se oferece para nos ajudar." Prometi cooperar o máximo possível, desde que Grosse concordasse, e ele concordou.

Peter chegou em outubro de 1978, preparado para dedicar uma semana inteira à história, e trazendo consigo um rapaz tranquilo e agradável chamado Dono Gmelig-Meyling. Peter explicou que o rapaz era um excelente clarividente e também curador, e havia pessoalmente feito cessar dois casos holandeses de poltergeist. O médium tinha certeza de que conseguiria fazer parar este também, e sua segurança me surpreendeu, pois nenhum dos outros médiuns que eu consultara dissera tal coisa. Dono, porém, era calmo como um encanador experiente que tivesse sido chamado para trocar uma borracha de torneira.

"Como você faz essas coisas pararem?", perguntei. "O que você realmente faz?"

"Curo as pessoas da casa, isso é o mais importante", respondeu ele. "Quando as pessoas estão perdendo energia demais de seu corpo, elas ficam muito adaptáveis a forças exteriores, e eu impeço que a energia saia do corpo. Eu fecho as portas." Isso era exatamente o que todos os outros médiuns disseram que estavam tentando fazer.

A sra. Harper concordou em tentar outro médium e eu lhe disse que, se o que quer que Dono fizesse não funcionasse, então eu francamente desistiria.

"Bem, vou dar uma chance a ele", disse ela. "Não quero apressar nada. Já esperei todo esse tempo."

A véspera da primeira visita dos holandeses fora um dia particularmente difícil. Uma cômoda havia tombado às três da madrugada, quando todos dormiam, em um dos quartos vazios. Mais excremento aparecera no chão, e os Harper ouviram batidas, passos e até mesmo o barulho de alguém respirando junto deles.

"Sinto que esta casa é assombrada por uma presença estranha, às vezes", disse a sra. Harper, "além da atividade poltergeist." Esse comentário viria a adquirir um significado novo diante do que estava por vir.

Em sua primeira visita, no dia 2 de outubro de 1978, Dono perambulou pela casa, falando pouco e aparentemente sem fazer nada. Perguntou se poderia conversar um pouco com Janet, a sós, e eles foram a um estabelecimento comercial ali mesmo na rua, onde comprou sorvete para a menina. Enquanto isso, Peter se mostrou uma ótima companhia, e nós todos discutimos o caso por mais ou menos meia hora, até Dono e Janet voltarem.

Dono, em seguida, foi sozinho ao andar de cima, onde ficou por alguns minutos, desceu e, após mais um pouco de conversa amena, fomos todos embora. Tive uma sensação de anticlímax. Peter pediu que eu não perguntasse nada a Dono até nosso próximo encontro, dois dias depois. Ele empreenderia uma viagem em corpo astral mais tarde, naquela noite, no hotel, para fazer o que precisava ser feito.

Tudo bem, pensei, *deixe-o fazer o que quisesse no plano astral*.

Enquanto seguíamos para Enfield, no dia 4 de outubro, perguntei a Dono quais haviam sido suas impressões iniciais.

"Primeiro, nós dois ficamos muito nervosos", contou-me ele. "Sentimos muita tensão na casa, e depois de mais ou menos uma hora é que a tensão foi desaparecendo, devagar."

Ah, que ótimo, pensei. Não precisávamos que viessem pessoas de lá da Holanda para nos dizer isso. "Você viu realmente alguma entidade específica?", perguntei.

"Fiz uma viagem fora no corpo, na esfera astral", prosseguiu Dono, "e encontrei lá uma mulher de 24 anos. Foi muito difícil identificar quem ela era ou o que estava fazendo, mas ela estava lá." Era tudo de que precisávamos. Já tínhamos idosos, idosas e crianças pequenas voando de lá para cá em Enfield, e agora tínhamos uma jovem de 24 anos também.

Mesmo com Peter ajudando-o com seu inglês, Dono teve dificuldades para explicar-me exatamente o que vira ou fizera durante seu período de viagem astral. Ele havia apenas entrado em uma espécie de transe e recebido impressões, das quais a mais forte era a da jovem, embora ele não tivesse sugerido que ela fosse o poltergeist. Ela simplesmente tinha uma estreita ligação com o caso.

Ele disse que a jovem parecia bastante agitada. "Ela estava tentando chamar a atenção da vizinhança."

Não pude evitar uma risada. "Ela conseguiu", respondi. "Ela chamou atenção de metade do mundo!" Mais uma vez, perguntei se ele acreditava que poderia solucionar o caso. Esse seria o verdadeiro teste de suas estranhas habilidades.

"Sim, acho que sim", respondeu o médium, com tranquilidade. Sua autoconfiança começava a me impressionar, e tive a sensação de que ele ao menos queria sinceramente ajudar os Harper.

Em sua segunda visita, Peter e Dono levaram muitos presentes para os Harper, inclusive caixas de bombom e um novo disco pop de John Travolta, o artista que havia substituído o Bay City Rollers no gosto das meninas. Janet colocou o disco para tocar, e ela e Rose começaram a saltitar pela sala, ambas dançando muito bem, pelo que notei. Tivemos todos uma noite agradável e descontraída, mas Dono parecia, mais uma vez, não fazer absolutamente nada.

"O que está fazendo especificamente esta noite?", perguntei-lhe, acima da batida animada da música do filme *Grease: Nos Tempos da Brilhantina*. Janet estava fazendo uma bela imitação da estrela do filme, Olivia Newton-John, cujo estilo de penteado ela copiara fielmente.

"Depende da atmosfera", respondeu ele, enigmático.

"Bem, o que você fez até agora?"

"Nada de especial", respondeu ele. "O mais importante é acalmar as garotas." *Ora*, pensei, *dando-lhes esse disco barulhento?*

"Se ainda houver uma entidade por aqui", prosseguiu Dono, "ela pode sugar a energia das meninas. Quando elas estiverem calmas e convictas de que nada pode acontecer, então, nada vai acontecer."

Sentamo-nos na cozinha e discutimos o mistério poltergeist enquanto tomávamos chá. Comentei que achava particularmente desconcertante que, embora poltergeists fossem idiotas, eles conseguissem fazer alguns truques muito inteligentes, como tombar mesas. Eu queria saber como faziam isso. Que energia estava sendo direcionada por quem, ou o quê, e, acima de tudo, por quê?

Peter Liefhebber tinha a impressão de que desmaterialização devia estar envolvida nisso, e também outras dimensões de espaço e tempo, e eu lhe disse que aquilo começava a tornar-se uma hipótese científica e tanto. Eu tinha perguntado ao professor Hasted, certa vez, se era razoável sugerir que matéria sólida pudesse atravessar outro corpo de matéria sólida.

"Através de barreiras energéticas, sim", respondera ele. O teletransporte é simples em física atômica. Está acontecendo o tempo todo. "Átomos passam a vida toda atravessando barreiras. É nisso que trabalhamos." Ele não acreditava no que se conhece como a "teoria da ponte de Londres", de acordo com a qual os átomos são separados e reunidos novamente, como a ponte que foi reconstituída depois de atravessar o Atlântico em partes separadas, mas estava disposto a crer na "teoria hiperdimensional", conquanto não pudesse sugerir de onde vinham as "quase forças" que erguiam mesas.

"Partículas individuais estão sendo teletransportadas o tempo todo", dissera-me o professor Hasted. "Em teoria quântica, não se pode dizer que uma partícula está em determinado lugar. Tudo o que se pode dizer é que é provável que ela esteja ali, e bastante improvável que esteja em outro lugar." E uma maneira de encarar o problema do poltergeist, disse ele, era sugerir que a mente pode influenciar essa probabilidade, agindo como aquilo que o físico norte-americano Evan H. Walker chamou de uma "constante de acoplamento".

"Ele não provou isso, mas é formalmente possível", prosseguira Hasted. O professor me garantiu que estava bastante convencido de que alguns dos efeitos físicos que observáramos em Enfield eram reais, e me mostrou um vídeo extraordinário em que uma tira de metal se dobrava ao meio sem ser tocada. Ele vinha estudando o fenômeno da entortadura de metais havia quatro anos, e seu escritório pululava com uma incrível exposição de pedaços de metal torcidos em todo tipo de formas por crianças com quem tinha trabalhado, as "mini-Geller". Portanto, havia algum sinal de luz no fim do túnel, ao menos com relação ao aspecto físico da síndrome poltergeist.

O professor Hasted fizera mais uma observação muito interessante. Eu mencionara que coisas estranhas começaram a acontecer a Maurice Grosse, tais como os episódios do motor de seu carro e da perda do anel de diamante. Perguntei-lhe se a síndrome poderia ser "contagiosa".

"Exatamente a mesma coisa me aconteceu", respondeu ele, "ou, pelo menos, a minha esposa." Ele me contou que, depois de seu primeiro encontro com Uri Geller, em 1974, inúmeros eventos inexplicáveis ocorreram em sua própria casa (como descritos em seu livro *The Metal Benders*). Isso o levou a sugerir que poderia haver um "efeito indutivo" em fenômenos psíquicos, pelo qual eles "se transferem" de um médium a outro.

Em 6 de outubro de 1978, fui me despedir de Peter Liefhebber e Dono Gmelig-Meyling, e pedi que me informassem sobre o que acontecera desde a última vez em que eu os vira, já que, dois dias antes, quem os levara de volta a Londres, de carro, após sua segunda visita a Enfield, fora Grosse. Eu tinha tomado o trem.

"Quando estávamos no carro com ele", disse Peter, "Dono e eu sentimos uma enorme tensão novamente, a mesma que sentíramos quando chegamos à casa dos Harper pela primeira vez. Dono disse que havia alguma coisa na aura de Grosse — ele não conseguiu identificar o quê, mas era algo relacionado muito de perto com todo o caso. Mais tarde, ele repetiu a mesma coisa. 'Tem alguma coisa com ele', disse Dono. 'Acho que tem alguns poderes psíquicos, mas não consegue lidar com eles, embora pudesse aprender.'"

Isso me surpreendeu. *Ninguém que visse Maurice Grosse pela primeira vez*, pensei, *poderia considerá-lo algo que não uma pessoa muito prática e lógica*. Eu sabia que ele tivera algumas experiências telepáticas, mas presumi que não passavam de parte do que chamamos bom tino de negócios, provavelmente compartilhado por todos os empresários bem-sucedidos. No entanto, eu precisava concordar que Maurice sempre demonstrara um vínculo com o caso Enfield que eu não conseguia explicar.

Dono, indo para seu quarto a fim de tomar um banho, disse que seria melhor que Peter me contasse o que havia acontecido, pois era difícil para ele se expressar em inglês por muito tempo. Assim, Peter e eu tomamos uma bebida e ele me contou a história toda. Naquela tarde, ele e Dono visitaram Grosse em seu escritório.

"Quando estávamos no metrô", começou ele, "Dono me disse que alguma coisa muito constrangedora ia acontecer. Ele podia senti-la no estômago, e essa sensação nunca falhava."

Tomei um gole de cerveja. O suco de laranja de Peter permaneceu intocado sobre a mesa, ao lado de meu gravador.

"Depois de cem metros", continuou ele, "o trem parou em um túnel, e tivemos a sensação de que havia algo errado; um acidente, talvez."

"Ah, os trens costumam parar nos túneis, especialmente onde as linhas se cruzam", disse eu. "É normal."

"Não, não foi isso", respondeu Peter. "Porque, depois, ainda continuamos com a sensação, e ela foi ficando cada vez mais forte ao sairmos da estação." A essa altura, eu já tinha certeza de que o próprio Peter era quase um "médium".

"Quando chegamos ao escritório de Grosse, a sensação era muito intensa. Enquanto subíamos as escadas, nós dois começamos a suar bastante e a ficar febris. Bem, a discussão que tivemos foi um tanto longa e muito interessante. Grosse estava tentando descobrir se Dono tinha poderes psíquicos, e se poderia passar por uma experiência fora do corpo quando quisesse.

"Dono respondeu que sim, então Grosse disse: 'Bem, por que não vai dar uma olhada em minha casa?'. Dono respondeu que aquilo não provaria nada, porque ele pode fazer a mesma coisa por telepatia, e ver coisas em sua aura. Isso não significa que ele esteve em sua casa.

"Grosse perguntou: 'Bem, se você pode ver coisas em minha aura, o que vê?'.

"Dono disse que via na aura dele uma conexão muito forte com o caso. Havia alguma coisa muito próxima, em sua família, relacionada à situação, e ele tinha uma relação pessoal muito grande com ela. Ele estava muito envolvido com o caso."

Devo ressaltar que, na ocasião, Peter e Dono mal haviam falado com Grosse, e eu não lhes dissera absolutamente nada sobre ele, à exceção de que era o encarregado do caso, e estava fazendo um bom trabalho, ao que me constava.

Então, continuou Peter, Dono abordou o assunto da jovem de 24 anos que ele sentira estar envolvida e perguntou a Grosse se ele podia explicar o que ela poderia estar fazendo ali. Dono insistiu que ela estava envolvida "de duas formas".

Mais cedo, no hotel, Dono pegara uma das fotografias de Graham Morris em que estava a família Harper inteira, e fizera um teste de "psicometria" com ela. Psicometria é o nome dado à habilidade que algumas pessoas têm de reunir informações sobre alguém apenas segurando um objeto que lhe pertença ou olhando para uma fotografia dela.

"Ele viu a jovem de 24 anos vinculada a Janet Harper, mas não aos demais", disse Peter. Essa era a primeira associação da jovem com o caso.

A segunda, que ele me contou em seguida, surpreendeu-me mais do que qualquer coisa que eu vira ou ouvira em Enfield e me deixou perplexo por algum tempo, embora, em retrospecto, creio que devesse estar preparado para aquilo.

"Em dado momento", prosseguiu ele, "Grosse nos contou que perdera uma filha em um acidente." Janet Grosse morrera em 1976 e, se estivesse viva naquela ocasião, teria acabado de fazer 24 anos. Embora não pudesse descrever a jovem que havia sentido estar presente em Enfield, Dono insistiu na idade dela, cuja impressão permanecera em sua mente. "Naquele momento", disse Peter, "as impressões de Dono concentraram-se em um ponto central, e ele disse para Maurice: 'Bem, é isso. É sua filha.'"

A SÍNDROME ENFIELD
capítulo 20

Encarei Peter Liefhebber sem dizer uma palavra. Estava perplexo. É verdade que Maurice Grosse me perguntara, certa vez, se eu imaginava que sua filha pudesse ter alguma relação com o caso Enfield, como mencionei no Capítulo 15, mas não acreditava nisso na ocasião, e não acreditava agora. Dono, concluí, havia realmente destrambelhado.

Não obstante, refleti, mais tarde naquele dia, que eu não conseguia imaginar Dono fazendo uma declaração dessas se não acreditasse sinceramente naquilo. Teria sido muitíssimo cruel de sua parte, e ele por certo não me parecia um homem que fizesse afirmações irrefletidas. Na realidade, ele falou muito pouco, e era evidente que tanto ele como Peter estavam desejosos de ajudar-nos e aos Harper.

Depois que Dono e Peter voltaram para a Holanda, tive uma longa conversa com Maurice. Eu estava naturalmente ansioso para ouvir sua versão do encontro com os holandeses, e para contar-lhe sobre o meu. Primeiro, coloquei minha fita para que ele ouvisse e perguntei se o relato que Peter fizera sobre o encontro era exato.

"Sim", respondeu Grosse. "Foi assim que aconteceu. É verdade que fiquei um tanto impressionado com Dono. Ele se mostrou muito confiante, mas não ficou se exibindo."

"E esse negócio sobre sua Janet?", perguntei. Era uma pergunta difícil, mas eu sabia que Maurice, que costumava falar sobre a filha comigo, estaria preparado para lidar com aquilo de maneira objetiva.

Ele ponderou por um instante. "Bem, infelizmente — sendo este um caso de poltergeist —, é bem possível que essas supostas entidades tenham o poder de enganar e confundir os médiuns. Se elas conseguem nos confundir, e com certeza fizeram isso, por que não haveriam de confundir pessoas como Dono e todos os outros médiuns que estiveram em Enfield? Isso ao menos explicaria todas as coisas diferentes que nos disseram." Ele me lembrou de quando Brenda Burcombe vira uma aparente personificação dele pelo vidro da porta: um exemplo perfeito de uma ilusão deliberada por parte do poltergeist.

"Nem tudo foi diferente, sabe", ressaltei. "Annie Shaw revelou a presença de uma velha desagradável, e Gerry Sherrick também. A sra. Harper e Vic Nottingham viram aparições de idosas separadamente, no mesmo dia, e você sentiu o fedor de legumes e verduras podres antes de saber que Gerry havia mencionado essa possibilidade. Além do mais, todos os médiuns insistiram que havia várias entidades diferentes envolvidas, e as próprias meninas também, naqueles sonhos compartilhados que tinham com as 'dez coisas endiabradas'.

"E, de novo", continuei, "não se esqueça de que nem todas as aparições vistas foram desagradáveis. Lembra-se de todos aqueles relatos do garotinho que John Burcombe considerou que poderia ser o irmão que ele perdeu? E quanto à aparição vista pelo próprio Burcombe, praticamente a melhor de todas? Aquele velho que ele viu sentado à mesa não estava fazendo nada desagradável, estava apenas sentado ali. E Vic achou que a descrição de John bem se encaixava com a de seu avô."

Maurice não disse nada. Tive a impressão de que ele ainda não havia conseguido organizar os pensamentos e, sabendo que ele nunca entra em uma discussão até que o tenha feito, prossegui:

"Veja, vamos deixar uma coisa absolutamente clara. Ninguém está sugerindo, nem por um segundo, que sua Janet tenha sido, de algum modo, responsável por qualquer uma das coisas horríveis que aconteceram em Enfield. Questionei Peter e Dono a esse respeito com certa insistência, e eles deixaram claro que concordavam comigo que o simples fato de uma entidade ter sido vista ou sentida naquela casa não significava que era a responsável pelos acontecimentos. Elas foram apenas vistas ali, só isso, e, diante de tudo o que sabemos, bem poderiam estar tentando ajudar.

"Mas vamos nos ater aos fatos. Dono insistiu que sua Janet estava ligada ao caso, e foi ele quem sugeriu primeiro, não você. Esse é um ponto muito importante. E, se você se lembra, logo no início do caso, me perguntou, um dia, se eu acreditava que ela pudesse estar envolvida de alguma forma, por causa de todas aquelas coincidências que o levaram à investigação de Enfield. Na ocasião, achei que estivesse sendo um pouco fantasioso, só porque uma das garotas tinha o mesmo nome de sua filha.

"Acho que temos provas suficientes para montar um cenário, quero dizer, um esboço do que poderia ter acontecido", ponderei, por fim. "O que acha?

"Sua Janet morre depois de sofrer um acidente. Sendo jovem e muito inteligente, ela logo percebe o fato, e seu primeiro impulso é, naturalmente, entrar em contato com você e sua família para dar a vocês o consolo de saber que ela não deixou de existir por completo. Esse é um impulso perfeitamente natural, e temos estantes inteiras de evidências de que alguma coisa, provavelmente a mente, de fato continua existindo depois da morte do corpo.

"Lembre-se daqueles acontecimentos que se seguiram à morte dela: as velas que se apagaram três dias seguidos, a água que apareceu no telhado que fica sob a janela do quarto dela, exatamente quando você mesmo pediu por um 'sinal', e do relógio que parou, na casa de sua cunhada, com os ponteiros mostrando possivelmente a hora exata em que ela morreu.

"Então, com tudo isso, vem o caso Enfield, envolvendo uma garota chamada Janet, e sua Janet, sendo uma jornalista muito persistente e indagadora, vai com você para cobrir a história, em grande medida pelas mesmas razões que a teriam levado a fazer isso quando viva. No entanto, é claro que ela não pode cobri-la na situação em que está, por isso nos coloca lá para fazê-lo por ela. Isso poderia explicar todas aquelas outras coincidências: o local do caso não fica muito longe de sua casa, o único jornalista da imprensa britânica que teria pensado em contatar a SPR pega a história, e você é enviado para lá de imediato pela SPR. Então, eu vou para lá uma semana depois, por razões que ainda não consigo explicar totalmente.

"Eu não estava muito disposto a ir no início", prossegui, "como você deve se lembrar. Eu estava farto de poltergeists e não precisava me convencer de que essas coisas existiam. E, com certeza, não tinha a intenção de escrever um livro a respeito até ficar muito claro que eu não conseguiria fazer mais nada este ano, e que esse caso simplesmente tinha que ficar registrado. Talvez fosse isso que sua Janet quisesse desde o início. Os escritores costumam dizer que nem sempre sabem de fato por que escrevem o que escrevem, e estou bastante disposto a aceitar que boa parte da 'inspiração', o que quer que isso signifique, venha de fora de nossa mente."

Maurice pensou por um instante. "Alguns inventores concordariam", comentou ele. "Quanto a seu cenário, tudo isso é muito interessante. Eu certamente admiro sua imaginação de escritor."

"Espere um instante!", interrompi. "Eu não tenho imaginação. Sempre fui um verdadeiro fracasso como escritor de ficção, como muitos editores e casas editoriais podem lhe dizer. Tenho uma mente muito simples.

Escrevo o que vejo diante de meu nariz, ou o que desenterro em bibliotecas, ou o que me contam pessoas em quem confio. Inspiração de fontes desconhecidas talvez entre nisso, mas de jeito nenhum imaginação!"

"Entendo o que quer dizer", disse Maurice. "Você deve saber. Mas seu cenário não explica por que o poltergeist de Enfield estava lá no início. Ou, aliás, o que ele de fato era ou é."

"Ah", respondi, "para isso, precisamos de outro cenário. Na verdade, precisamos de alguns. Um deles poderia ser algo assim: quando o sr. e a sra. Harper se divorciaram, uma atmosfera de tensão foi crescendo entre as crianças e a mãe, exatamente no momento em que as duas garotas estavam chegando à maturidade física. Para início de conversa, elas eram uma dupla muito dinâmica, ambas campeãs em esportes, mas mesmo as meninas não conseguiam usar toda a tremenda energia que estavam gerando. Por isso, muitas entidades se aproximaram e se serviram daquela energia."

"Quais poderiam ser tais entidades?", perguntou Maurice.

"Poderia ser qualquer um. Parece que tivemos metade do cemitério local em uma ou outra ocasião. Um deles poderia ter sido o sr. Watson, o homem que vivia lá e morreu na poltrona, no andar de baixo, como disse a voz. Nenhum dos Harper sabia disso à época, não é?"

"Não, mas ele era um senhor bondoso, pelo que se diz."

"Tenho certeza de que sim. E também o eram algumas de nossas vozes. Lembre-se do pobre Bill Hobbs: ele parecia apenas perdido e confuso, tentando encontrar a esposa. Sempre tive a impressão de que estávamos lidando com fragmentos de mentes confusas que já haviam pertencido a homens e mulheres absolutamente comuns que apenas não compreendiam sua condição atual, exatamente o que Allan Kardec dizia que eram, e ele passou mais tempo investigando esse tipo de caso do que qualquer outra pessoa. E ele também dizia que esses fragmentos, a que chamava espíritos, são usados por outros espíritos a fim de pregar peças para sua diversão, ou talvez para propósitos mais sinistros, que é o que os Shaw nos disseram. Acho que tudo começa a se encaixar."

"Nossos críticos, é claro", disse Maurice, "vão dizer que estamos tirando significados demais de uma série de coincidências normais."

"Não estou preocupado com nossos críticos", rebati. "Nós vimos os fatos, eles não. E, afinal, o que é uma coincidência normal? Como diz Kardec, a natureza nos mostra todos os dias que seu poder vai além do testemunho de nossos sentidos..."

"Ah, os fatos!", interrompeu-me Maurice. "São os *fatos* deste caso que venho me preparando para discutir, ao menos em público. Deixo as teorias para outros, embora seja óbvio que eu mesmo pense um pouco a respeito. E acho que nós dois concordamos que não existem dúvidas razoáveis com relação aos fatos essenciais do caso Enfield. Tivemos mais de um ano de acontecimentos bem testemunhados e totalmente inexplicáveis: batidas e baques, móveis e outros objetos voando pela casa, coisas desaparecendo e reaparecendo do nada, aparentemente atravessando paredes e teto, ou, se preferir, entrando e saindo de outras dimensões do espaço; mais todas aquelas poças de água e de outras coisas, os incêndios, as câmeras e gravadores apresentando problemas, e, é claro, todas aquelas perturbações psicológicas, se é que eram realmente isso.

"Esses fatos foram testemunhados por no mínimo trinta pessoas", continuou ele. "Os Harper, os Nottingham e os Burcombe — três famílias totalmente comuns que convenceriam qualquer júri de que estavam dizendo a verdade, mais vários de seus amigos, vizinhos e parentes, e um bom punhado de testemunhas externas, inclusive a polícia, jornalistas, comerciantes locais, assistentes sociais... Que outras provas queremos? Você, eu e David Robertson vimos pessoalmente, com nossos próprios olhos — acontecerem dúzias de coisas que não conseguimos explicar, nem ninguém consegue. Gravamos muitas delas em fita cassete, e Graham Morris conseguiu fotografar algumas delas. Esses são os fatos do caso Enfield, e o que continua a me surpreender não é que nossos críticos discordem das diferentes teorias sobre tais coisas, mas que não queiram aceitar nem sequer os fatos!"

"Bem", comentei, "eles são bem difíceis de acreditar. Sem nossas fitas e fotografias, eu talvez tivesse alguma dificuldade de acreditar neles mesmo agora. Veja, as pessoas estão preparadas para aceitar fenômenos psíquicos desde que sejam apresentados como ficção ou fantasia, ou como parte de um sistema religioso, mas lhes diga que é tudo verdade e a reação imediata de todo o mundo é simplesmente supor que estamos enganados ou mentindo descaradamente. Acho que o motivo disso é apenas o medo do desconhecido. É bastante natural, e isso não me preocupa, porque não sou um cientista. Se eu tivesse estudado física ou psicologia em vez de letras e música, 'saberia' que fenômenos como o poltergeist são impossíveis e, portanto, relatos sobre tais ocorrências estão equivocados. Se você fosse um professor universitário de mecânica em vez de inventor, com um interesse pessoal em descobrir novos modos de fazer coisas que sejam 'possíveis' ou não em termos do *know-how* existente, provavelmente sentiria o mesmo."

"É bem provável que sim", concordou Maurice. "No entanto, existem alguns cientistas por aí, felizmente, que não reagem da maneira que você acabou de descrever. Fizemos algum progresso no aspecto físico do caso, graças ao professor Hasted e a David Robertson; e graças ao dr. Fenwick e a seus colegas do Maudsley, fizemos algum processo em seu aspecto psicológico, embora tenha sido um progresso negativo no sentido de que apenas se provou que Janet Harper é absolutamente normal. Com mais alguns especialistas como esses, acabaremos encontrando a solução para o mistério poltergeist. Não será fácil; se a solução fosse simples, nós já a teríamos a esta altura. Contudo, vamos descobrir. Poltergeists, o que quer que eles sejam, são parte da natureza e, portanto, naturais, não sobrenaturais, e a história do homem civilizado sugere a mim que estamos gradualmente decifrando todos os mistérios da natureza. Já levou milhares de anos, e levará outros milhares, mas vamos chegar lá."

"Espero que cheguemos lá antes disso", comentei. "Com seu treinamento científico, você não poderia formular uma hipótese ou ao menos um cenário baseado nos fatos que reunimos?"

"Sim, poderia", respondeu Maurice. "Posso especular que exista uma força natural ainda não identificada gerada pelos seres humanos em certas condições estressantes, e que essa força pode ser manipulada por uma personalidade secundária de tal forma que nos dá a impressão de ser a ação inteligente de uma individualidade independente, um espírito, se quiser. Chamamos essa força de psicocinese, ou PK, que simplesmente significa a movimentação de matéria pela mente. Isso é pura especulação, é claro. Encaixa-se em alguns dos fatos, mas não explica nada."

Os meses se passaram e, em 1979, parecia que o poltergeist de Enfield desaparecera tão inexplicavelmente quanto chegara. Houve alguns incidentes isolados após a visita dos holandeses, e uma súbita mas felizmente breve irrupção em abril de 1979 — a propósito, no aniversário da finada sra. Watson. (Apenas outra coincidência.) Ao longo desse período, Grosse se manteve em constante contato com os Harper, ajudando-os com seus problemas de ordem prática e psicológica, e isso bem pode ter contribuído tanto quanto tudo mais para o retorno à normalidade. Talvez apenas isso tivesse bastado desde o início.

Nessa época, tive a oportunidade de contatar um médium londrino chamado Ronald Hearn a respeito de uma questão não relacionada ao caso Enfield, e fiquei bastante impressionado com os resultados. O sr. Hearn trabalha de uma maneira um tanto inusitada: ele não faz nenhum contato pessoal com seus clientes nem pede informações deles, à exceção do nome do falecido que ele deve tentar contatar. Então, senta-se tranquilamente em sua casa e espera que as impressões lhe cheguem; quando isso acontece, ele as relata diante de um gravador.

Eu o contatei pela primeira vez para ver se ele podia dar a uma amiga minha, que ficara viúva recentemente, algumas provas que sugerissem que seu finado marido havia sobrevivido à morte, e uma ou duas das muitas afirmações corretas feitas pelo sr. Hearn foram tão específicas e particulares que tive a impressão de que havia ali algo mais que coincidência ou meros palpites. Também fiquei impressionado com sua maneira modesta e despretensiosa de encarar seu trabalho. Assim, pedi que ele tentasse estabelecer contato com Janet Grosse, depois de Maurice ter dito que não fazia objeção.

Pensei que esse seria um experimento interessante por si só.

Nunca conheci Janet Grosse e não sabia nada de suas características pessoais, e Ronald Hearn não tinha como saber absolutamente nada sobre ela, exceto que havia morrido. Isso, além do nome, foi tudo o que eu lhe falei.

Duas semanas depois, a fita dele chegou através de minha caixa postal. O sr. Hearn começava com uma descrição de seu método de trabalho, explicando que ele acreditava que sua mediunidade mental fosse do tipo receptivo, por telepatia, ou impressões de outro mundo, ou dimensão. Ele não prometia nem garantia nada, salvo que faria o possível para relatar exatamente as impressões que estava recebendo em sua mente, enfatizando o fato de que não via nem ouvia nada, apenas recebia impressões.

A primeira das mais de sessenta afirmações que ele passou a fazer se referia ao senso de humor de Janet Grosse. Sua risada era particularmente chamativa, acrescentou ele, e a partir daí começou a construir um retrato de uma jovem muito dinâmica e cheia de energia, que era ao mesmo tempo impulsiva e obstinada. Ela tinha curiosidade sobre tudo, e, uma vez envolvida em um assunto, não o largava. Além disso, também era bastante autocrítica, e, embora inteligente e atraente, não sentia sê-lo na medida em que realmente era.

Seus olhos eram grandes e expressivos, seus cabelos, escuros, e ela tinha uma risada contagiante. Usava muito as mãos quando conversava, cerrando o punho para enfatizar um ponto. No geral, parecia ser uma jovem de personalidade um tanto vigorosa, embora, até então, o sr. Hearn não tivesse dito nada que não pudesse ser aplicado a muitas outras jovens.

Então vieram algumas afirmações mais específicas. Ela queria que o pai soubesse da existência dos fenômenos psíquicos, e disse que ele se envolveria com escrita e também com rádio e televisão. Em seguida, vieram referências fragmentárias a incidentes envolvendo um colar ou algumas contas, alguns livros, uma cama, um despertador que despertara no horário errado, um problema com a porta de um carro, e uma cadeira quebrada na cozinha. Já quase no final da fita, o sr. Hearn subitamente comentou, de supetão: "Eu estava lá quando o órgão estava tocando". Em seguida, acrescentou: "Vela... algo sobre velas...". Ele não conseguia compreender tais referências, e pensei que talvez suas impressões estivessem enfraquecendo.

Enviei a fita para Maurice e, poucos dias depois, encontramo-nos em seu escritório para discuti-la. Ele preparou um bule de chá, e levamos nossas xícaras para fora, para a varanda, onde tínhamos uma das melhores vistas de Londres, por cima das árvores do Finsbury Park até os descampados de Hackney Marshes. A neve tinha caído pouco antes, pesadamente, e cobrira a sujeira cotidiana de Londres, abafando até mesmo o bramido da infinita cadeia de caminhões de carga que desciam trovejando pela Archway Road, atrás de nós. À exceção do prédio de apartamentos, aquela era a paisagem de uma pintura do século XVIII.

"Bem", perguntei. "O que achou da fita?"

"Realmente interessante", respondeu Maurice. "Os cabelos de Janet não eram escuros, mas, fora isso, ele acertou na mosca em quase tudo sobre ela. Minha esposa e eu ficamos com a impressão de que ele não só estava descrevendo Janet, mas captando suas características mais óbvias também. E alguns dos incidentes específicos que ele mencionou foram coincidências notáveis, para dizer o mínimo. Aquele comentário sobre a porta do carro, por exemplo: tive problemas com ambas as portas de meus dois carros, e de fato temos uma cadeira quebrada em nossa cozinha também. Suponho que isso pudesse se aplicar a muitas outras famílias, mas há duas afirmações naquela fita que me fizeram refletir.

"Lembra-se daquele comentário sobre estar lá quando o órgão estava tocando?", prosseguiu. "Bem, umas poucas semanas atrás, fui deixar um colega de profissão perto do aeroporto Heathrow e, enquanto estive em sua casa, ele me mostrou um órgão que tinha construído. Pedi que o tocasse para mim, e essa foi a única ocasião, em muito tempo, em que ouvi um órgão tocar. E não só isso: essa casa ficava logo na esquina daquele escritório assombrado que fomos ver outro dia."

(Maurice e eu tínhamos investigado rapidamente alguns outros casos durante Enfield e depois. Um deles era na sede de uma conhecida companhia perto de Heathrow, na qual vários membros da equipe relataram incidentes semelhantes àqueles de Enfield.)

"Outra coincidência para nossa lista", disse eu. "Duas, na verdade. Qual foi a outra afirmação que o fez refletir?"

"Essa foi ainda melhor, porque se referia a algo de que eu não tinha conhecimento. Foi aquele comentário perto do final da fita, sobre uma vela, que não significou absolutamente nada para mim. Bem, durante o fim de semana, coloquei a fita para que uma antiga amiga de escola de Janet ouvisse. O que você acha que ela disse?"

Eu respondi que gostaria de ouvir o que ela disse em primeira mão, então Maurice telefonou para a jovem, explicou o que eu queria saber e me passou o telefone.

"Achei tudo bem convincente", contou-me ela. "Especialmente aquela parte da vela, Janet sempre dizia aquilo."

"Como assim?", perguntei. Parecia algo estranho de dizer sempre.

"Ah, você conhece a expressão 'segurar vela'?" O fato é que eu não sabia, então ela explicou. "Significa agir como um tipo de acompanhante. Meu namorado e eu pedimos para ela sair conosco, e ela disse: 'Ah, não, não vou ficar segurando vela', e isso se tornou uma brincadeira nossa. Ela disse isso várias vezes, não uma só."

Perguntei-lhe qual era a característica mais marcante de Janet, em sua opinião.

"Sua risada", respondeu a jovem. "Era uma risada muito engraçada, e nos fazia rir também quando a ouvíamos." Eu me lembrava de que isso fora a primeira coisa que Ronald Hearn dizia na fita. Agradeci à amiga de Janet por sua ajuda e desliguei depois de ela me dizer que praticamente a fita inteira, à exceção dos incidentes que lhe eram desconhecidos, com certeza podia se aplicar a Janet Grosse.

"Que interessante", disse eu a Maurice. "E também o fato de você ter apresentado a fita talvez à única amiga de Janet para quem aquela história da vela significasse alguma coisa. Porém, notei que não havia absolutamente nada na fita que parecesse se referir de forma específica ao poltergeist ou a Enfield."

"É verdade", concordou ele, "mas, em pesquisa psíquica, precisamos nos virar com o que temos. Não adianta perguntar, como fazem alguns de nossos colegas, por que o médium não disse isso ou aquilo ou por que o poltergeist não fez uma coisa ou outra. Ronald Hearn estava dizendo apenas o que sentiu que tinha a dizer, e foi honesto o bastante para admitir que não fazia ideia de onde vinha a informação nem de como era transmitida. Nós também não sabemos. No entanto, o fato é que todas essas informações foram transmitidas e, como insisto em dizer, tudo o que podemos fazer é estudar os fatos."

Era tentador chegar logo à conclusão de que Hearn estivera de fato em contato com a mente, a consciência, o espírito ou o que quer que seja de Janet Grosse que tivesse sobrevivido. Maurice e eu não fizemos isso, mas concordamos que informações corretas desconhecidas para nós dois haviam sido apresentadas por um homem que nenhum de nós conhecia, e em tal medida que percebemos que não podíamos atribuir aquilo a palpites de sorte.

Estariam mais peças de nosso quebra-cabeça enfim começando a se encaixar? A mente de Janet Grosse, sobrevivendo à morte, impelira-nos a ir a Enfield para que seu pai pudesse encontrar provas convincentes de outras energias, dimensões e realidades, e para que eu escrevesse sobre tudo isso? Eu não conseguiria prová-lo, nem provar o contrário. Poderia somente refletir que, se fosse verdade, isso sugeriria que outras mentes que sobreviveram à morte estão interagindo com a mente dos vivos, como afirmou Allan Kardec há mais de cem anos, e no que o espírita de hoje acredita com firmeza. Quanto à questão de tais crenças estarem fundamentadas em fatos ou fantasias, eu as vira postas em prática com resultados positivos, como quando meus amigos espíritas brasileiros Luiz Gasparetto e Elsie Dubugras fizeram o que quatro médicos não conseguiram fazer, pondo um fim imediato aos violentos transes de Janet Harper com métodos que certamente não poderiam ser descritos como normais.

"Com certeza, ainda ficamos com muito sobre o que especular", disse eu, enquanto lavava a louça do chá. "Não pode haver uma explicação para tudo isso em termos de nosso atual estágio de conhecimento; do contrário, teríamos uma a esta altura. Talvez esse seja o motivo por que muitas pessoas preferem rejeitar o tipo de evidências que você e eu apresentamos."

"Acho que tem razão", disse Maurice. "Mas pelo menos temos os fatos, e sabemos que são verdadeiros. Ao levar o caso a público, espero que incentivemos mais pessoas a estudar outros casos com um pouco mais de minúcia no futuro. Então, finalmente, as respostas vão vir. Elas sempre vêm se você as procura. Somos como os antigos gregos, que friccionaram seus pedaços de âmbar uns contra os outros e descobriram a eletricidade sem ter a mínima ideia do que era ou do que fazer com ela. Levamos dois mil anos para entender a eletricidade e o magnetismo, e fazê-los trabalhar por nós, e para descobrirmos o elétron, que torna isso tudo possível."

"Espero que não demore outros dois mil anos para descobrir como a mente humana pode fazer mesas tombarem", disse eu.

"Talvez leve. Ainda não sabemos muito a respeito da verdadeira natureza de coisa alguma. Sabemos muito sobre efeitos, mas não sobre causas."

Vestimos nossos sobretudos, e Maurice apagou as luzes do escritório.

"A propósito", disse ele, "você chegou a descobrir alguma coisa sobre aquela história de síndrome que você me contou em Cambridge?"

"Sim", respondi, "descobri. Foi bem interessante. Acenda a luz de novo, por favor." Procurei dentro de minha bolsa de tela, que serve de maleta, e tirei meu surrado caderno de anotações. "Aqui estamos", disse eu. "Síndrome ou doença de Gilles de la Tourette. Levou certo tempo para encontrar, porque está indexada sob a letra G, não D, L ou T, como se poderia pensar. Quer ouvir sobre isso agora?"

"Se você acha que tem alguma coisa a ver com a síndrome Enfield", tornou Maurice.

"Bem, talvez tenha. Vou deixar que os psiquiatras decidam isso." Li as anotações que eu havia feito a partir de alguns manuais e periódicos psiquiátricos, a maioria deles norte-americanos.

"Gilles de la Tourette. Médico francês do século XIX, foi quem primeiro identificou uma síndrome caracterizada por coprolalia, copropraxia, ecolalia."

"O que é tudo isso?", perguntou Maurice.

"Tiques e movimentos súbitos e involuntários, inclusive gestos obscenos, manifestações vocais explosivas, como latidos e grunhidos — isso soa familiar? —, mais fenômenos comportamentais e de imitação verbal. O sintoma verbal que aparece em cerca de 50% dos casos é a fala explosiva de obscenidades, geralmente 'merda' e 'foder'."

"Você só pode estar brincando!", exclamou Maurice.

"Não, estou citando a *Revista Norte-Americana de Psiquiatria*, setembro de 1974, página mil. E tem mais. Essa doença é muito rara, mais comum em garotos que em garotas, em geral tendo início antes dos dez anos de idade. Causa desconhecida, mas acredita-se estar associada a eventos traumáticos como separação dos pais, começar a ir à escola ou ter o cãozinho atropelado. É considerada uma condição esquizofrênica por algumas autoridades, mas aqui há outro manual que diz que a síndrome de G. de la T. e a esquizofrenia são entes claramente separados que deveriam ser facilmente diferenciáveis pelo médico clínico, embora não para qualquer um dos médicos de Enfield, é claro."

"Isso é incrível!", disse Maurice. "O caso de Janet era exatamente igual ao descrito nos manuais. Por que ninguém identificou o que ela tinha logo de início?"

"Provavelmente teriam, caso a tivessem visto no início", respondi. "Quando ela chegou ao Maudsley, sua síndrome já havia se transformado em outra coisa, e ela estava absolutamente normal. Percebe? Tudo que é dito nos manuais descreve o que tivemos no início do caso — ela havia acabado de se mudar para uma nova escola, os pais mal tinham se separado e, como você sabe, ela sempre quis um cachorro. Tivemos os latidos e grunhidos, e suponho que aqueles acessos de transe violento pudessem ser descritos como 'múltiplos tiques involuntários das extremidades superiores'. Quanto às obscenidades, 'merda' e 'foder' foram duas das primeiras palavras que ouvimos da voz, na primeira noite em que conseguimos fazê-la falar."

Maurice riu. "Você se lembra do dr. Fenwick dizendo que teríamos que reescrever as leis da física? Bem, com todo o respeito, alguém vai ter que escrever um novo capítulo para o manual de psiquiatria."

"Receio que sim. Os manuais não fazem menção a mesas que tombam, pancadas no piso, levitação, desmaterialização, nem gravadores deixando de funcionar. Parece-me que existe toda uma dimensão que Gilles de la Tourette simplesmente deixou de fora de sua síndrome. Talvez ele soubesse tudo sobre fenômenos poltergeist, mas não acreditasse neles, ou não conseguiu fazer com que seus colegas acreditassem. É uma pena que ele não tenha se unido a Allan Kardec, que na mesma época também vivia em Paris. Kardec tinha muita experiência com poltergeists. Suponho, no entanto, que àquela época, como hoje, os médicos não estivessem preparados sequer para considerar ideias que sugerissem a existência de entidades extrafísicas, ou espíritos.

"Talvez os tempos estejam mudando", prossegui. "Um psiquiatra da Califórnia, chamado dr. Ralph Allison, apresentou um artigo à Sociedade Psiquiátrica do Norte da Califórnia, em abril de 1974, sobre 'Possessão e exorcismo'. Ele descreveu um caso próprio em que uma 'personalidade secundária' aparentemente se revelou um espírito possessor passível de identificação que, de fato, foi identificado e rastreado, com a ajuda de um médico chamado Robert Leichtmann, que também é clarividente. Eu gostaria que tivéssemos alguém assim por aqui, para começar a reescrever nossos manuais. E há um belo capítulo a ser escrito sobre a síndrome Enfield."

Fechei meu caderno. Maurice trancou a porta de seu escritório e caminhamos pela neve até a estação do metrô.

"De qualquer forma", disse eu, "obrigado pelo chá e pelo caso. Foi uma experiência e tanto." Eu ia acrescentar "e me avise se você se deparar com outro", mas não o fiz. Senti que tinha chegado ao limite do que poderia fazer registrando os fatos do caso Enfield. Dali em diante, ficava por conta dos verdadeiros especialistas.

Despedimo-nos e seguimos cada um para sua casa. O caso Enfield poderia ter terminado, mas a busca por uma explicação para ele mal começara. Espero que este livro estimule outras pessoas a aderir a essa busca.

APÊNDICE 1
REFLEXÕES, 2011

De todos os mistérios da natureza, poucos são tão desconcertantes quanto o poltergeist. Primeiro, não sabemos o que ele é. Não passa de uma palavra que usamos para algo que não compreendemos. No entanto, sabemos muito sobre o modo como se comporta, e bem podemos chamá-lo de uma síndrome, ou "concomitância de sintomas", como diz o dicionário.

Alguns críticos julgaram que cheguei a uma conclusão precipitada quando sugeri que a síndrome poltergeist era uma variedade rara da síndrome de Tourette, embora certamente existam semelhanças entre as duas — os tiques, os movimentos espasmódicos, as irrupções de profanidade e obscenidade e o comportamento geral destemperado ostentado por portadores da Tourette também são comumente vistos em vítimas de poltergeists, e crianças costumam ser (mas nem sempre) acometidas por ambas as síndromes.

Nos dois casos, os sintomas tendem a desaparecer quando as vítimas saem de casa ou quando dormem. Independente do que diz a velha oração escocesa, as coisas não "vão ficar agitadas durante a noite", apenas, em regra, quando as vítimas estão acordadas.

Como descrevi no Capítulo 16, foi o psiquiatra que encontrei em Cambridge que destacou as semelhanças entre as duas síndromes, e desde que este livro foi publicado pela primeira vez, em 1980, tais semelhanças também foram observadas por Michael Persinger, especialista em distúrbios cerebrais (na reunião de 1993 da Associação de Parapsicologia), e William Roll, um experiente pesquisador de poltergeists, em seu livro *Unleashed* (2004).

Contudo, apesar das semelhanças, existem diferenças significativas. Como aponta Roll, é como se a síndrome de Tourette fosse estendida para além do corpo, fazendo com que móveis apresentem movimentos súbitos tanto quanto os membros do corpo, e provocando todas as demais coisas estranhas que se lê a respeito neste livro, e muito mais — Alan Gauld identificou nada menos que 63 sintomas que foram relatados em mais de quinhentos casos ao longo dos últimos quinze séculos.

O que torna poltergeists tão desconcertantes é que eles fazem repetidas vezes coisas que temos certeza de que não podem ser feitas, tais como pegar pessoas e arremessá-las pelo cômodo (ou mesmo dentro da casa vizinha), colocar almofadas em cima do telhado sem abrir a janela, materializar objetos do nada ou fazer tombar sofás pesados sem qualquer contato visível, ou fazer garotinhas falarem como homens idosos. Em resumo, eles não respeitam as "leis" da física (que não são exatamente leis, mas meras hipóteses provisórias) tal como pensamos entendê-las.

Portanto, ou todas as pessoas que apresentaram as provas de todos aqueles quinhentos casos, inclusive deste, estavam tendo alucinações, mentindo ou apenas dando informações equivocadas, ou, como nosso professor de física e colega John Hasted estava bastante disposto a admitir, nossas "leis" da física precisam ser atualizadas a fim de incluir ao menos uma dimensão extra do espaço.

Alguns encontram uma solução fácil para o dilema e simplesmente voltam a fingir que não o veem, como, por exemplo, fazem Simon Hoggart e Mike Hutchinson em seu livro *Bizarre Beliefs* (1995), na qual nos asseguram que "não existem fantasmas, poltergeists ou assombrações. Todos eles são imaginários, falsos ou fruto de equívocos". Uma crença realmente bizarra para alguém que já vivenciou tais coisas. Mesmo fontes supostamente respeitáveis como o jornal *The Times* podem ser vencidas pela poderosa vontade de não acreditar. Comentando sobre o caso Enfield, o jornal alegou (em 2 de novembro de 2004), sem fornecer qualquer prova nem fonte, que "anos depois, as filhas, agora adultas, admitiram que tudo não passou de uma fraude". É evidente que elas não fizeram nada disso e, para que fique registrado, isto foi o que as duas de fato admitiram:

Indagada no programa *News at Six* da ITV (em 12 de junho de 1980), pela apresentadora Rita Carter, se havia pregado alguma peça, Janet respondeu: "Ah, sim, duas vezes, mas nada muito sério". Diante de uma pergunta parecida, feita por Lynne Plummer em um programa da rádio France-Inter (em 17 de junho de 1982), ela disse: "Uma ou duas vezes, só para ver se o sr. Grosse e o sr. Playfair nos pegariam, e eles sempre nos pegaram". Indagada a esse respeito ainda mais uma vez pelo jornalista Will Storr, em uma longa e cautelosa entrevista (uma das poucas que ela deu) para seu livro *Will Storr vs. the Supernatural* (2006), comentando sobre o número de fenômenos falsos, ela comentou: "Eu diria que uns 2%". Eu teria pensado muito menos, mas, ainda que ela tivesse razão (e ela devia saber), isso ainda deixa 98% dos fatos verdadeiros.

Quanto à irmã, em uma declaração por escrito (datada de 26 de novembro de 1987), Rose afirmou: "Sempre que fizemos alguma brincadeira, fomos pegas pelo sr. Grosse ou pelo sr. Playfair". Espero que esse aspecto em particular tenha sido finalmente compreendido.

A propósito, quando elas de fato pregaram peças, não foram muito felizes, como na ocasião em que esconderam meu gravador enquanto eu estava fora da casa, mas se esqueceram de desligá-lo, desse modo gravando a prova incriminatória e poupando-me do trabalho de questioná-las. Eu pedi que elas não brincassem com meu gravador, coisa que nunca voltaram a fazer, mas, por outro lado, eu tinha a impressão de que não era apropriado que eu, um convidado, dissesse às garotas o que fazer em sua própria casa. A brincadeira foi um exemplo de comportamento típico de garotas de sua idade — que crianças não gostam de imitar o que veem a sua volta? — e um sinal muito bem-vindo de que a vida estava voltando ao normal. Eu teria ficado muito preocupado caso elas não tivessem feito uma ou outra travessura de vez em quando.

Eu poderia ainda acrescentar aqui que dois jornais ofereceram subornos substanciais por uma confissão das garotas; nenhum deles conseguiu seu intento.

Seria possível gastar várias páginas comentando sobre as muitas inexatidões, distorções, meias verdades e mentiras deslavadas sobre o caso Enfield que acabaram chegando à imprensa escrita, ao rádio e a programas de televisão ao longo dos anos, e em especial todos aqueles sites enfadonhamente tendenciosos da internet. Eu poderia gastar um pouco mais descrevendo alguns de seus subprodutos, desde o filme *Poltergeist: O Fenômeno*, produzido por Steven Spielberg, o qual Dan Aykroyd, um dos criadores de *Os Caça-Fantasmas*, disse ter sido baseado em um "caso documentado de um lugar mal-assombrado na Inglaterra", até a paródia *Ghostwatch*, da BBC, a qual, em minha opinião, também o foi, rendendo um acordo extrajudicial bastante divulgado que pagou por umas belas férias. Todavia, estou mais interessado em tentar sintetizar o que aprendi sobre poltergeists, e apresentar o motivo pelo qual penso que, apesar de todas as suas travessuras sem objetivo, eles podem ter uma importante mensagem a nos dar.

A mensagem é esta: ainda temos muito que aprender sobre o máximo potencial da mente humana e a verdadeira natureza da matéria física, bem como sobre os modos como elas interagem. A causa da síndrome de Tourette é bastante conhecida e tem a ver com o mal funcionamento de neurônios, levando a súbitas descargas elétricas no cérebro, o que pode ser tratado com a medicação adequada. As causas da síndrome poltergeist não são tão conhecidas, embora tenhamos algumas pistas sobre quais poderiam ser. Não obstante, desconfio daqueles que aparecem com respostas prontas, quer estas envolvam água subterrânea, ondas eletromagnéticas extraviadas ou, a favorita de muitos, o diabo.

É muito improvável que as causas sejam exclusivamente físicas. Se existisse algum problema grave com o cérebro de Janet, um neuropsiquiatra experiente como o dr. Fenwick com certeza o teria identificado. Então, as causas poderiam ser exclusivamente psicológicas? Isso também parece improvável. Embora seja verdade que vítimas de poltergeists tendem a vir de famílias com casamentos desfeitos e uma grande carga de estresse como pano de fundo, também é verdade que, embora a ruína do casamento venha aumentando muito desde 1978, a incidência de irrupções do tipo poltergeist permanece extremamente rara e pode até ter diminuído, apesar do fato de que jamais saberemos quantos casos não foram publicados ou relatados, como sei que aconteceu com alguns. Se o estresse fosse a única causa, móveis estariam voando pelo país inteiro, o que, felizmente, não está acontecendo.

Por fim, poderiam poltergeists ser espíritos de pessoas mortas, como acreditava Allan Kardec e como se afirma com tanta frequência desde sua época? Em minha opinião, definitivamente não no sentido de que sejam "o espírito" de um indivíduo específico, embora eu não tenha problemas em tratá-los como entidades independentes, ou como uma combinação de fragmentos de entidades independentes, como parecem ser, que, de alguma maneira, entraram na mente subconsciente do epicentro.

Também não posso descartar a existência de algum tipo de inteligência desencarnada em sua constituição. Como, por exemplo, Janet soube que o antigo morador da casa ficara cego e morrera em uma poltrona no andar de baixo antes de ela nascer, como viemos a descobrir, muitos anos depois, que de fato acontecera? Mais uma vez, devo enfatizar que poltergeists fazem coisas que nós, humanos encarnados, não podemos fazer, de modo que parece lógico supor que eles tenham ajuda de recursos de outras dimensões.

Em resumo, posso apenas repetir o que falei em uma de minhas primeiras entrevistas na televisão, mais de trinta anos atrás: ninguém pode explicar o que é um poltergeist, nem eu. Posso apenas dizer o que ele faz.

Qualquer coisa que se venha a revelar sobre como ele se pareceria, hoje, para nós, seria tão estranho, inacreditável e impossível como, digamos, a ideia de uma internet teria parecido a Newton ou mesmo a Einstein.

Sempre que ocorre um grande avanço na ciência existem aqueles, inclusive cientistas destacados, que concluem prematuramente que tudo que vale a pena descobrir já foi enfim descoberto. Por exemplo, em 1894, o futuro prêmio Nobel Albert Michelson declarou: "As leis e os fatos mais importantes da ciência física já foram todos descobertos e estão agora tão firmemente estabelecidos que a possibilidade de virem a ser suplantados em consequência de novas descobertas é muitíssimo remota".

Seis anos depois, Max Planck fez uma descoberta desse tipo: aquilo a que chamamos *quantum*. Isso acabaria por virar a física do avesso. Não obstante, ainda no mesmo ano, um dos mais renomados cientistas de sua época, o ex-presidente da Royal Society, lorde Kelvin, cuja pesquisa pioneira no campo da física de baixas temperaturas nos permitiu ter nossos refrigeradores, ainda foi capaz de declarar: "Agora, não há nada novo a ser descoberto em física. Tudo o que resta é uma medição cada vez mais precisa".

Cinco anos depois, o jovem Albert Einstein publicava sua teoria especial da relatividade, à época talvez a nova descoberta mais radical já feita na física. Então, junto com ela, veio a teoria quântica — o restante é a história do século XX. Quanto ao século XXI, parece que a ciência está enfim começando a alcançar as descobertas de parapsicólogos em áreas como telepatia, precognição e psicocinese, e fico satisfeito em dizer que o caso Enfield rendeu ao menos um item de prova científica material.

No Capítulo 6, mencionei o fato de que batidas produzidas por poltergeists não soam como as normais. Felizmente, eu tinha uma coleção razoável de fitas com gravações de ambos os tipos e meu colega da SPR, Barrie Colvin, publicou os resultados de sua análise de batidas, ocorridas em dez casos de seis países, na edição de abril de 2010 da *Journal of the Society for Psychical Research*. As batidas ocorridas em Enfield foram particularmente úteis, pois, em pelo menos uma ocasião, eu sabia quando eu estava batendo e quando não estava, como é possível ouvir na gravação.

Sua conclusão é bastante clara. Batidas produzidas por poltergeists não só não soam como batidas normais como também não se assemelham a elas quando projetadas sobre uma tela. Uma batida normal começa em um pico de amplitude e declina suavemente, ao passo que uma batida produzida por um poltergeist revela uma "assinatura" acústica completamente diferente, elevando-se a um pico bem depois do início, assemelhando-se singularmente com a assinatura de um terremoto.

Podemos não ter solucionado ainda o mistério da síndrome poltergeist, mas demos o passo inicial ao produzir, possivelmente pela primeira vez, provas físicas da realidade de um efeito que aguarda explicação. Para onde essa descoberta pode levar é algo que será visto no futuro.

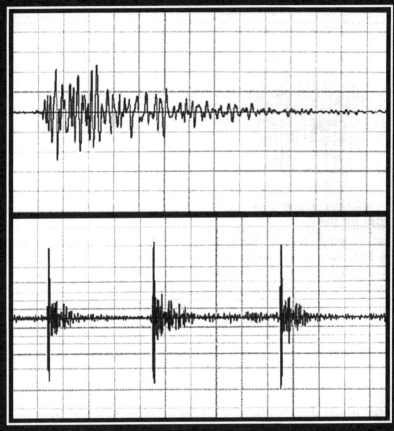

Em 2010, houve uma importante descoberta na pesquisa de poltergeists quando o DR. BARRIE COLVIN publicou os resultados de seu estudo de gravações em fita de uma dúzia de casos ocorridos em cinco países, nos quais sons de batidas supostamente de origem poltergeist foram gravados em fita. Comparando-os com o som de batidas produzidas por meios normais, ele descobriu que as assinaturas acústicas eram muito diferentes, como se pode ver nos quadros acima, que retratam as batidas gravadas em Enfield. O quadro inferior mostra a aparência de três batidas produzidas por Playfair no teto da sala de estar. O quadro superior mostra a assinatura de uma batida produzida no quarto de cima e gravada na mesma fita, pouco depois. Em todas as batidas normais que COLVIN estudou ao bater em taças de vinho, pressionar teclas de piano ou produzir qualquer outro tipo de som percussivo, a assinatura começava em total amplitude e declinava rapidamente. Todas as batidas produzidas por poltergeists e examinadas por ele, sem exceção, não seguiam esse padrão e lembravam aos especialistas assinaturas registradas durante terremotos. Essa discrepância aguarda explicação. As descobertas de COLVIN foram publicadas na edição de abril de 2010 da *Journal of the Society for Psychical Research* e são reproduzidas aqui com sua permissão.

APÊNDICE 2
SUGESTÕES DE LEITURAS

OWEN, A. R. G. *Can We Explain the Poltergeist?* [Podemos Explicar o Poltergeist?] (1964). Ainda a obra clássica sobre o tema após cinquenta anos, embora precise de atualização — e de um índice! O dr. Owen não consegue explicar o fenômeno mais que qualquer outra pessoa, mas escreveu um apanhado admiravelmente abrangente (436 páginas) da história e da natureza do poltergeist, somado a resumos de todas as tentativas sérias de explicá-lo. Leitura obrigatória para o estudante sério, como é também a obra *Poltergeists*, de Alan Gauld (1979, com A.D. Cornell), que contém uma lista de mais de quinhentos casos ocorridos a partir do ano 520 d.C.

ROLL, W.G. *The Poltergeist* [O Poltergeist] (1976). A introdução popular ideal. A frase de abertura do Capítulo 10 ("Às 15h24, levei um agradável susto com o som de vidro quebrando") nos faz lembrar que Roll testemunhou pessoalmente uma grande quantidade de atividade poltergeist, e que ele combina observação precisa com um senso de humor muito bem-vindo. Em 2004, Roll publicou o livro *Unleashed* [À Solta], um relato completo de um caso excepcionalmente bem testemunhado e documentado. Contém uma discussão interessante sobre a síndrome de Tourette.

THURSTON, H. *Ghosts and Poltergeists* [Fantasmas e Poltergeists] (1953). Uma fonte valiosa de informações sobre casos antigos, escrito por um padre jesuíta.

OESTERREICH, T.K. *Possession — Demoniacal and Other* [Possessão — Demoníaca e Outras] (1966). Não trata de poltergeists como tais, mas das perturbações psicológicas geralmente associadas a eles, como em Enfield.

MANNING, Matthew. *The Link* [A Ligação] (1975). O primeiro livro sobre um caso poltergeist a ser escrito pela própria vítima. Contém um apêndice importante escrito pelo dr. Owen, autor de *Can We Explain the Poltergeist?*.

FODOR, Nandor. *On the Trail of the Poltergeist* [Na Pista do Poltergeist] (1959). Freudiano dedicado, Fodor é o principal defensor da teoria "está tudo na mente". Ele não solucionou o problema, mas pode ter feito algumas das perguntas certas.

KARDEC, Allan. *O Livro dos Médiuns* (1861). Os capítulos 5 e 9 desta obra injustamente negligenciada contêm declarações concisas, porém abrangentes, da interpretação espírita do fenômeno poltergeist.

ROGO, D. Scott. *The Poltergeist Experience* [A Experiência Poltergeist] (1979). Um bom levantamento popular sobre o assunto, com interessante material em primeira mão.

CRAMER, Marc. *The Devil Within* [O Diabo Interior] (1979). Uma atualização séria e há muito necessária das ideias de Oesterreich e Fodor.

HALLOWELL, M.J.; RITSON, D. *The South Shields Poltergeist* [O Poltergeist de South Shields] (2008). Um caso bastante inusitado, bem testemunhado do início ao fim e vividamente descrito em detalhes.

APÊNDICE 3
O QUE FAZER COM SEU POLTERGEIST

A primeira coisa a fazer caso um poltergeist invada sua casa é não entrar em pânico. Não é o fim do mundo. Talvez nem sempre seja fácil, mas é essencial, já que poltergeists parecem se alimentar de medo, ansiedade e tensão. É improvável que aconteça algo de verdadeiramente terrível, e mais improvável ainda que você ou seus filhos estejam possuídos por demônios. Ajudará se você tiver um interesse objetivo no que acontece, anotando incidentes e fotografando-os ou gravando-os quando possível, mas sem dar ao poltergeist mais atenção que o necessário, pois atenção é mais um alimento básico de sua dieta.

A próxima coisa a fazer é identificar a pessoa que funciona como epicentro, que é quem normalmente se encontra mais próximo da atividade. Em geral, mas nem sempre, será um garoto ou uma garota por volta da puberdade e, como medida de emergência, o epicentro deve ser separado do restante da família.

Em seguida, você deve tentar chegar à causa do problema. O melhor é que isso seja feito por um psiquiatra, que pode examinar a família inteira. Não fazer nada ou recusar-se até mesmo a encarar o problema, como aconteceu em Enfield, é uma séria irresponsabilidade.

Se, como é muitíssimo provável, você não conseguir encontrar um psiquiatra que tenha alguma ideia do que fazer, não há mal algum em apelar para um ministro religioso, um conselheiro ou médium, desde que este último seja recomendado por alguém de confiança.

Quanto ao exorcismo, eu pessoalmente prefiro não me envolver com ele. Na maioria das vezes, apenas piorou as coisas, como em *O Exorcista* (que foi baseado em um caso real), levando até mesmo à morte da vítima, como no horrendo caso de Anneliese Michel, na Alemanha. Como afirma Marc Cramer, o exorcismo pode ser não uma libertação do mal, mas algo que leva a ele. Não deve ser confundido com a intercessão praticada por alguns anglicanos, na qual muita coisa parece depender da personalidade do praticante. O finado cônego John Pearce-Higgins era particularmente habilidoso nisso, às vezes atuando em colaboração com a médium Ena Twigg. Ele fez parar de imediato um caso que investiguei em Rotherhithe, em 1975.

Gostaria de poder encerrar garantindo aos leitores que um telefonema para a Sociedade de Pesquisas Psíquicas enviará um investigador a sua porta dentro de uma hora, como aconteceu em Enfield, mas isso geralmente não acontecerá. Os membros da SPR são voluntários e, portanto, não são pagos, e muitos deles têm emprego, não podendo simplesmente sair do trabalho quando querem.

No entanto, a Sociedade ficará satisfeita em saber de novos casos e entrará em contato com um membro na região de sua residência, desde que seja adequado ao caso e esteja disponível. Envie suas informações para www.spr.ac.uk [em inglês].

GUY LYON PLAYFAIR nasceu na Índia e foi educado na Inglaterra, onde graduou-se em línguas modernas na Cambridge University. Morou no Brasil por vários anos, trabalhando como jornalista freelancer para a revista inglesa *The Economist*, o semanário americano *Time* e a agência de notícias Associated Press; também trabalhou por quatro anos na seção de imprensa da USAID, a Agência dos Estados Unidos para o Desenvolvimento Internacional. *The Flying Cow* (1975) — o primeiro de seus doze livros publicados, traduzido em seis línguas e best-seller internacional — descreve suas experiências ao investigar os aspectos psíquicos do Brasil, assim como *Chico Xavier, Medium of The Century* (2010). Atualmente, vive em Londres e é membro do conselho da Sociedade para Pesquisas Psíquicas.

*Seguiremos sempre em direção à porta.
A verdade pode estar do outro lado.*

OUTONO 2017

DARKSIDEBOOKS.COM